L'AVENTURE CULTURELLE
FRANÇAISE

DU MÊME AUTEUR

● Histoires :

Dir. de *Nouvelle Histoire des idées politiques* (Hachette, 1987, 2ᵉ
éd. Pluriel, 1989).
Histoire culturelle de la France de 1870 à nos jours, in *Histoire
des Français*, xıxᵉ-xxᵉ siècle, t. III (A. Colin, 1984).
Les Intellectuels en France de l'Affaire Dreyfus à nos jours, avec
J.-F. Sirinelli (A. Colin, 1986, 2ᵉ éd. 1988).
La Revue Blanche; histoire, anthologie, portraits, avec Olivier
Barrot (10/18, 1989) .
Les Expositions universelles de Paris (Ramsay, 1982).
1889 : l'Expo universelle (Complexe, 1989).
Les Collaborateurs (Seuil, 1977; 5ᵉ éd. Points-histoire, 1989).
La France allemande (Gallimard, 1977).
Le Petit Nazi illustré (Albatros, 1979).
*L'Entre-Deux-Mai : histoire culturelle de la France, mai 1968-
mai 1981* (Seuil, 1983).

● Fables :

De Gaulle, ou l'ordre du discours (Masson, 1979).
Nizan, destin d'un révolté (Ramsay, 1980).
L'Anarchisme de droite (Grasset, 1985).

PASCAL ORY

L'AVENTURE CULTURELLE FRANÇAISE

FRANÇAISE

1945-1989

FLAMMARION

© Flammarion 1989
ISBN : 2-08-066075-6
Imprimé en France

Imprudences d'usage

Comme tout historien qui se respecte, l'auteur de ces lignes ne s'intéresse pas – et, au fond, ne croit pas – au passé, mais au temps. Son *credo* est relativiste, son *cogito* est celui d'Héraclite : « Jamais tu ne te baigneras deux fois dans le même fleuve. » L'histoire est peut-être « une science humaine » (années 50), plus vraisemblablement une « science sociale » (années 70); plus sûrement encore, une science inexpérimentale.

L'historien n'est donc pas, ou ne devrait pas être, un juge. L'histoire n'instruit pas un procès, le temps s'en charge assez bien pour elle. Et là où le sens de l'histoire s'essaye à un tableau, l'air du temps affectionne l'essai.

Or il est, ces temps-ci, un essai à la mode. La déploration culturelle. Défaite, décadence et mort : les dieux s'en vont. La barbarie n'est plus seulement à nos portes, elle est entrée dans la cité. Ses chevaux de Troie sont audiovisuels et mercantiles, à moins qu'ils ne soient anglo-saxons ou apatrides, avec aussi quelque obscur complot de la médiocrité qui toujours nous tirerait vers le bas si deux ou trois justes n'y mettaient le holà.

Il faut donc croire qu'il existait jadis ou naguère, on ne nous dit pas exactement quand, un âge de haute culture, exigeante et universelle, et que nous serions en train de tout gâcher ? A ce stade du raisonnement, l'historien – jusque-là ensommeillé par un discours sur la décadence qu'il connaît par cœur depuis quarante mille ans qu'il y a des hommes, et qui pensent – dresse l'oreille et se dit que si, bien entendu, il n'a rien à « répondre » à cela, il y aurait de sa part un singulier manque de conscience professionnelle à ne pas faire discrètement remarquer qu'on juge mal en connaissant mal.

L'essayiste fait son métier, qui sera toujours de proposer sa vérité à sa société (généralement, il dira : *la* vérité, et : *au monde*). Ce qu'on va lire ici, au fond, n'a rien à voir : c'est un « ouvrage » d'une autre sorte, fabrication d'un autre type de professionnel, qui ne se préoccupe pas de dire une vérité – crainte, par exemple, de découvrir qu'il n'y en a pas – mais part à la recherche d'une réalité. La découverte, par le seul calcul, de cette vérité que la Terre tournerait autour du Soleil et non l'inverse est restée jusqu'à aujourd'hui invérifiée par l'usage (cela viendra, il ne faut pas désespérer de notre idéal). Son principal effet a été philosophique et même, précisément, religieux – l'Église catholique l'avait bien compris. Mais dans la pratique quotidienne, donc dans l'histoire, l'important n'est pas dans la vérité mais dans la réalité : le Soleil tourne autour de la Terre, et c'est ainsi qu'éternellement (l'éternité humaine, quelques petits millions d'années) le terrien le verra, rythmant ses jours et ses nuits, sa vie et sa mort. Pour l'historien, qui est irrémissiblement du côté de l'homme et non pas du côté des dieux, cela seul compte.

Et la culture, est-ce que ce ne serait pas cela, justement : des millions de soleils qui tournent autour de la Terre ? Autrement dit, en termes plus austères – adieu les belles images : vous qui entrez ici laissez toute poésie –, l'ensemble des représentations collectives propres à une société.

Peu importe, dès lors, l'échelle de la société en question : village ou région, classe sociale ou corps de métier, nation ou confession. Dans les grandes lignes, son fonctionnement sera le même : celui d'une « société culturelle », élaborant au gré des étapes ou, plutôt, des générations, une « culture sociale ». Diverses conditions structurelles rendront possible la première, soumise à travers la seconde aux aléas de la conjoncture. Contenant et contenu, si l'on veut, intriqués l'un dans l'autre par la nécessité mais nettement distingués par le hasard. Et c'est bien ainsi qu'on les prendra ici. On voit d'emblée qu'on n'accepte par l'acception restrictive, et un peu frileuse, de la culture limitée à quelques rares et hautes productions de l'esprit : rien historiquement n'en justifie l'élitisme ni l'intolérance, si ce n'est l'ignorance (d'autrui) et l'aveuglement (sur soi-même) d'élites autoproclamées.

Cela veut-il dire qu'étudier ce type de fonctionnement à hauteur de nation n'impose pas de précautions particulières ? Certes non, si l'on veut bien admettre que la nation n'est rien de moins que la forme moderne de l'appartenance ethnique, le moyen qu'a pris la domination politique pour s'imposer au plus large espace possible, à l'ère du bourgeois conquérant, de l'industrie triomphante et de la communication accélérée. Certes non, si l'on veut bien admettre que dans la course au sentiment national la France a longtemps été championne toutes catégories : à l'ancienneté, à la sophistication, au systématisme. Tenter une histoire culturelle de la France, c'est se méfier d'abord du francocentrisme, ensuite du culturocentrisme, qui en est la version civilisée. La tâche est d'autant plus difficile que certains bons esprits qui avaient chassé le premier par la porte l'ont laissé rentrer par la fenêtre, sous les apparences du second.

On aura gagné beaucoup de temps quand on se sera convaincu de ces deux faits, conjoints, inséparables : que la culture pas plus que la politique françaises ne se sont jamais relevées de l'an 40 ; qu'il n'y a pas de quoi en faire un drame.

La Seconde Guerre mondiale a définitivement ruiné la puissance de ce pays, qui avait encore (bien à tort) le matin du 10 mai 1940 toutes ses illusions, derrière sa ligne Gamelin-Gide-Valéry. Sa principale consolation est que 1945 n'a signifié l'euphorie pour personne. Vainqueur militaire en trompe-l'œil, la France s'est trouvée incluse dans une drôle-de-paix dominée par deux événements commotionnants : Auschwitz et Hiroshima.

Sur le fond, il est clair qu'à cette double et sinistre lueur, le repli d'une culture nationale – en bon ordre, d'ailleurs, comparé à tant d'autres – est de médiocre importance. Mais c'est la forme, on l'aura déjà compris, qui compte surtout ici, et la signification culturelle d'Auschwitz et d'Hiroshima se devine aisément : la découverte des capacités modernes de génocide a durablement ébranlé la conscience occidentale (elle seule, à vrai dire); la prise de conscience des capacités d'autodestruction du genre humain a définitivement technicisé et médiatisé ses enjeux. Ces deux résultats-là, malgré leur immensité, se raisonnent dans les termes convenus précédemment : Hiroshima préside désormais à toute l'histoire récente de la société culturelle, comme la preuve, violente, mortelle mais péremptoire, de la détermination technique; Auschwitz à celle de la culture sociale, comme la preuve, violente, mortelle, mais péremptoire des extrêmes auxquels conduit une machinerie idéologique. C'est bien triste, dira-t-on. Non : c'est ainsi.

Au reste, les cultures ne vivent pas quotidiennement sous l'égide de la catastrophe; elles ne le supporteraient pas. Ceci est la description, structurelle puis conjoncturelle, d'une culture vivante.

PREMIÈRE PARTIE

1

Puissance de l'économie

On connaît la formule sur laquelle André Malraux a conclu en 1939 les notes qu'il venait de consacrer à une *Esquisse d'une psychologie du cinéma* : « Par ailleurs, le cinéma est une industrie. » Cette phrase provocatrice venait justifier *a posteriori* le choix exclusivement esthétique de l'auteur. A l'esthéticien, qui fait son métier, l'historien du culturel, qui fait le sien, est amené à répondre en sens inverse, mais non pas contradictoire : la culture, c'est d'abord affaire d'économie. Il ajoute même : et l'économie, en toute occasion, c'est d'abord affaire de technique. Au reste, le cinéma est sans doute de tous les arts – juste avant l'architecture – celui qui vérifie le plus simplement de telles prémisses. Sans doute l'histoire ne s'arrête-t-elle pas là, et peut-on même avancer que l'une des moins mauvaises définitions de la culture serait « ce qui dépasse l'économie », mais c'est assez dire que le point de départ gît bel et bien là, et que se refuser de le reconnaître, c'est s'exposer à dire n'importe quoi.

PRÉALABLE TECHNIQUE

Rien d'ailleurs de bien nouveau à proclamer l'interdépendance technique-culture. Ce fut tout le sens du combat, au XIXᵉ siècle, des tenants de l' « art industriel ».

Rien, surtout, qui ne se soit vérifié de tout temps, comme le prouverait la récurrence du discours alarmiste : il y a plus de cent ans, les frères Goncourt pouvaient laisser échapper dans leur *Journal*, en forgeant pour la circonstance le vocable d' « américanisation », que désormais la « moissonneuse-batteuse » allait éclipser le « tableau » ou encore se prendre à se demander si l'irruption de « la bicyclette » n'allait pas « tuer la vente du livre ». Or, contrairement à ce que l'on pourrait penser après un survol rapide, il n'est absolument pas prouvé que l'émergence de cette crainte du créateur devant l'emprise du mécanique soit due à l'emballement technique des deux derniers siècles.

On n'a jamais prêté assez attention au fait que ce n'est pas l'artiste ou le savant que la révolution industrielle, qui fut d'abord une révolution technique, a tué, mais bel et bien l'artisan – moyennant quoi un peintre sur porcelaine du nom d'Auguste Renoir fut obligé, la mort dans l'âme, de se faire artiste peintre, ce qui n'était pas nécessairement à ses yeux une promotion. La révolution industrielle fut, au contraire, la contemporaine du sacre de l'artiste et du savant, qu'un siècle prétendu prosaïque et philistin finira pourtant par statufier symétriquement – Hugo et Pasteur – dans la cour de la Sorbonne. Quand, au temps des Goncourt et de *La Vie de Jésus*, Fantin-Latour peindra son *Hommage à Delacroix*, il placera sciemment un portrait de celui-ci aux lieu et place qu'aurait occupés un crucifix dans un tableau de Philippe de Champaigne. Bref, la déploration récurrente, depuis un siècle ou deux, sur les menaces que la technique ferait subir à la création ne signifie nullement que le danger a grandi, mais que les prétentions du créateur ont augmenté.

Au-delà, l'historien se contente d'enregistrer l'existence de deux types d'interférence du technique sur le culturel : le lien très évident des mutations techniques (on évitera le mot, connoté, de « progrès » techniques) avec l'évolution de la diffusion des objets culturels ou, plus rare mais régulièrement vérifié, avec les changements touchant à l'ordre même des disciplines artistiques ou intellectuelles. Ainsi, sans remonter plus haut que ce même XIXe siècle, est-il patent que l'invention (et surtout la diffusion) de la lithographie ou de la fonte au sable ont radicalement changé le rapport de la société aux images en deux et trois dimensions. Ainsi l'apparition à cette époque d'un type d'artiste nouveau, le metteur en scène de théâtre, serait-elle incompréhensible sans la prise en compte de l'histoire de l'éclairage (au gaz puis électrique). Ainsi le néo-impressionnisme se réclamera-t-il de la science optique de son temps, etc.

Machinerie culturelle

Qu'en est-il depuis la guerre ? On constatera d'abord qu'il est un domaine où l'influence de la technique sur la production culturelle ne fait à ce point aucun doute, qu'il n'y pose, non plus, aucun problème de conscience à ses praticiens : la recherche scientifique. Sauf à lui contester le terme de production culturelle et à défendre claire-ment l'interprétation de la culture comme limitée au champ de l'art (au reste, des arts les plus traditionnels) et à celui de la pensée (au reste, de la pensée non scienti-fique), position rarement soutenue de front mais rai-sonnement implicite assez fréquent, qui s'explique par la persistance d'une conception romantique de la culture, sœur ennemie de la conception libérale de l'économie.

Depuis 1945, la société culturelle a donc assisté à l'implantation en profondeur et à la sophistication conti-nue des moyens de diffusion culturelle. Les uns, déjà pour l'essentiel mis au point antérieurement, ont achevé leur popularisation – ce qui ne signifie pas qu'ils aient accéléré une « démocratisation » culturelle, qui est un tout autre sujet. Ainsi en va-t-il de la radiophonie ou du phonographe, moyennant d'ailleurs, dans les deux cas, le recours à une découverte technique seconde, de relance, ici le transistor, là le disque microsillon, mis au point l'un et l'autre à la fin des années 40. D'autres moyens ont plu-tôt visé (en tous les cas ont abouti, ce qui seul importe) à améliorer la rapidité ou la qualité de la diffusion, dans la double intention de fournir à un coût toujours moindre les conditions d'une télépathie. Car, au fond, qu'est-ce que la chaîne modulation de fréquence, stéréophonie, enregistrement numérique, disque laser, etc., si ce n'est une tentative, sans cesse remise en jeu, d'illusion du vivant sonore ? *Idem*, bien entendu, pour la chaîne télévisuelle : à côté d'autres dimensions, sans doute plus importantes sur la longue durée (le tout-chez-soi, par exemple, en attendant le tout-en-un), la télévision, on finit par l'oublier, ce fut aussi, par rapport au cinéma ou au journal, l'illusion du « direct ».

La conséquence la plus concrète, la plus prégnante de tout cela tient dans le fait que le Français de 1990 vit désormais environné de machines culturelles, au contact desquelles il passe un minimum de cinq heures par jour, et son taux d'équipement en téléviseurs et chaînes électro-acoustiques est passé en un tiers de siècle de la marge du 10 p. cent à la saturation du 90 p. cent.

En termes plus qualitatifs, on peut avancer l'hypothèse qu'on est passé d'un certain stade de l'audiovisuel, parachevé vers 1955, à un autre, qui atteint sa vitesse de croisière en cette fin de décennie 80, *via* deux périodes intermédiaires correspondant aux deux âges successifs de la télévision triomphante.

Le premier stade correspond encore à la domination du trio cinéma-radio-disque : le nombre des récepteurs de radio double entre 1945 et 1957 (de 5 300 000 à 10 100 000), période pendant laquelle la fréquentation des salles obscures se stabilise au-dessus de 400 millions de spectateurs. Deux termes nouveaux s'imposent : microsillon et 33 tours. Dans les années 80 émerge un âge proprement vidéo, dans lequel la télévision s'efface derrière le « petit écran », lui-même relativisé entre les divers petits écrans de la communication électronique.

Tout cela ne veut pas dire que nous venions seulement d'entrer dans l'« ère audiovisuelle ». Toute culture a toujours élaboré les audiovisuels dont son état technique lui donnait la maîtrise : l'homélie du dimanche dans une église baroque, assortie d'hymnes et d'orgues, vaut bien le Top 50. Demeure une réalité qui n'est pas niable : la croissante interrelation des moyens techniques, dont des objets récents (support, genre ou procédé), à grand succès, comme le CD vidéo ou le clip de même épithète expriment l'aboutissement provisoire, en attendant le D2 MAC Paquet.

Cercles concentriques

On discerne sans trop de peine que ce cheminement technique détermine des formes d'expression nouvelles ou renouvelées. Des genres nouveaux, comme le roman-photo apparu à la fin des années 40; assez peu d'« arts » nouveaux, en fait, et le contraire aurait été étonnant, car il n'est pas donné à tous les siècles d'enfanter un art. Le XIXᵉ finissant avait inventé le cinéma, qui ne sera d'ailleurs reconnu comme art à part entière qu'au milieu du siècle suivant, soit au moment même où il commencera de voir le public déserter ses salles. En revanche, pas plus que la radio, la télévision n'a réussi à s'imposer dans une logique proprement esthétique : comme son aînée, elle est restée un média. La question reste ouverte de savoir si des « arts électroniques » vont affirmer leur spécificité (ils disposent déjà d'un festival, à défaut d'un public).

Il est plus facile de reconnaître les changements sensibles auxquels les formes établies de l'expression ont été conduites du fait de l'irruption d'une technique nouvelle. L'irruption peut être restée strictement interne, et ses effets, cependant considérables, purement sociaux. Ainsi les processus de fabrication de la presse écrite ont-ils subi depuis trente ans un bouleversement vertigineux, et souvent douloureux (1973-1976 : grève du *Parisien libéré*) à travers l'instauration de l'impression offset puis de la photocomposition. Plus souvent, on peut repérer des glissements sensibles dans la pratique concrète d'un métier. Ainsi l'invention de l'acrylique a-t-elle rendu possible un nouveau type de « manière » picturale. Mais les effets peuvent être plus subtils, sans être moins concrets. Il ne fait pas de doute, par exemple, qu'une grande étape a été franchie dans l'histoire de la chanson le jour où l'invention du 33 tours 30 centimètres a permis aux interprètes et aux auteurs, d'une part, de composer sur tout un disque

17

un cheminement phono(bio)graphique, de l'autre, de s'affranchir, s'ils le souhaitaient, du corset des « trois minutes ». En 1966, Georges Brassens fit sensation en proposant une *Supplique pour être enterré sur la plage de Sète* qui durait sept minutes. Comme on le voit cependant à travers cet exemple, il peut se passer de longues années avant que les créateurs ne tirent leurs virtualités esthétiques d'une nouvelle possibilité technique.

Premier âge télévisuel

L'examen plus précis des effets culturels, internes et externes, de l'entrée de la culture française, vers 1960, dans le deuxième âge signalé plus haut, ou premier âge télévisuel, permet de mieux voir comment fonctionne l'interférence technique-culture.

La date avancée, qui se fonde sur le franchissement symbolique de la barre du million pour le nombre des postes récepteurs (1 300 000 en 1960), confirme déjà une réalité culturelle trop souvent oubliée : le fait qu'il peut s'écouler un laps de temps assez grand entre la « publicité » d'une innovation et sa « popularité ». Dans les années 80 encore, il se sera écoulé plus de dix ans entre l'apparition du magnétoscope sur le marché et le moment où plus de 40 p. cent des ménages français en auront été équipés. En ce qui concerne la télévision dans son ensemble, rappelons que si la France diffusait déjà un programme télévisuel de plusieurs heures par jour en 1939, l'année 1948, où fut choisie, par François Mitterrand, la définition française en huit cent dix-neuf lignes, a tout d'une année zéro, les choix politiques, techniques et industriels faits par les pouvoirs publics à la Libération s'étant combinés avec les effets directs de l'occupation allemande (à laquelle on devra cependant les studios de la rue Cognacq-Jay) pour réduire à rien l'effort antérieur.

Dans de telles conditions, la décennie qui allait suivre ne pouvait être que celle de la mise en place, purement symbolique, de signes culturels destinés à ne se transformer que petit à petit en réalités influentes. Ainsi, il importe peu, pour reprendre des dates connues, que le

18

premier journal télévisé ou les premières séries de variétés apparaissent respectivement en 1949 et 1952, puisqu'ils ne disposent ni d'audience (10 000 postes recensés au début de 1952) ni de pérennité (pas encore de télécinéma, donc pas d'enregistrement possible). Il importe en revanche beaucoup plus que, à la veille de son grand saut dans la diffusion de masse, la télévision disposât en fait déjà d'une panoplie complète de services culturels, à l'instar de la radio : talk show (depuis 1947), séries de variétés (1952), émissions littéraires (1953), séries policières et historiques (1957), feuilletons (1957), magazines d'information (1959).

A l'âge d'une télévision triomphante (l'âge d'Albert Ollivier, succédant en 1959 à celui de Jean d'Arcy, directeur des programmes depuis 1952) appartiendront en revanche les grands moments de prestige, dont l'avenir montrera qu'ils n'ont ouvert que des chemins exigus, en temps et heures d'antenne : le grand classique (*Les Perses*, Jean Prat, 1961) et l'émission de provocation (*Les Raisins verts*, Jean-Christophe Averty, 1963). Du moins l'ouverture d'une deuxième chaîne, en 1964, même si elle ne couvre la totalité du territoire métropolitain que plusieurs années plus tard, permet-elle un espace de création nouveau, où se glisseront des formes nouvelles d'enquête, de documentaire, de critique (*Aujourd'hui madame*, *Dim Dam Dom*, *Cinéastes de notre temps...*).

La troisième époque correspondra au moment où, le monopole d'une chaîne ayant cessé, l'action involontairement conjuguée de l'État et des professionnels conduira à la banalisation de la présence sociale de la télévision : l'augmentation de la durée des programmes proposés n'entraîne plus d'augmentation significative de la durée de présence devant l'écran. Si le pourcentage des Français qui regardent quotidiennement la télévision augmente encore, faiblement (de 65 à 69 p. cent entre 1973 et 1981), la durée moyenne de présence effective de chacun devant le petit écran, dans le même temps, se stabilise (entre quinze et seize heures par semaine).

Le passage au quatrième âge technique, au début des années 80, accentuera la dilution. Ici le nouveau couple sera celui de la privatisation et du magnétoscope, et l'on voit bien que le premier élément n'est pas moins lié aux facteurs techniques que le second, dans la mesure où l'entrée dans l'ère de la télévision transfrontière rendait inéluctable l'abandon par les pouvoirs publics de leur prétention à régenter seuls la diffusion vidéo.

Une télégémonie?

L'examen des champs culturels supposément touchés par la concurrence ou influencés par l'omniprésence de la télévision montre de même qu'il faut nuancer l'idée, très répandue, d'un totalitarisme télévisuel. Le phénomène le moins vérifiable est celui selon lequel la télévision tuerait froidement les arts et les médias proches. Il n'en a évidemment rien été pour la radio, dont la durée d'écoute moyenne, dans la même enquête de 1981 citée plus haut, s'établit au même chiffre que celui de la télévision, soit 15,8 heures hebdomadaires. Sans doute les conditions d'écoute en ont-elles changé. Ainsi le « pic d'audience du soir », entre dix-neuf et vingt-deux heures, a-t-il disparu. Mais la société reste attachée à l'exceptionnelle capacité d'intrication au rythme de vie contemporain de ce média : radioréveil, transistor, autoradio, baladeur... La libération, sous contrôle, des ondes hertziennes a achevé de donner au support radiophonique, à travers l'implantation de stations thématiques et ethniques, le caractère pluridentitaire que la lourde télévision n'a toujours pas réussi à manifester dans ce pays.

Le cas du cinéma paraît plus grave, si on le résume à la courbe de fréquentation des salles : un apogée, au-dessus des 400 millions d'entrées, correspondant aux années de la IVe République, qui furent même, semble-t-il, supérieures aux années 30, puis un effondrement rapide au long des années 60, une relative stabilisation à partir de 1969, autour de 180 millions, enfin la reprise de la chute, à partir de 1983. Longtemps mise en avant, la « culpabilité » de la télévision a été nuancée dans les années de répit, où l'on a cherché à replacer le phénomène dans le cadre plus vaste de l'histoire des loisirs (week-end et automobile populaire). La reprise de la chute a remis au premier plan la concurrence vidéo. Mais les statistiques de fréquentation des États-Unis semblent indiquer que la chute ininterrompue n'est ni une règle universelle ni un mouvement irréversible. Au reste, on ne doit pas perdre de vue que le cinéma demeure, et de loin, le spectacle le plus populaire, avec 42 p. cent de fréquentation annuelle, contre 7 p. cent seulement pour le théâtre, 4 p. cent pour la danse et 20 p. cent pour les manifestations sportives. Dans le même temps, il est devenu clair que les chaînes de télévision prenaient le rôle de principal producteur cinématographique et que le public du petit écran continuait de placer en tête de ses préférences le « grand film », plébiscité par les sondages, nettement devant les téléfilms et même les variétés : jusqu'à présent, l' « effet cinéma » opère toujours.

Mais qui veut noyer son chien l'accuse de la rage : chaque année, désormais, la télévision française absorbe, en nombre de titres, dix fois l'équivalent de la production nationale ; cette boulimie pourrait être considérée comme la meilleure des sauvegardes ; à son tour, elle est apparue comme infiniment suspecte. On est alors passé, le temps venant, à une critique plus subtile, celle qui voit l'hégémonie de la télévision puis de la vidéo se traduire par une progressive normalisation des « produits », désormais calibrés pour une diffusion prioritaire sur petit écran. Le phénomène toucherait tout aussi bien le film, insidieusement réduit au téléfilm, que, par exemple, la chanson, dont le lancement dépendrait aujourd'hui de la confection d'un clip. La radio elle-même, dans ses formes courantes (stations de grande écoute : RTL, Europe 1, France Inter, NRJ...), serait nivelée au niveau d'un ruban continu *music and news*, ponctué de deux sortes d'émissions exactement identiques, l'image en moins, aux émissions télévisées de studio : le talk show et le jeu.

L'observation n'est pas inexacte, mais les conclusions qui en sont tirées demanderaient à être remises, une fois de plus, dans une perspective de longue durée. D'une part, il est douteux que le phénomène soit à ce point lié à la seule concurrence télévisuelle. En ce qui concerne la

21

radio, un rapport parlementaire de 1937 signalait déjà le net surclassement des stations « sérieuses », façon Paris-Tour Eiffel, par les stations de divertissement, façon Radio-Paris et Paris-Cité, dominées par les variétés et les émissions de jeu, et l'on sait que la formule *music and news*, systématisation de la formule ci-dessus, remonte à l'apparition d'Europe 1, soit 1955, année bien antérieure à toute hégémonie télévisuelle.

Demeure l'argument de la contamination esthétique, pour ne pas dire éthique. Lui aussi reste discutable, non sur le court terme et l'échantillonnage d'une production de tout-venant, mais si l'on veut bien considérer la création cinématographique d'un peu plus haut. A la lumière, par exemple, du cas du théâtre. L'apparition du cinéma et, plus encore, le passage, trente ans plus tard, au parlant, avaient, là aussi, suscité des pronostics alarmistes sur sa disparition tendancielle. Avec maintenant plus d'un demi-siècle de recul, il est possible de faire plus calmement la part des choses. Le cinéma a, en son temps, vampirisé, plus d'ailleurs qu'il n'a tué, le spectacle populaire : ce n'est pas tout à fait un hasard si Méliès a commencé comme illusionniste au musée Grévin. Au reste, ledit spectacle populaire n'était lui-même qu'un état récent, disons l'état de 1850, d'un processus en continuelle évolution, entre Boulevard du crime, tréteaux forains et veillée rurale : à l'oublier, on commettrait la même erreur que les folkloristes, prenant pour les costumes ou les meubles « traditionnels » des provinces de France le même état, bien tardif, de l'environnement rural à la veille du Grand Exode. Il existera pour cette raison, en France, jusqu'au cœur des années 50, un cinéma ambulant dont la mort est bien moins liée à la concurrence de la télévision qu'à la disparition de la civilisation paysanne qui le portait.

Considéré dans son ensemble, le théâtre n'est pas mort de cinéma. Il a simplement cessé d'être un spectacle populaire, à de rares exceptions près, et a cultivé désormais deux jardins mitoyens, le jardin Copeau, le jardin Gémier : d'un côté, il s'est lancé dans une série de remises en cause formelles (après tout, le Vieux-Colombier est le contemporain du « film d'art) »), de l'autre, il a conservé la nostalgie d'un âge d'or où il aurait été communion populaire, et a cherché les moyens de la retrouver. Ainsi, menacée dans son identité, une forme d'expression réussit-elle à survivre, moyennant une audience rétrécie, en exagérant les traits qui la distinguent de la forme concurrente.

C'est présentement ce que cherche à faire le cinéma, dont les productions les plus remarquées jouent soit sur le « grand spectacle » soit sur une audace formelle exclue *a priori* des canaux de diffusion massifs. De cette bipolarisation témoignent non seulement la production filmique depuis une trentaine d'années, mais aussi, tout simplement, la composition, désormais connue, du public des salles : dans l'ensemble plus jeune, plus aisé et plus diplômé qu'il y a trente ans, mais aussi plus extrémisé que le public de la télévision, avec une plus forte proportion que chez ce dernier de « primaires » et (surtout) de « supérieurs ». On peut attribuer à des raisons analogues la prospérité d'une chanson « goût nature » ou « goût culture », fondée sur des moyens musicaux simples et/ou des ambitions littéraires déclarées, aux côtés d'une chanson technologique, dominée par le play-back puis l'élaboration synthétique du son, en attendant, là aussi, le clip vidéo.

Demeures dans la maison du Père

Il y a donc dans la déploration sur les effets destructeurs de la technologie culturelle une double erreur. D'une part, elle sous-estime la force d'un phénomène pourtant sans cesse vérifié en histoire : le besoin de compensation. Cette règle préside comme on sait aux aléas de la mode vestimentaire, largement fondée sur l'alternance des mouvements de balancier ; elle ne joue pas moins dans les rapports de force au sein de la création. D'autre part, elle nie purement et simplement une autre tendance, tout aussi avérée : celle qui veut que tout art, tout genre, tout média élabore en grandissant sa propre sophistication. Personne ne disposera jamais d'un instrument à comparer entre elles la qualité d'une tragédie classique et celle d'un drame cinématographique; ceux qui le croient prouvent simplement qu'ils confondent antériorité et supériorité. Il y aura donc, il y a déjà, des « chefs-d'œuvre » et des « génies » du rock ou de la bande dessinée, comme tout un chacun a fini par reconnaître qu'il pouvait y en avoir dans le cinéma. Quant à ceux qui, à l'inverse, seraient tentés de mesurer la qualité à l'aune de la puissance technique investie, on se contentera de les renvoyer au 224e « Je me souviens » de Georges Perec : « Je me souviens que le premier film en cinémascope s'appelait *La Tunique* (et qu'il était nul). »

Les vraies questions sont donc ailleurs, loin de tout jugement de valeur. Elles portent sur les effets réels de la tendance : les formes plus récentes de l'audiovisuel n'imposent-elles pas, peu à peu, un type de culture sinon nouveau, du moins sensiblement différent de celui des siècles précédents ? Répondre par l'affirmative ne suffit pas. D'un côté, il faut préciser le sens de la différence, qui n'est pas simple extrapolation des courbes antérieures, de l'autre, il faut tempérer la différence en rappelant que, là aussi, la compensation ne manque pas de jouer.

Ce qui a le plus nettement changé du seul fait de la nouvelle technologie culturelle, ce n'est pas le type de rapport qu'entretiennent le créateur et la société. L'écart de l'un à l'autre, en même temps que l'ubiquité du premier ne datent pas d'aujourd'hui, et Marconi, sur ce point, a prolongé Gutenberg plus qu'il ne l'a annulé. On est déjà plus près du vrai-nouveau en mettant l'accent sur le croissant décharnement qui résulte de l'évolution technicienne des activités de spectacle : contrairement à certaines apparences, nous vivons dans une période de plus en plus « abstraite », comme le montrerait la seule histoire de la chanson, partie il y a cent ans de l'espace-temps du café-concert pour aboutir, aux dernières nouvelles, à celui du clip, décorporation extrême où la matière chantée s'efface derrière sa mise en images.

Non, le vrai changement des cinquante dernières années tient dans l'accélération de l'effet individualisateur de l'évolution technique. Du microsillon au baladeur, de la télévision au magnétoscope, tout converge vers ce centrage, dont l'étape intermédiaire a été la focalisa-

24

tion sur la famille, au temps où la radio-meuble (après les galènes mais avant le transistor) puis la télévision de la première génération orientaient tout un ménage vers leur « foyer ». En d'autres termes, cette seconde moitié du xxᵉ siècle est la première époque où l'humanité semble pouvoir disposer des moyens techniques de l'individualisme, et ce dans le double sens de ce dernier mot, qui ne signifie pas seulement convergence vers l'individu mais possibilité offerte à celui-ci d'œuvrer « pour son propre compte », de devenir son propre programmateur. On passerait ainsi insensiblement de l'individuel au personnel, comme en témoigne la fortune actuelle des « banques de données » accessibles au public, de plus en plus souvent interactives. Après le temps de la domestication viendrait celui de la domiciliation.

Bien entendu, cela ne signifie nullement : 1. que la société contemporaine s'en servira exclusivement en ce sens ; 2. que de nouvelles techniques ne renverront pas le balancier en sens inverse. Reste que, pour lors, le fait est là, et l'histoire qu'on tente ici est une histoire des états de fait. A vrai dire, la tendance se repère aisément non seulement dans tel ou tel contenu, mais, de manière plus fondamentale, dans toute une série de changements de contenant.

Pour se limiter à cet exemple, considérons un instant cette expression culturelle si étroitement dépendante de la demande sociale qu'est la danse populaire. Ce dernier vocable lui-même paraît obsolète si on le confronte à la réalité la plus récente des « discothèques », dont le nom dit bien la détermination technologique, et les statistiques de la SACEM ne laissent à cet égard aucun doute : le « bal populaire » est moribond. Mais la danse, elle, nullement, et si l'on examine les formes du danser d'aujourd'hui, on voit clairement, d'étape en étape, la société en état de danse – jamais très loin de l'état de transe – passer du communautaire au couple et, sous nos yeux, du couple embrassé à l'individu rythmé.

Cela posé, pourquoi cette individualisation accélérée ne profiterait-elle pas, pour commencer, à la forme d'expression la plus « classique » (quoique après tout nullement la plus ancienne, et de loin) : le livre ? Sur la foi d'une première enquête, ne remontant qu'à 1960 (toute considération sur le taux de lecture des Français antérieure à cette date est nulle et non avenue), on a bruyamment titré qu'« un Français sur deux » ne lisait pas. Émoi justifié, s'il avait conduit, ce qui ne fut pas le cas, à relancer la politique de lecture publique, nationale et locale, mais émotion fallacieuse, s'il s'agissait d'en conclure que le Français lisait de moins en moins. Les seules enquêtes sérieuses dont on dispose à l'heure actuelle et qui permettent de juger d'une évolution enregistrent au contraire une courbe ascendante. Ainsi, sur l'ensemble de la population de plus de quinze ans – point essentiel, puisqu'on juge alors d'une pratique largement « volontaire », détachée de toute obligation scolaire –, la part des personnes n'ayant lu aucun livre au cours de l'année est-elle tombée, entre 1973 et 1981 (enquêtes de pratiques culturelles du ministère de la Culture, Service des études et recherches, SER), de 29 à 26 p. cent, et c'est la catégorie du « petit lecteur » (un à quatre livres par an) qui a le plus nettement augmenté. Les autres indices chiffrés dont on dispose vont dans le même sens : accroissement du nombre des livres achetés, possédés ou empruntés en bibliothèque, succès croissant des émissions littéraires à la télévision. Les courbes peuvent être plus ou moins nettes, les motivations de lecture plus ou moins ambiguës : il suffit, à ce stade, de ne pas retrouver la corrélation fréquemment avancée entre montée de l'audiovisuel et déclin de l'écrit.

Pour ne pas tomber à son tour dans le même piège réducteur, on se gardera enfin de considérer l'évolution techno-culturelle comme toute linéaire. On voit bien que le même public qui paraît se replier sur le son de son baladeur aspire à se retrouver en foule pour de grandes messes musicales, et que, plus généralement, la pénétration chaque jour plus évidente des machines culturelles dans l'espace privé signifie aussi une vertigineuse socialisation des formes d'expression. De ce que la culture présente s'individualise et se décorpore dans les grandes lignes, on n'en déduira pas, sommairement, voire sottement, qu'elle refusera de chercher son plaisir dans tout ce qui est communautaire et incorporant. Plaisir d'excep-

tion, dira-t-on, et qui ne fait que confirmer la règle. Non :
ce serait confondre quantité et qualité. Il y a simplement
désormais, à la disposition de l'individu, un éventail
considérablement élargi de possibilités compensatrices. Et
c'est là, d'ailleurs, que la technique montre ses limites : il
paraît évident, en effet, que cet élargissement de l'éventail, s'il est rendu possible par un certain état de la technique (rapidité de la communication, qu'elle soit celle
d'un corps ou celle d'une information), est essentiellement dû à un certain état de l'économie et de la politique,
bref à deux termes qu'on n'a pas l'habitude d'accoler l'un
à l'autre : l'industrie et la démocratie.

L'ENJEU ÉCONOMIQUE

On pourrait soutenir, sans souci excessif du paradoxe,
que la dépendance de la culture à l'égard de l'économie
n'a jamais été si grande que dans les sociétés anciennes
où, faute d'avoir acquis l'autonomie qui le caractérise
dans les Temps modernes, le monde culturel ne vivait
que de commandes, de prébendes, de pensions. On
reconnaîtra de bonne grâce que, symétriquement à celle
de culture, la notion d'économie n'avait pas en fait non
plus le même sens, c'est-à-dire la même place. Demeure
l'essentiel : l'indépendance de la création ou de la médiation des objets symboliques à l'égard de la fabrication ou
de la commercialisation des objets matériels, à quelque
époque que ce soit, peut être postulée, elle ne sera jamais
démontrée.

La tendance longue

Dans la mesure où l'on ne prend ici le problème que
dans ses derniers états, à l'extrémité la plus récente d'un
processus amorcé vers ce temps, un peu mythique, où
Michel-Ange décida de refuser au pape, son commandi-

27

taire, de monter à l'échafaudage de la chapelle Sixtine jeter l'œil du maître sur son travail, on n'essaiera pas de faire avec exactitude la part qu'il appartient d'accorder dans une telle évolution, respectivement à une logique proprement éthique et à une démarche sociale, donc économique. Dans la première hypothèse, la création se serait émancipée, dans la seconde, elle se serait simplement (si l'on ose dire, car ce n'est pas si simple) professionnalisée.

Laissons, par exemple, ouverte la question de savoir si le philosophe du xxᵉ siècle est plus « indépendant » que Socrate et si, d'ailleurs, ses ancêtres ne sont pas, tout autant, les sophistes ; en d'autres termes si chaque époque ne propose pas des règles différentes au jeu permanent des intérêts de la liberté face à la liberté des intérêts, la souris et le chat : l'espèce des chats est la plus forte mais jamais elle n'a réussi à exterminer l'espèce des souris. Disons qu'à s'en tenir aux phénomènes extérieurs, l'observateur qui prend la société culturelle vers le milieu de ce siècle a sous les yeux des professions qui n'ont cessé depuis deux siècles de se spécialiser et de se personnaliser, contre les trois figures antérieures de l'amateur, de l'artisan et du domestique. La dernière profession culturelle à avoir résisté au phénomène, celle de journaliste, en passe peu à peu par où les autres sont passées, et si 10 p. cent seulement d'entre eux sont aujourd'hui diplômés d'une école de journalisme, la proportion parmi les débutants est déjà de près d'un quart.

Que l'artiste, l'enseignant ou le journaliste aient retiré de cette évolution plus d'indépendance intellectuelle vis-à-vis du bailleur de fonds n'est pas niable, si l'on consulte les annales de ce que l'on appelle dans certains pays le « droit intellectuel ». Mais, précisément, on est autorisé à penser que le moteur principal de cette dernière évolution a été beaucoup moins économique que politique ou, pour être exact, social : au fond, si l'enseignant public s'est peu à peu libéré de la tutelle de l'État ou si le journaliste français a obtenu, par la loi de 1935, une protection professionnelle exemplaire, ils l'ont en grande partie dû à l'accroissement de leur rôle de relais d'opinion dans une démocratie.

La nouveauté de la période actuelle réside donc plutôt dans la prise de conscience, par tous les partenaires, de la force de l'enjeu économique que dans l'alourdissement de sa tutelle. A vrai dire, on manque souvent d'études précises sur l'influence des facteurs économiques sur les processus de création et de diffusion. C'est à peine, par exemple, si ce pays, si fier par ailleurs de sa littérature, dispose, depuis le début des années 80, d'une *Histoire de l'édition française*, qui, de surcroît, s'arrête à l'orée des années 50. Or il ne fait aucun doute qu'en termes micro-économiques, la taille, le statut et l'organisation d'une entreprise culturelle peuvent influer grandement sur ses résultats symboliques : de même qu'il paraît clair aujourd'hui que la fameuse décennie « réaliste poétique » du cinéma français (1935-1945) serait incompréhensible sans la prise en considération des petits producteurs indépendants dont elle fut l'âge d'or, de même on ne comprendrait rien, dans la période suivante, à l'histoire de la « chanson à texte » si l'on ne voyait pas *aussi* en elle le produit d'un type bien précis, et précisément daté, d'entreprise de production musicale : le cabaret rive-gauche, d'Agnès Capri à *Chez Georges*, en passant par Jacques Canetti. Il suffit d'aligner les caractéristiques, matérielles et intellectuelles, du lieu (exiguïté, avant-gardisme) pour comprendre comment (sinon pourquoi) il a généré un type de chanson fondé sur la sophistication littéraire et la simplicité mélodique de l'« auteur s'accompagnant lui-même à la guitare » (plus rarement au piano). Dans la génération suivante, on sait déjà mieux que les principes esthétiques de la Nouvelle Vague (décors naturels, matériel allégé...) ont exactement correspondu aux difficultés financières des producteurs. Peu importe la nature de la correspondance en question, le sens de la cause et de l'effet; la conjonction suffit.

Le constat est plus clair encore à l'échelle macro-économique. A la veille de la Seconde Guerre mondiale, il ne fait pas de doute que l'engagement politique, et l'engagement à gauche, d'un nombre croissant d'hommes de culture a été encouragé par la crise économique. L'une des particularités de la période qui a suivi ladite guerre est, on le sait, la durée exceptionnellement longue de la période de croissance qui, en Occident, a suivi les années de la reconstruction. Pas exactement « trentes glorieuses », en effet, si l'on veut bien considérer que l'atmosphère générale jusqu'au début des années 50 est loin d'être à l'optimisme économique et à l'euphorie sociale – en matière d'économie, les indices de production et de consommation ne sont pas tout –, mais un bon quart de siècle tout de même, et ce sera pour laisser des traces durables dans les pratiques culturelles de deux ou trois générations. Ainsi peut-on rattacher à l'élévation continue du revenu réel des Français pendant cette période l'allongement et la diversification de leurs modes de vacances réels (et non de la durée officielle des « congés payés », qui appartient à un autre type de facteurs).

Le temps du chiffre

Mais tout, à ce stade, n'est pas seulement affaire de conjoncture, et l'on peut dire que plus se perfectionne la connaissance des termes économiques de la vie culturelle, longtemps tabous ou négligés, plus ce sont les données structurelles, susceptibles d'évolution lente, qui affirment leur importance.

Ainsi les dernières décennies ont-elles vu l'entrée de la société culturelle dans l'ère de la quantification, sous le double angle de la « production » et de la « consommation », pour parler justement en termes économiques. Le lien avec la prise en considération croissante de la dimension économique est ici évident : la création, au sein de la presse écrite, de l'Office de justification des tirages, devenu significativement Office de justification de la diffusion (OJD), était déjà suscitée par les nécessités de la collecte de la manne publicitaire. Depuis la guerre, la pratique des sondages non seulement d'opinion mais de consommation culturelle s'est amplifiée. Les premiers sondages de l'IFOP sur l'écoute des stations de radio datent de 1949, les premiers sondages sur l'écoute de la télévision, de 1954. Par la suite, les techniques d'observation quantifiée n'ont cessé de se perfectionner : pour la télévision, premiers sondages téléphoniques quotidiens dans les années 60, définition d'un Audimat analysant la consommation par foyer dans la décennie suivante, remplacé en 1989 par un Médiamat individualisé, etc. La finalité commerciale de toutes ces techniques (1957 : Centre d'étude des supports de publicité, CESP), sans être niable, n'en épuise pas la signification. Les enquêtes, précises et précieuses, du Service des études et recherches du ministère de la Culture (SER) ne sont-elles pas elles-mêmes largement finalisées par les *desiderata* des pouvoirs publics ? Et qui s'en plaindrait ? Et qui regretterait que des considérations souvent mercantiles aient, par exemple, conduit à la prise en compte des publics dans leur pluralité contre l'idée réductrice de l'existence d'un public (Centre d'études d'opinion, CEO) ? Cette évolution, voire cette surenchère, a ainsi permis de sortir le monde de la culture de la domination exclusive de l'intuition qualitative, dont il y aurait de la naïveté à penser qu'elle n'était pas aussi tyrannique que la prétention chiffrée d'aujourd'hui, quand elle venait de supposés experts.

Ce « temps des chiffres » a aussi donné plus de visibilité aux effets économiques des décisions culturelles, dont la même naïveté conduirait à ne voir que le verre à moitié vide (un surcroît de mercantilité) et pas le verre à moitié plein (une crédibilité accrue). Or il ne fait pas de doute que le poids des entreprises culturelles n'a cessé d'augmenter depuis la guerre. En termes de chiffres d'affaires, une acception étroite des industries culturelles, excluant, outre bien entendu l'éducation, la communication et le tourisme, donne déjà, à la date de 1985, une proportion du PIB de l'ordre de 3,5 p. cent, une proportion d'emplois à hauteur de 4 p. cent et une part de dépenses dans le budget des ménages qui se situerait encore nettement au-dessus de ces pourcentages. Dans ce dernier cas, les données de l'INSEE, malgré leur flou inévitable, permettent du moins de repérer le caractère ascendant de la courbe sur l'ensemble de la période étudiable par ce moyen, soit depuis trente années, malgré un tassement récent, d'interprétation d'ailleurs ambiguë.

Cette prise de conscience accrue a joué son rôle dans l'organisation croissante des professions culturelles. Face aux syndicats patronaux, les sociétés d'auteurs (SGDL-SCAM, SACD, SACEM-SDRM, SPADEM...) et les associations de créateurs ont dans l'ensemble renforcé leur autorité, comme en témoignent les trois lois sur la propriété littéraire et artistique votées depuis 1957. Elle a permis aussi, sur le tard de la période, la reconnaissance sociale, et bientôt politique, du rôle du mécénat privé. Mais elle a surtout accéléré la respectabilisation de tous ces arts méprisés pour lesquels avaient commencé de se battre, au siècle dernier, Léon de Laborde et les fondateurs de l'Union centrale des arts décoratifs (UCAD), arts graphiques et « modélisme industriel » (design) au premier rang. Dans ce dernier domaine, la France, contrairement à une idée reçue, est loin d'avoir été dépassée par les événements : l'Institut français d'esthétique industrielle ouvre ses portes dès 1950, et c'est à Paris que furent créées les premières structures internationales du métier, grâce à l'action de Jacques Viénot. Le design français connut sans doute de mauvaises passes, mais elles furent dues moins à la concurrence étrangère qu'à la conjoncture économique. Sur la longue durée, on peut avancer l'hypothèse que l'industrialisation de l'environnement quotidien, sensible à tous à partir de la fin des années 50 (premières machines à laver industrielles : 1957 ; premiers postes radio à transistors de série : 1958...), loin d'avoir affadi le goût commun, a plutôt accru l'exigence esthétique du consommateur moyen.

Internationalisation ?

Tout cela veut-il dire que le mouvement économique général qui parcourt les sociétés occidentales depuis la guerre, et se caractérise par une accélération de la concentration financière et de la mondialisation des échanges, n'influe pas sur le champ culturel ? Évidemment pas, mais, une fois de plus, il faut s'entendre sur la nature de l'influence.

Prenons le cas de l'américanisation. Le mot, on l'a vu,

date de plus d'un siècle, et les circonstances de son apparition en révèlent d'ailleurs toute la signification polémique. Baudelaire forge le verbe « américaniser » en 1855, dans le même cadre que les Goncourt douze ans plus tard pour le substantif : une exposition universelle, et l'américanisation apparaît dès lors comme synonyme ou métaphore de la « modernisation », mécanique et mercantile, que l'artiste – et l'on ne fait pas mieux dans le genre artiste que Baudelaire ou les Goncourt – ressent comme une menace. Tout ceci ne veut pas dire que le phénomène n'existe pas, mais bien que le phantasme a précédé d'une bonne longueur la réalité, qui s'en est trouvée durablement colorée.

De surcroît, face à ces images simples, les choses se sont révélées particulièrement compliquées. Comprise comme hégémonie de référence, l'américanisation existe bel et bien aujourd'hui, contrairement à ce que certains ont affirmé, mais en rapporter les origines à la seule domination économique ne suffit pas. Sans doute le basculement décisif se situa-t-il au lendemain de la Seconde Guerre mondiale, au moment où la domination économique américaine était à son maximum. Mais en tant que renversement d'hégémonie tout a commencé bien avant dans certains secteurs de la culture populaire : le primat de la bande dessinée américaine, écrasant jusqu'à la fin des années 40, datait de l'avant-guerre, celui du cinéma et de la musique de danse remontait à la Première Guerre mondiale. De ce fait, il est évident que le facteur économique ne suffit pas à tout expliquer : les films américains – comme aujourd'hui les téléfilms – arrivèrent en Europe amortis sur leur vaste marché originel, atout capital, mais le succès public du jazz de 1918 – comme quarante ans plus tard celui du rock – a d'abord été dû à ses qualités intrinsèques.

En d'autres termes, l'américanisation a été d'autant plus précoce et profonde qu'elle intervenait sur des terrains méprisés par la culture savante européenne, voire par la culture savante américaine elle-même, dont le moins qu'on puisse dire est qu'elle mit du temps à se reconnaître sous les traits de telle musique « de nègres », de telle littérature « de gare ». Assurément, la pénétration américaine après la Seconde Guerre mondiale s'est étendue, cette fois, à certains domaines de la culture savante. Compte tenu de l'étendue du désastre européen, c'est le contraire qui aurait été étonnant : qu'une puissance disposant d'une telle supériorité militaire, diplomatique et financière sur ses alliés de 1950 n'eût exercé dans la foulée aucune domination culturelle. La France mit d'ailleurs du temps sinon à s'en rendre compte du moins à le reconnaître, comme le montre la chronologie de la pénétration de la nouvelle peinture américaine dans ce pays : New York avait éclipsé Paris comme première place du « marché de l'art » depuis plus de vingt ans quand enfin, au début des années 60, la critique de celle-ci prit conscience du surclassement de celle-là.

Non, sur la longue durée de ce demi-siècle, on demeure plutôt frappé par l'étendue des capacités de résistance, de redressement ou de contre-offensive des cultures européennes. En ce qui concerne la culture française, outre quantité de domaines où il est impossible de signaler une quelconque hégémonie étrangère, ce qui ne signifie nullement l'absence d'influences ponctuelles, il est possible de repérer des cas précis de désaméricanisation. La bande dessinée en offre un exemple presque caricatural, dès le début des années 50, grâce à un mélange de volontarisme politique et de dynamisme culturel particulièrement réussi, une jeune école de créateurs européens, dite école belge, prenant à point nommé le relais d'une loi moralisatrice aux effets protectionnistes induits. Quand, vingt ans plus tard, ces barrières commenceront à tomber, la création européenne dans ce domaine n'aura plus rien à craindre d'une quelconque concurrence américaine : émasculée par la pratique nivelante des *syndicates* et privée chez elle de la respectabilité dont la vieille culture francophone, en fin de compte, a fini par environner sa « *BD* », la production américaine ne pouvait plus représenter un quelconque danger, pour continuer de raisonner en termes polémologiques. Plus récemment encore, et avec beaucoup plus de souplesse, la danse contemporaine a administré la preuve de ce que les hégé-

34

monies étaient à la fois inévitables (le style gothique fut appelé, en son temps, « art français ») et changeantes, et que si le poids commercial des « produits » entrait en ligne de compte – il y a deux mille ans, le Japon romain, qui inondait l'Empire d'une céramique simplifiée et bon marché, s'appelait la Gaule –, la nouveauté, la fraîcheur et la cohérence d'une « production », nationale ou européenne, soutenue par une volonté politique (quotas ou fonds de soutien à la création autochtone) faisaient, pour le moins, contrepoids.

Concentration ?

C'est pour les mêmes raisons que le phénomène de concentration économique doit être envisagé sous plusieurs angles. Historiquement, il n'est pas niable qu'il soit propre à cette époque, et qu'il n'ait cessé de s'amplifier, finissant par toucher des secteurs longtemps étrangers à toute idée de « groupe », comme l'édition écrite. On doit cependant ajouter, dès ce stade, qu'il faut distinguer concentration et monopole, et que l'on n'a pas attendu la première pour connaître le second, par exemple dans la presse régionale, où l'exclusivité de fait de la plupart des grands quotidiens remonte aux années 50, si ce n'est à l'entre-deux-guerres. On doit aussi préciser que la tendance récente à la constitution de groupes multimédias est conforme à une logique pour le moins aussi culturelle que proprement économique, l'intermédiation, sous le nom de « correspondance des arts », étant un vieux rêve commun à bien des créateurs.

Mais c'est la prétendue fatalité nivelante et asphyxiante de l'intégration économique qui part déjà d'un présupposé discutable, à savoir que les configurations antérieures garantissaient mieux la liberté d'expression. A la veille de la dernière guerre, la recherche scientifique française était, dans la plupart des secteurs, notoirement en retard sur celle des principaux pays étrangers : ira-t-on jusqu'à regretter cette époque, sous le prétexte que l'« indépendance » du chercheur par rapport à l'État ou au complexe militaro-industriel français était plus grande qu'aujourd'hui, ce qu'on peut en effet admettre ? En ce qui concerne la création artistique, on connaît assez le procès que les tenants de l'art moderne font aux commanditaires, publics et privés, de l'époque supposée de l'académisme (on y reviendra), pour éprouver quelque doute sur le pluralisme du système ancien. Quant à « l'abominable vénalité de la presse française » sous cette bonne IIIe République qui lui avait enfin octroyé la liberté juridique, si elle a été exagérée par la polémique, elle ne permet certainement pas de présenter l'époque où, en effet, un département comme l'Hérault disposait de treize quotidiens différents (dont une moitié de feuilles de chou et une dizaine de gazettes électorales) comme un paradis démocratique.

D'autre part, il faudrait, pour déplorer cette « fatalité » économique, être tout aussi certain que la concentration financière exclut la pluralité des voix au sein des grands conglomérats et réussit à tuer alentour toute expression dissidente. Les années 70, qui décidément ont vu s'amorcer en France la constitution des grands groupes éditoriaux, ont aussi été, on le sait aujourd'hui, une période faste pour les petits éditeurs. De même, dans le domaine de la presse écrite, si les espoirs d'abord mis dans l'organisation de contre-pouvoirs capables de résister aux pressions directoriales (sociétés de rédacteurs, clubs de la presse) ont été souvent déçus, l'idée et l'image, sinon d'une contre-presse (après mai 68), du moins d'une presse autre pour la simple raison qu'elle serait enfin la propriété de ses journalistes – l'audace supposée de la formule en dit long sur ce qui, en la matière, a toujours été considéré comme la règle – non seulement se sont maintenues (autour de la vieille exception du *Canard enchaîné*) mais ont même progressé. Quarante-cinq années après la Libération et son rêve d'une presse enfin émancipée, il est contraire à la réalité d'affirmer que la situation s'est globalement dégradée : quelques-uns des titres les plus réputés, et qui ne sont pas les moins lus, sont ceux d'organes de presse ayant gardé leur indépendance à l'égard des grands « empires ». Et, comme un fait exprès, on constatera que la plupart ont reconnu en leur sein un réel pouvoir à une société de rédacteurs.

36

Rien d'optimiste là-dedans. Plutôt, s'il fallait vraiment un qualificatif, un certain scepticisme à l'endroit de toute interprétation mécanique des effets d'une économie sur une culture. Les vrais optimistes furent, par exemple, ceux qui, vers 1953 (lancement de la Librairie générale française), crurent à la démocratisation de la lecture par le moyen, tout économique, du livre de poche; trente ans après, toutes les analyses convergent vers la même conviction : le livre de poche est un succès, il s'est diversifié et ennobli (1962 : collection Idées; 1971 : collection Folio), mais il n'a aucunement contribué à « faire lire » le non-lecteur, malgré l'existence de collections indubitablement populaires (J'ai lu, 1958; Presses Pocket, 1962). Il a simplement facilité la lecture chez les lecteurs assidus. Ce n'est pas rien, mais pas exactement le but recherché.

C'est que, sans doute, le but recherché est inatteignable par la seule économie. L'est-il même par les seuls équipements? On peut se le demander, à considérer que 15 p. cent des Français fréquentent une bibliothèque de prêt contre 50 p. cent des Britanniques, bien que – et c'est là aussi une des courbes positives des temps derniers – on ait plus construit de bibliothèques dans ce pays depuis vingt ans que dans les deux siècles qui précèdent. Mais il suffit de poursuivre l'analyse, et cette fois non plus du non-public mais du lecteur, pour comprendre que la détermination ultime remonte plus haut et que la corrélation la plus claire est celle qui s'établit avec le niveau scolaire. Bref, une question de politique, mais de cette sorte de politique que le demi-siècle, sans l'avoir inventée, a baptisée, à ses risques et périls : politique culturelle.

2

Pouvoir du politique

La vie d'une culture n'est donc nullement indépendante des conditions techniques et économiques ambiantes. Mais il est une autre détermination dont les implications restent sinon inaperçues, du moins rarement reconnues à leur juste valeur par les observateurs. Si l'on peut en effet difficilement nier que le politique interfère avec le culturel, une opinion assez répandue veut que les logiques conjointes du libéralisme et de la démocratie, si elles sont respectées sans restriction, conduiraient les sociétés occidentales vers une complète « liberté d'expression », fondée sur une absence d'intervention des pouvoirs publics. Toute l'histoire des deux derniers siècles, inégalement mais évidemment libéraux et démocratiques dans leur mouvement général, contredit ce présupposé.

Résumée de manière schématique mais pas inexacte, l'évolution des rapports du culturel et du politique en régime démocratique s'interprète de la façon suivante : libérale, la démocratie s'accommode fort bien de la censure vigilante de plusieurs des moyens d'expression les plus répandus; sociale, elle étend sans cesse les compétences d'une politique nouvelle : la politique culturelle. On passerait ainsi, insensiblement, d'une forme négative à une forme positive d'intervention culturelle des pouvoirs publics. Non qu'il faille voir dans la seconde un substitut, *a fortiori* une version camouflée, honteuse, de la première. Il est clair, simplement, que dans les deux cas un large consensus s'est instauré aux époques considérées

38

pour donner ici une acception limitée à la notion de liberté, là une acception large à la notion de démocratie.

Censure et propagande : deux attributs du pouvoir libéral

De ce que ce pays vive depuis, à peu près, la fin de la Seconde Guerre mondiale sous un régime officiel de liberté d'expression, on ne saurait déduire qu'il vive sous celui de la liberté culturelle. Considérons un instant le domaine de la presse écrite, secteur pionnier en la matière. On pourrait aisément reconstruire l'histoire des révolutions politiques françaises depuis 1789 à la lumière des aléas qu'a connus ce premier grand moyen de communication de l'époque contemporaine. Il ne fait aucun doute que rares et courtes ont été depuis deux siècles les périodes non réglementées : deux ou trois années au début de la première révolution, quelques mois en 1848, enfin les premières années qui suivirent le vote, en 1881, de la loi la plus libérale qu'en la matière ce pays ait jamais connue, et sans doute quelque autre pays que ce fût. Dès la décennie 1890, le vote, tout politique, des « lois scélérates » et, plus durable encore, le renforcement de la législation sur la diffamation réintroduisaient une multitude de grandes ou petites restrictions, dont la période ouverte par la Libération – ou, plus précisément, la suppression, en 1947, de l'autorisation préalable – n'a pas manqué d'allonger la liste.

Or nous avons affaire ici, quoi qu'il y paraisse, au média le plus difficilement attaquable depuis un siècle, en raison du prestige historique que la pensée libérale et la politique démocratique ont conféré à la presse écrite au XIXᵉ siècle, prestige renouvelé en France grâce au rôle joué sous l'Occupation par la presse clandestine. On devine que, dès que l'on s'éloigne de ce domaine privilégié, le tableau sera plus défavorable encore. Ainsi les cas de censure de la librairie n'ont-ils pas été si rares dans ce pays depuis la guerre, comme en témoigne l'histoire d'éditeurs non conformistes comme Éric Losfeld ou Jean-Jacques Pauvert; ainsi, surtout, la France a-t-elle continué jusqu'au début des années 80 à faire partie de ces pays qui, tout en affichant leurs principes libéraux, ont réservé pendant de nombreuses années aux pouvoirs publics le monopole des moyens de communication radiophoniques et télévisuels. Dans la mesure où le monopole s'accompagnait, contrairement à ce qui se passait outre-Manche, de l'exercice réel de la tutelle idéologique, on notera que, même après l'expérience vichyste, lesdits pouvoirs se reconnaissaient ainsi, au-delà d'un droit de censure, un droit, donc un devoir, de propagande.

La censure dans sa simplicité

On vient de citer le nom de Vichy, régime qui lui-même n'avait fait, en matière de censure, de propagande et de monopole, que pousser jusqu'à leurs conséquences extrêmes les choix du gouvernement Daladier : faut-il donc attribuer à la seule conjoncture politique la plus ou moins grande intensité du contrôle, répressif et propagandiste, des moyens et formes d'expression ? Il ne fait pas de doute que l'état de plus ou moins grande tension politique générale explique que ce pays ait en la matière connu, schématiquement, deux grandes périodes depuis 1944 : pendant les vingt premières années, un temps de constante intervention étatique, suivi depuis lors, malgré un regain de tension dans les années gauchistes (1968-1973), d'un reflux lent mais à peu près continu du contrôle public. Or on n'aura garde d'oublier que, de 1944 à 1962, la France présente, de tous les pays occidentaux, la particularité d'être, avec des degrés d'intensité variés, le seul pays constamment en état de guerre, guerre non déclarée, au-delà de mai 1945, guerre tiède, en quelque sorte, mais fortement présente dans les esprits, et d'abord dans ceux des gouvernants. La première logique de la censure est donc une logique de la tension.

Si, par exemple, il est de nouveau possible, à partir de 1947, à des opinions fascistes et à des auteurs marqués du sceau de la collaboration de s'exprimer sans obstacle réel, et si en effet naît dès cette année-là *Aspects de la France* ou *Écrits de Paris*, en attendant *Rivarol* (1951) ou *Défense de l'Occident* (1953), il est clair cependant qu'il faudra attendre la fin des années 60 pour que, indépendamment de l'effet de « mode rétro », ladite expression ne soit plus confinée à des cercles étroits. En novembre 1957 encore, l'annonce de la présentation sur scène de la pièce de Robert Brasillach, *La Reine de Césarée*, entraînait des manifestations qui la rendirent impossible. Une quinzaine d'années plus tard, *L'Eglise* de Céline, pièce nettement antisémite, sera jouée sans difficulté majeure. A l'inverse, la période la plus belliqueuse de la Guerre froide (1947-1953) verra la marginalisation d'artistes, de savants, de journalistes appartenant au Parti communiste et même quelques cas de censure caractérisée, touchant jusqu'au théâtre (*Le colonel Foster plaidera coupable*, 17 mai 1952) et aux arts plastiques (Salon d'automne 1951).

Les deux guerres coloniales, et principalement celle d'Algérie, vont justifier à leur tour de constantes interventions gouvernementales, auxquelles le retour au pouvoir du général de Gaulle et la stabilité politique issue des nouvelles institutions donneront un caractère beaucoup plus systématique. Là où les fragiles gouvernements de la IVᵉ République avaient manifesté en la matière une croissante préoccupation, inégalement suivie d'effets faute d'une autorité suffisante, le pouvoir gaullien put exercer la plénitude de ses attributions en la matière, d'abord contre les partisans de l'Algérie algérienne (procès Jean-Louis Hurst, procès Georges Arnaud...), puis contre ceux de l'Algérie française.

Retouches au tableau

Il est sans doute nécessaire de préciser ici qu'on ne rendrait que très imparfaitement compte des activités de censure et de propagande des pouvoirs publics en n'en laissant suggérer que l'effet supposé négatif : interdiction d'une expression et manipulation de l'opinion. Sur la moyenne et longue durée, ou parfois même dans l'immédiat, une censure peut contribuer à mettre en valeur un homme, une œuvre, un œuvre. S'il ne fait pas de doute, par exemple, que la carrière cinématographique d'un Louis Daquin a été brisée par son engagement communiste, il n'en fait aucun que la carrière journalistique d'un Pierre Daix ou la fortune romanesque d'un André Stil doivent leur essentiel, c'est-à-dire leur initial, au même Parti communiste, fonctionnant ici comme contre-culture. Et il sera à jamais impossible de mesurer exactement ce que la fortune publique de tel écrivain de la Collaboration devra précisément à la difficulté pratique et psychologique qu'il put y avoir, pendant une ou deux décennies, à accéder à ses œuvres.

Mais il est d'autres nuances à apporter au schéma classique censure-propagande, touchant à son fonctionnement même. Il est tout d'abord indispensable de préciser que les « pouvoirs publics » mentionnés ici ne se limitent pas à l'État central, même si la tradition politique française leur accorde à l'évidence un rôle décisif en la matière. S'effacerait-il à peu près totalement, le pouvoir d'orientation de l'État laisserait intact celui que la loi a toujours reconnu au magistrat municipal, par le biais de son pouvoir de police, donc ici d'intervention, sous l'argument du « trouble à l'ordre public », réel ou anticipé. D'une époque à l'autre et en prenant à titre d'exemple les quatre grands types de censurabilité – mœurs, religion, politique, intérêts particuliers –, on constate que des films comme *La Jument verte* (Claude Autant-Lara, 1959), *La Bataille d'Alger* (Gillo Pontecorvo, 1966), *Le Pull-Over rouge* (Michel Drach, 1979) ou *La Dernière Tentation du Christ* (Martin Scorsese, 1988) ont fait l'objet de mesures d'interdiction décidées souverainement par tel ou tel maire sur l'étendue de sa commune.

Il serait aisé de retrouver derrière la plupart de ces cas l'action d'un ou de plusieurs groupes de pression bien représentés localement; il est donc nécessaire de faire intervenir un troisième acteur, souvent déterminant, dans le passage à l'acte en matière d'intervention publique : l'association. A commencer par la principale association culturelle française, l'Église catholique, dont la Congrégation pour la doctrine de la foi décidait encore, le 2 juin 1952, de mettre toute l'œuvre d'André Gide à l'Index, et dont certaines branches, telle en France depuis l'avant-guerre la Centrale catholique du cinéma, ont pour principale activité la moralisation de la production artistique. Des organisations d'apparence laïque, comme l'Office familial de documentation artistique (OFDA), créé en 1942 mais toujours actif après-guerre, sont en fait issues du milieu catholique, et plusieurs d'entre elles (Cartel d'action morale, Ligue française pour le relèvement de la morale publique...), aussi mal connues aujourd'hui du chercheur qu'à l'époque du citoyen, ont pu voir leurs représentants figurer au sein de commissions de contrôle officielles de l'État français.

La dernière grande affaire de censure cinématographique, celle qui empêcha entre 1966 et 1967 le film *La Religieuse*, de Jacques Rivette, d'être projeté dans les salles, a été suscitée non par le pouvoir d'État mais par divers groupements catholiques, en tête desquels l'Association des parents d'élèves des écoles libres (APEL), obtenant du ministre de l'Information de l'époque, Yvon Bourges, qu'il passât outre tout à la fois à la décision de la Commission de contrôle et au sentiment intime de son collègue des Affaires culturelles, André Malraux, l'une et l'autre favorables à la diffusion du film.

Jugements de Cour

Le trait le plus frappant de tous les exemples qui précèdent est cependant ailleurs, et il l'est d'autant plus qu'il est moins souvent signalé par les observateurs : il tient dans l'inégalité de traitement des formes d'expression, selon qu'elles appartiennent au règne de l'écrit ou à celui de l'audiovisuel (radio, cinéma, télévision), le second étant, à circonstances égales, plus étroitement surveillé que le premier. Ainsi le texte de Diderot dont le film s'inspirait resta-t-il, bien entendu, tout le temps de la polémique accessible au public des librairies.

L'officialisation de cette inégalité remonte au lendemain de la Première Guerre mondiale, où il était apparu évident aux responsables politiques qu'il ne pouvait être question de laisser sans surveillance le jeune cinématographe, encore regardé vers 1910 comme un spectacle forain sans conséquence, tout comme cette « TSF » passée du stade de l'expérimentation à celui de l'usage social. Les IVe et Ve Républiques n'ont fait que remettre leurs pas dans ceux de la IIIe en continuant à soumettre le cinéma à l'autorisation préalable d'une commission de contrôle. C'est à cause de celle-ci que des personnalités, par ailleurs aussi opposées que Jean-Luc Godard (*Le Petit Soldat*, 1960-1963) et Claude Autant-Lara (*Tu ne tueras point*, 1961-1963), Louis Daquin (*Bel-Ami*, 1954-1962) et Alain Resnais (*Les statues meurent aussi*, 1953-1965), ont vu certains de leurs films tués dans l'œuf (puisque, depuis l'immédiat avant-guerre, la Commission suggérait qu'on soumît préalablement tout scénario à sa lecture), interdits intégralement, interdits aux mineurs (mesure réclamée depuis l'avant-guerre par les associations d'ordre moral), interdits à l'exportation, coupés ici et là, à l'image, au son, etc.

De son côté la radio-télévision va être d'emblée considérée comme « la voix de la France », selon la définition proposée en son temps par le président Pompidou, et, en tant que telle, soumise à un régime de contrôle tatillon qui se traduira par de fréquentes « affaires » et, à chaque changement significatif de majorité politique, combiné à de non moins fréquents changements de statut, par de larges mouvements d'épuration. Dès 1946, la conception que Jean Guignebert se faisait de l'indépendance de la Radiodiffusion française (« RDF ») le conduisait à démissionner de ses fonctions de directeur; dès 1947, Charles de Gaulle était interdit d'antenne, pendant que, pour faire bonne mesure, Jean-Paul Sartre, producteur novice d'une tribune d'actualité, intitulée, comme il se doit, *Les Temps modernes*, se voyait promptement exclu d'antenne par le gouvernement Robert Schuman pour y avoir laissé trop vivement mettre en cause le même général. L'entrée en Guerre froide entraînait de même, avec plusieurs départs, l'arrivée symétrique, en 1952, d'une émission de propagande anticommuniste officielle, *La Vie en rouge*, confiée par les pouvoirs publics aux soins de l'association Paix et Liberté, mais supprimée trois ans plus tard par le gouvernement Mendès France, et ainsi de suite, non sans une certaine incohérence, jusqu'à la république gaullienne.

Sous celle-ci les statuts successifs d'établissement public (février 1959 : « RTF ») et d'office (mai 1964 : « ORTF ») présideront ainsi à la période de plus étroite sujétion intellectuelle, seulement tempérée par la convergence d'intérêts, sur un certain nombre d'objectifs de service public, des deux groupes idéologiques dominants de la radio-télévision française à cette époque : le groupe gaulliste, au niveau des organes de direction , et le groupe communiste, bien implanté chez les réalisateurs des « Buttes-Chaumont ».

On insistera donc ici moins sur l'existence de telles pratiques que sur leur acceptation par la plupart des forces organisées du pays, alors même que ce pays et ces forces se réclament de valeurs libérales et démocratiques. Faut-il penser que les pouvoirs publics cherchent communément à conserver la maîtrise des moyens d'expression les plus répandus ? Ainsi pourrait s'expliquer, *a contrario*, le relâchement dudit contrôle sur le cinéma à partir de la décennie 1970. Il ne fait pas de doute, en effet, que la censure idéologique (mœurs, religion, politique) des films s'est très rapidement effondrée dans les années qui ont suivi l'affaire de *La Religieuse* et la sortie, avec succès, du film *Z* (1969), érigé en prototype du film politique de grand public. De même la chronologie des films français consacrés à ce sujet tabou par excellence qu'avait été jusque-là la guerre d'Algérie situe autour de 1970 le basculement décisif.

1970 *Élise ou la Vraie Vie* (Michel Drach)
1972 *Avoir vingt ans dans les Aurès* (René Vautier)
1972 *La Guerre d'Algérie* (Philippe Monnier, Yves Courrière)
1973 *R.A.S.* (Yves Boisset)
1974 *La Folle de Toujane* (René Vautier)
1976 *La Question* (Laurent Heynemann)

Mais il ne fait pas de doute non plus que la période correspond aussi au moment où la chute du nombre d'entrées dans les salles et la mutation qualitative du public du cinéma cessent de faire de celui-ci le grand spectacle populaire qu'il était encore en 1950. Ainsi s'expliquerait la moins grande fréquence des cas de censure caractérisée, nationale aussi bien que locale, en matière de littérature ou de théâtre.

A contrario, on ne voit pas pourquoi, dans une telle logique, la presse écrite aurait échappé à un type d'intervention apparenté à celui que connaissait, presque intrinsèquement, la radio-télévision. On avancera l'hypothèse selon laquelle il est dans la nature – ou, plus exactement dans la culture – des pouvoirs publics de chercher à contrôler l'opinion, même en régime libéral et démocratique : qu'ils n'en sont éventuellement empêchés que par la combinaison de leur propre faiblesse (d'où un extrême de dépendance de la radio-télévision sous la présidence de De Gaulle) et de la force, acquise au long de deux siècles de luttes aux fortunes variées, des « gens de lettres » (écrivains et journalistes), de surcroît de plus en plus étroitement associés, à leur tour, au pouvoir politique direct. A l'inverse, tout moyen d'expression éloigné du centre de respectabilité de l'écrit et des beaux-arts sera toujours extrêmement exposé.

La preuve par 49

On verra la meilleure des vérifications de cette hypothèse dans le destin tout particulier d'un canton bien précis de la littérature et de la presse, les « publications destinées à la jeunesse », pour reprendre la formulation de la loi fondatrice du 16 juillet 1949. Nous sommes ici pourtant dans le domaine de l'écrit, mais on voit bien qu'il s'agit d'un écrit sans prestige, à tout le moins à l'époque considérée. En a témoigné, par l'absurde, la très faible épuration dont a été l'objet le milieu en question, ce qui a permis à des dessinateurs et des auteurs, associés à des entreprises nettement vichystes, voire nazies, de n'avoir jamais eu à encourir les condamnations d'un Robert Brasillach ou d'un Lucien Rebatet, et de se retrouver collaborant à des journaux catholiques ou communistes destinés aux mêmes enfants. En revanche, qu'elles soient sans prestige culturel ne signifie pas que lesdites publications ne soient pas regardées comme de sérieux instruments de conformation.

Or on aurait tort de penser que la chute de l'ordre moral vichyste a signifié un pur et simple triomphe des conceptions les plus libérales en la matière, et la même France qui se félicite d'obtenir la révision du jugement de 1857 condamnant Baudelaire pour *Les Fleurs du mal* condamne, quelques mois plus tard, Henry Miller pour pornographie. La Résistance n'a pas moins que l'État français une vocation moralisatrice, très sensible dans le ton des journaux qui en sont issus, et la principale campagne de presse déclenchée, fin 1947, contre les empoisonneurs de l'âme enfantine, inspiratrice du vote de la loi de 1949, est parue, sous la signature du jeune Louis Pauwels, dans *Combat*. En 1948, un organe de presse en passe de se substituer à ce dernier titre comme leader de l'opinion intellectuelle, *Le Monde*, pouvait s'interroger, sous la plume d'un autre jeune journaliste, André Fontaine, sur ce rapprochement « sinistrement significatif : que le temps des comics soit aussi celui de la bombe atomique » (24 juillet).

L'élaboration de la loi et son contenu montrent de surcroît combien large était à cette date le consensus en matière de censure, étant bien entendu que les principaux camps en présence pouvaient en soutenir le principe pour des raisons partiellement opposées. Sans doute est-il faux d'affirmer, comme on le lit encore parfois, que la loi est due au vote conjoint des démocrates-chrétiens et des communistes, unis en pleine guerre froide dans un même moralisme. En réalité, le groupe communiste n'a pas voté le texte définitif, dans la mesure où la majorité parlementaire de Troisième Force en avait retiré les stipulations franchement protectionnistes, donc antiaméricaines, mises au contraire en avant dans la proposition communiste initiale; chemin faisant, et l'hostilité de ses adversaires ne cessant de progresser, le Parti communiste avait de surcroît découvert qu'on pouvait fort bien retourner contre sa propre presse la condamnation qui s'y trouvait portée à l'égard des publications d' « effet démoralisateur ».

Demeure cependant l'essentiel : le fait qu'un régime « issu de la Résistance » n'ait trouvé aucune contradiction interne à soumettre désormais à l'examen d'une Commission de contrôle *ad hoc*, placée sous la tutelle non pas du ministère de l'Éducation nationale mais de celui de la Justice, la totalité de la presse et de l'édition juvéniles, avec en puissance un droit de regard sur la totalité des imprimés diffusés en France, dès lors qu'ils pourraient venir à la connaissance du jeune public, conception extensive de la loi qui a été utilisée à plusieurs reprises, et récemment encore (Charles Pasqua, 1987), contre la presse « pour adultes ».

Les conséquences esthétiques de cette loi ne furent pas minces, puisqu'en éliminant le plus gros de la production d'origine américaine ou dérivée, elle permit à l'école belge de bande dessinée de s'épanouir dans le cadre acceptable d'une modernité bien tempérée. Ne retenons ici que son immédiate efficacité idéologique. Elle alla parfois jusqu'à l'interdiction, en France, restée fameuse dans l'histoire de l'école belge, d'albums ou de séries effleurant l'actualité internationale (deux albums *Buck Danny*, 1954) ou brocardant, bien légèrement, la police nationale (deux albums *Gil Jourdan*, 1959), interdiction levée seulement en 1971. On la mesure plus encore à l'effet dévastateur des premiers « avertissements » : quarante-huit au printemps 1950, et sept suspensions ; six mois plus tard, vingt et une publications avaient cessé de paraître. L'année suivante, passant de la censure à la propagande, la commission publiait au *Journal officiel* une description détaillée de vingt-trois types d'abus à éviter et de trente et une recommandations à suivre, touchant aux personnages, au texte, au type d'affabulation... On s'arrêta là, mais l'essentiel était obtenu : une mise en conformité de la littérature enfantine, qui ne connut aucun assouplissement jusqu'aux abords de 1968. C'est là qu'une démocratie libérale prouve qu'elle sait, si besoin est, se défendre avec des instruments de répression autrement plus efficaces, sur le long terme, qu'une dictature avérée.

On se tromperait cependant de beaucoup si l'on ne voulait envisager les rapports du pouvoir politique et de la culture que sous l'angle de la méfiance réciproque. Le cas le plus fréquent est en fait celui de la protection (demandée, proposée, obtenue, plus rarement refusée), comme, depuis la guerre, l'histoire de la politique française en matière de cinéma en administre excellemment la preuve.

Une profession organisée

Tout l'avant-guerre avait brui des demandes réitérées d'une partie représentative de la profession cinématographique en faveur d'une « moralisation » et d'une « organisation ». De droite à gauche, les propositions de *statut du cinéma* avaient mis en avant des solutions empruntant plutôt à la tradition corporatiste (exemple : le projet Guy de Carmoy, 1936) ou à la logique étatique (exemple : le projet CGT, 1937). Régime d'inspiration corporatiste et de fonctionnement dictatorial, conduit à pratiquer en matière économique la politique la plus interventionniste que la France ait, jusqu'à aujourd'hui, jamais connue, l'État vichyste apporta promptement une réponse aux hésitations démocratiques et aux interminables débats parlementaires en combinant les deux systèmes. On eut donc, dès les premiers mois de 1941, étroitement unis et étroitement contrôlés par les pouvoirs publics, à la fois un Service d'État du cinéma, administration spécifique sans précédent, et une structure de coordination obligatoire et réglementée de la profession, le COIC (Comité d'organisation des industries cinématographiques).

Le système fonctionna à la satisfaction de tous – de tous ceux, bien entendu, qui n'en furent pas exclus pour raisons raciales. A la Libération, il alla de soi que ni les nouveaux gouvernants ni les professionnels n'admettraient un retour au libéralisme de 1939, assimilé à l'anarchie et à l'escroquerie. Après une période transitoire, une nouvelle institution vit le jour, dont la pérennité témoigne du succès, par-delà diverses mutations internes inévitables : le Centre national de la cinématographie (CNC), établissement public à caractère administratif, doté de l'autonomie financière, au sein duquel l'industrie continua de jouer un rôle considérable. Que le cinéma français ait été depuis lors fondé sur un grand échange de services entre une profession de plus en plus inquiète de son avenir et un État de plus en plus protecteur est confirmé par l'histoire, à bien des égards exceptionnelle, de l'aide publique au cinéma.

Celle-ci est le principal résultat positif de la fameuse querelle déchaînée autour des accords Blum-Byrnes. Ceux-ci avaient été signés au printemps 1946 par l'illustre patriarche, envoyé outre-Atlantique pour convaincre les Américains d'apurer la grosse dette française et de relancer l'aide financière et matérielle immédiate à un pays ruiné et, peut-on dire, aux abois. Son interlocuteur américain, le secrétaire d'État James Byrnes, qui, quelques mois plus tard, retournera, suivant la tradition, dans le secteur privé et deviendra l'un des avocats des *Major companies* cinématographiques, avait tenu à faire ajouter un avenant révisant dans un sens plus favorable aux intérêts américains les conditions d'exploitation en France des films étrangers. On peut voir aujourd'hui dans cette clausule, à vrai dire considérée comme très secondaire par les négociateurs français, pressés par de plus lourdes échéances, une preuve remarquable de l'importance accordée par les intérêts américains à la diffusion culturelle. Les gens du cinéma français y virent, dans l'immédiat, une intolérable agression, qui aurait bientôt raison d'une industrie quantitativement et, depuis 1936 (premiers succès dans les festivals internationaux), qualitativement florissante.

Au départ, la polémique resta en fait confinée aux milieux professionnels; puis les accords commencèrent à montrer leurs effets perturbateurs, à travers un réel recul du nombre de films mis en chantier; la Guerre froide acheva de tout faire basculer. Or, depuis mai 1936 où le monde du cinéma avait découvert simultanément la grève et la syndicalisation, l'une et l'autre à un haut degré, les syndicats de techniciens étaient majoritairement dirigés par des communistes, d'autant que plusieurs dirigeants syndicaux « réformistes » avaient été compromis dans la Collaboration. A partir de l'exclusion des communistes du gouvernement Ramadier, la campagne contre les accords Blum-Byrnes – terminologie codée, à caractère anti-socialiste évident – prit donc une tournure nettement politique, ce qui n'empêcha nullement la profession de faire front commun, de Louis Jouvet à Louis Daquin, du producteur au syndicaliste, comme en témoigne l'ampleur de la grande manifestation du 4 janvier 1948.

L'important ici est dans les effets à long terme de la polémique : ils sont considérables, et structurels. On ne veut pas parler de la prompte renégociation des accords, qui, dès 1948, élargit l'espace d'exploitation réservé au film français et rétablit le contingentement, mais du vote, cette même année, de la première loi d'aide au cinéma, clairement perçue comme la « compensation », tardive, du préjudice subi. Sans doute, sur le fond, cette nouvelle source de financement est-elle principalement demandée au public lui-même, par le biais de la « taxe spéciale additionnelle (TSA) qu'il paye depuis lors, sans douleur, à l'achat de chaque ticket d'entrée. La signification historique de la mesure tient dans la pérennisation du principe de l'aide publique, obtenue par étapes entre 1953 et 1959, dans l'amplification de son financement, où l'État-mécène joue un rôle croissant, même si la Société des réalisateurs est présente dans la commission d'avances sur recettes depuis 1968, enfin dans l'élargissement continu des secteurs concernés : production, diffusion, exploitation, voire écriture du scénario.

A l'heure actuelle, le cinéma français est vraisemblablement le plus « soutenu » de tous les cinémas occidentaux. Cette constatation d'évidence doit immédiatement s'accompagner de deux autres évidences connexes : ce soutien accru a été demandé par le secteur privé; et c'est à ce prix que la France est aujourd'hui le seul pays d'Europe occidentale à disposer encore, pour une durée indéterminée que certains observateurs estiment fort courte, d'une « production » digne de ce nom, entendons par là, hors de tout jugement de valeur, d'un niveau de production filmée proportionné à son importance économique et démographique.

Les trois lignes des politiques culturelles

Le Centre national de la cinématographie a connu, depuis sa création, une demi-douzaine de ministères de tutelle, principalement ceux de l'Information et du Commerce et de l'Industrie, avant de se stabiliser, depuis 1959, sous celle du ministère de la Culture. La Commission de contrôle des films a continué, au-delà de cette date, à dépendre principalement de l'Information, avant de rejoindre, tardivement, le giron de la rue de Valois. On peut voir dans ces variations le signe de l'ambiguïté même du cinéma, sur laquelle on reviendra ; on y verra aussi, et d'abord, celui de la promotion progressive de l'administration artistique, passée en l'espace de trente années de l'état d'éclatement et d'incertitude qui la caractérisait encore à la fin de la IVᵉ République à la situation flatteuse qui lui est faite sous les auspices d'un ministère de la Culture, de la Communication, des Grands travaux et du Bicentenaire.

Cela ne veut pas dire que le pouvoir politique français ait attendu les décrets de 1959 créant dans les faits (3 février) puis en droit (22 juillet) le ministère « des Affaires culturelles » pour engager une réflexion et une action spécifiques en la matière. Sans s'attarder sur la question de savoir si un tel primat a été poussé dans ce pays plus loin que dans tout autre – contentons-nous, à ce stade, de répondre, sans aucune hésitation : oui –, on se doit de rappeler ici l'ancienneté de la préoccupation. Il est clair aujourd'hui que dès la Révolution française, moment fondateur sur ce plan comme sur tant d'autres, sont en place les trois grandes lignes autour desquelles il est encore possible de réunir aujourd'hui toutes les initiatives publiques : monarchique, libérale, démocratique.

La ligne monarchique des politiques culturelles postule l'État-mécène. Le pouvoir souverain, même relativisé en « pouvoirs publics », entretient, protège, pensionne, organise les artistes : il leur achète et passe commande pour l'amour de l'art et pour l'amour de soi. Volontiers centraliste, voire précisément parisienne, fréquemment patrimoniale, tendanciellement emphatique, cette ligne trouve sa place au sein des régimes libéraux et démocratiques au nom d'un volontarisme qui porte à « prendre en charge » les grands équipements. Une étude approfondie de l'histoire de la notion de service public montrerait combien tout le mouvement juridique français pousse en ce sens.

Il est sans doute nécessaire de préciser qu'on ne saurait sans caricature ne voir dans cette ligne que le modèle du « conservatoire », même si un établissement comme le Théâtre national de l'Opéra de Paris en est une expression lumineuse. L'un des avatars constants de cette conception fait d'un État « éclairé » le meilleur défenseur de la modernité, par un savant retournement du thème académiste, qui n'est en fait qu'un retour aux sources de celui-ci. On rappellera en effet, à rebours d'une interprétation bien ancrée, que l'académisme (mot d'ailleurs d'origine récente, et d'emblée polémique) n'est aucunement synonyme de conservatisme ou de traditionalisme esthétique mais que sa moins contestable définition pourrait être : sanction officielle d'un canon esthétique émanant des artistes constitués en corps. A cet égard, un établissement fait symétrie à l'Opéra dans la pureté de sa démonstration : l'Institut de recherche et de coordination acoustique-musique (IRCAM).

Mais l'IRCAM participe aussi de la deuxième ligne, la ligne libérale. Application au champ culturel des « principes de 89 », celle-ci se construit en effet autour de la notion moderne par excellence : celle d'artiste, personnage tout à la fois individuel et personnel, inspiré et inspirateur. Dans sa traîne apparaissent un certain nombre de postulats nouveaux : noblesse de l'acte créateur, nécessité de l'« indépendance » de la création, avant-gardisme. D'où il découle que, contrairement à certaines extrapolations libertaires, la ligne libérale ne conduit nullement à l'absence de politique culturelle. Il s'agira bien plutôt, d'une part, d'un allégement de ses fonctions directrices – disparition des censures mais aussi, positivement, primat de la subvention sur la commande ou l'achat –, de l'autre, d'une décentralisation de la prise de décision, sous la forme de commissions, d'établissements publics, de collectivités locales. A travers le rôle de laboratoire qu'a exercé la peinture, *via* la légende impressionniste, dans l'élaboration de la formule avant-gardiste, on comprendra mieux que le type non certes le plus achevé mais le plus aisément lisible d'institution libérale demeure le « musée d'art contemporain », à commencer par son apparente contradiction dans les termes.

Mais qui dit musée dit aussi, et pour le moins depuis les premiers âges de la Révolution, concession, si faible soit-elle, à la troisième ligne, la ligne démocratique. Celle-ci reprend sur le terrain culturel le projet civique des Lumières. Le Front populaire, à l'époque de Jean Zay et de Léo Lagrange, avait choisi de parler de « popularisation » culturelle, l'après-guerre préférera « démocratisation »; enfin, à peine installée dans ses murs, au début de la Ve République, la notion de « politique culturelle » sera sévèrement concurrencée par celle d'« action culturelle »; peu importe, l'axe reste clair : critique de l'élitisme, éloge de la communication, accent porté sur la didactique. Rien de plus significatif, à cet égard, que la mutation administrative qui, en conférant à la Libération une direction autonome aux bibliothèques, lui donne officiellement pour titre Direction des bibliothèques et de la *lecture publique*, cette dernière notion ayant été promue, pendant l'entre-deux-guerres, par un groupe de bibliothécaires de gauche soucieux de ne pas limiter leur mission à celle de la conservation et de la communication savantes.

La signification idéologique communément accordée à la victoire de 1945 ne pouvait que donner un renfort décisif à cette dernière ligne, dont désormais aucun discours justificatif officiel ne pourra se permettre de faire l'économie. Ainsi, à l'extrémité du processus, verra-t-on la citadelle même de la conception monarchique, l'Opéra de Paris, se muer, au moins en paroles, en « opéra populaire », passage à l'acte d'un projet dont on retrouverait sans peine les premières traces au XIXe siècle, et la dernière tentative concrète sous le Front populaire.

Mais, ici aussi, on ne comprendrait rien au fonctionnement d'un système culturel en passant sous silence le rôle joué par Vichy qui, s'il échoua là où il se voulut « révolution nationale » (retour aux traditions esthétiques et éthiques), constitua en revanche une étape importante dans l'histoire des continuités françaises en matière de démocratisation culturelle en quelque sorte involontaire. Ainsi est-ce à Vichy que l'on doit la pérennisation de l'administration de la Jeunesse et des Sports ébauchée par Léo Lagrange ; ainsi est-ce sous l'Occupation que, faisant de nécessité vertu, des pouvoirs publics de droite furent amenés à prolonger les initiatives ponctuelles du Front populaire en matière de décentralisation théâtrale. Pour ne citer que cet exemple, on n'oubliera pas que la première expérience de Jean Vilar sur ce terrain, simple reprise, d'ailleurs, de celles qu'avaient engagées ou proposées Sylvain Itkine ou Jean Dasté en 1936, s'est passée sous l'égide de l'État pétainiste.

« Arts et lettres »

Qu'il y ait en politique culturelle plus souvent continuité que rupture ne signifie nullement que les grands et petits changements idéologiques qu'a connus la France depuis 1944 n'aient eu aucune incidence sur l'orientation de cette politique. Il est clair, par exemple, que les quatre grandes tonalités générales qui se distinguent aux yeux de l'observateur correspondent à quatre périodes politiques bien caractérisées : la IVᵉ République, la présidence gaullienne, l'entre-deux-Mai, enfin la présidence Mitterrand.

Les projets, les réussites et les échecs de la première période se mesurent aisément à l'aune des nouvelles conditions idéologiques de la Libération, clairement définies par le préambule de la constitution d'octobre 1946, où se trouve affirmé pour la première fois le droit d'« égal accès [...] à la culture », et par les textes des nouvelles associations culturelles représentatives de l'après-guerre, Travail et Culture, tôt contrôlée par le Parti communiste, et Peuple et Culture, directement issue des maquis alpins — mais aussi, indirectement, de l'école pétainiste d'Uriage.

L'époque est à l'«éducation populaire», formule d'esprit plutôt catholique (il existera de 1944 à 1946 une Direction des mouvements de jeunesse et de l'éducation populaire, un temps confiée à Jean Guéhenno), qui valorise les formes non académiques de la culture, et à la revendication, plus traditionnelle, de diffusion du patrimoine dans le «peuple». Sur le terrain, cette action peut faire se retrouver au coude à coude, par-delà les ruptures politiques quotidiennes, chrétiens et laïques, communistes et non-communistes. Elle trouve son expression pédagogique dans la formule du «stage», dans la figure de l'«animateur», chez Peuple et culture dans la technique de l'«entraînement mental» mise au point par le sociologue Joffre Dumazedier, par ailleurs inspecteur général de la Jeunesse et des Sports. En termes d'institutions, cette école de pensée travaille en effet plus volontiers avec la jeune et gauchisante administration de la Jeunesse et des Sports (constituée en direction unique en 1948) et trouve son équilibre dans la formule de la Maison des jeunes et de la culture (200 en 1958, 845 en 1977, auxquelles on peut associer à cette date environ 7000 maisons de jeunes, foyers ruraux et clubs divers).

On comprend mieux, dans ces conditions, pourquoi la réussite qui est le plus communément attribuée à la IVᵉ République soit la décentralisation théâtrale. Faute de moyens financiers suffisants – la France de la reconstruction et des guerres coloniales a dû faire des choix –, les préoccupations démocratiques d'un Julien Cain en matière de lecture publique ou d'un Georges-Henri Rivière en matière de muséographie vont rester au stade des plans généraux et des équipements pilotes (premières bibliothèques centrales de prêt en 1945). En revanche, l'énergie d'un fonctionnaire de la nouvelle Direction des arts et lettres, Jeanne Laurent, combinée à l'expérience acquise depuis quelques années par un Jean Dasté ou un Jean Vilar, va permettre aux pouvoirs publics de mettre sur pied, en moins de cinq années et au moindre coût, un système cohérent de démocratisation théâtrale, première réalisation de ce service public du théâtre auquel le directeur du TNP attachera son nom.

A la base un Concours des jeunes compagnies (1946) et une Commission d'aide à la première pièce (1947). En permanence un réseau de Centres dramatiques nationaux (à partir de 1947), destiné en théorie à couvrir tout le territoire. Au sommet, un Théâtre national populaire radicalement rénové (on oublie souvent qu'il fut fondé, en 1920, par Firmin Gémier) et confié en 1951 à l'homme dont la réussite en Avignon, à partir de 1947, venait d'attirer l'œil de Jeanne Laurent. Au centre du triangle se situe en effet ce Festival d'Avignon, dont la forme définitive est due, cette fois, entièrement à Jean Vilar et dont l'utopie cristallise parfaitement celle de cet après-guerre. On peut ajouter à cet ensemble le Théâtre des nations, d'abord connu sous le nom de Théâtre international (1954), dont l'animateur, Claude Planson, avait été le secrétaire général du TNP, et qui essaya d'en extrapoler l'esprit à l'échelle de la planète.

L'exceptionnelle réussite des CDN, du TNP et d'Avignon ne tient pas seulement du mythe rétrospectif, comme l'a suggéré vers 1968 une critique gauchiste prompte à dénoncer le caractère patrimonial du répertoire et l'insuffisante démocratisation d'un public élargi seulement en direction des classes moyennes, malgré une intense collaboration avec les comités d'entreprise et les syndicats. Elle se fonde sur un équilibre qui n'avait pas été trouvé jusque-là entre les deux tendances, déjà signalées, qui, depuis une trentaine d'années, partageaient le monde du « jeune théâtre » : une ligne de rénovation, issue en France du Vieux-Colombier, et une ligne de popularisation, issue de Firmin Gémier.

L'échec de la IVe République fut de ne pas reconnaître le sens de sa propre innovation et, après avoir tenté de tuer dans l'œuf l'expérience du TNP, de limoger Jeanne Laurent et d'arrêter net l'extension du réseau des CDN. A cet égard, il ne fait pas de doute que cette triple crise des années 1952-1953, restée sans grand écho à l'époque comme aujourd'hui, était bien liée à l'étroite conjoncture politique du moment, marquée par un sensible glissement à droite de l'axe de la majorité gouvernementale.

Les limites intellectuelles qui étaient encore celles des

responsables politiques à cette époque s'illustrent dans leur incapacité à imposer à l'administration tutélaire de l'Éducation nationale l'autonomie de ses directions non scolaires (Archives, Bibliothèques et Lecture publique, Architecture, Arts et Lettres, Jeunesse et Sports, sans parler du CNRS), à laquelle aspirait un nombre toujours croissant de leurs administrés. La disparition, à l'automne 1947, après neuf mois d'une existence discutée, d'un ministère de la Jeunesse, des Arts et Lettres, confié au jeune et talentueux Pierre Bourdan, n'était jamais que le troisième échec en moins d'un siècle d'une tentative de ce genre (Arts, Lettres et Sciences en 1870, Arts en 1881). La quatrième allait être la bonne, douze ans plus tard, mais, auparavant, il allait falloir encore changer de régime.

L'effet Malraux

Mythe pour mythe, celui d'André Malraux, ministre d'État chargé des affaires culturelles, vaut pour le moins celui de Jean Vilar. Entendons par là que l'écart est plus grand encore entre la légende du grand dessein culturel de 1959 et la réalité des résultats concrets atteints dix ans plus tard. Mais il n'est pas moins certain que, dans l'un et l'autre cas, le bilan personnel reste largement positif, et sans doute précisément parce que la véritable positivité est de l'ordre du symbolique.

Là où André Malraux échoue, c'est en tant que ministre. Piètre gestionnaire, absentéiste, il défend mal ses dossiers et, en particulier, n'obtient sur la longue durée aucune amélioration notable de son budget, qui stagne aux alentours de 0,40 p. cent. Là où il réussit, c'est en tant que fédérateur lyrique d'un ministère encore fragile, dont chacun guette la prompte disparition. Par la confiance que lui accorde le chef de l'État, et dont témoigne la stabilité de sa présence aux affaires, André Malraux jette les bases d'une administration culturelle moderne (Service de la création artistique, comités régionaux des affaires culturelles...) qui ne fera ensuite que croître et prospérer. Il sera parfois question, par la suite, de l'associer à telle ou telle autre administration, plus jamais de l'y fondre, encore moins de la replacer sous la tutelle de l'Éducation.

Et les grandes conquêtes tangibles du ministère Malraux tiendront donc non à un surcroît de moyens mais à un surcroît de conviction et de cohérence. Celles-ci se mesurent principalement dans deux directions : la reprise et l'amplification de la politique de démocratisation culturelle de la IVe République (nouveaux programmes de CDN, Maisons de la culture, Centres d'action culturelle...), la reprise et l'amplification de la politique de mise en valeur du patrimoine de la IIIe République (Inventaire général, lois de 1962 et 1966).

La touche proprement malracienne et, au fond, gaullienne est apportée par l'insistance que mit le ministre à faire prendre par les pouvoirs publics une série d'initiatives artistiques à caractère moderniste (commandes à Chagall, André Masson, Olivier Messiaen, soutien solennel à Adrien Maeght...), dans la plus pure tradition du monarchisme éclairé.

On ne saurait donc reprocher au ministère Malraux ce qu'il était incapable de donner, compte tenu de l'état de la réflexion et de la pratique en matière de politique culturelle à cette date, état au reste contradictoire puisqu'il passe en dix ans de l'éloge du volontarisme popularisateur à celui de la spontanéité créatrice des masses. On ne saurait, en particulier, lui renvoyer l' « échec » supposé de ce qui fut, certainement, sa grande utopie de référence, les Maisons de la culture, car le point de vue gauchiste de la critique n'était pas le sien et c'est le même ministère qui créa en 1968 la formule, plus légère, du CAC. Les limites du projet malracien sont celles de toute une époque, qui recule, effrayée, devant les implications financières d'une implantation systématique des vingt ou trente Maisons de la culture envisagées un temps par les commissions du Plan, tout en regrettant que les CAC, qui bien souvent vont les remplacer, soient du même coup de simples « garages » culturels.

Ces contradictions allaient s'étaler au grand jour au long des dix années suivantes, pendant lesquelles les pouvoirs publics allaient paraître glisser insensiblement de l'incertitude à l'indifférence. Ce glissement est perceptible dans l'instabilité croissante des structures ministérielles (six appellations et six regroupements différents entre 1974 et 1981) et, plus qualitativement, dans la dégradation de l'image des responsables politiques, qu'il s'agisse des ministres ou des présidents de la République eux-mêmes, d'Edmond Michelet faisant l'éloge du « théâtre pauvre » (1969) à Maurice Druon offrant le choix aux artistes entre la « sébile » et le « cocktail Molotov » (1973), en passant par Georges Pompidou, échouant à organiser la grande exposition d'art contemporain dont il rêvait.

La période voit en effet apparaître un nouvel acteur politique, surclassant tous les autres et doté d'un projet culturel propre, le président de la République. De Georges Pompidou à François Mitterrand, le champ des interventions culturelles du chef de l'État n'a en effet cessé de s'étendre, à l'instar du « domaine réservé » de la politique classique depuis 1959. A Georges Pompidou imposant à son administration l'énorme effort (financier et administratif) du Centre national d'art et culture qui portera plus tard son nom succédera un Valéry Giscard d'Estaing soucieux de laisser quant à lui sa marque sous une forme à la fois patrimoniale (musée d'Orsay) et prospective (Cité des sciences de La Villette), avant que les deux présidences de François Mitterrand ne soient marquées par une série de « chantiers du Président » où les trois lignes semblent avoir été portées à leur plus haut degré d'expression, puisque au fait du Prince (qui va jusqu'à compléter le Grand Axe noble de la capitale par les moyens de la pyramide et de l'arche) se combinent l'appel au génie contesté (Daniel Buren, I.M. Pei) et la vocation démocratique (Grand Louvre, Opéra « populaire »).

Écrasée par ces quelques initiatives prestigieuses et l'amplification qui, à partir de 1981, va leur donner une échelle proportionnée, la décennie 70 présente par contraste un air blafard qui ne rend pas tout à fait compte de la réalité d'un terrain en expansion. C'est en effet celle où se situent les deux plus convaincantes réussites personnelles à la tête de ces deux établissements de référence que restent l'Opéra de Paris (Rolf Liebermann) et la Comédie-Française (Pierre Dux), ainsi que la mise en place d'instruments politiques autrement plus ambitieux que ceux de l'époque Malraux, tels le Fonds d'intervention culturelle, les chartes culturelles, le Fonds national d'art contemporain, les premières directions régionales des affaires culturelles...

Manquent à cette période non un bon ministre (Jacques Duhamel en fait office de 1971 à 1973, assisté de Jacques Rigaud) ni même des crédits (0,56 p. cent du budget national en 1975), mais l'essentiel, qui se situe aux deux bouts de la chaîne : une volonté politique et un consensus culturel. Jack Lang, abstraction faite de ses qualités personnelles, aura la chance de disposer de ces deux atouts.

L'effet Mitterrand

Volonté et consensus sont d'ailleurs directement issus du grand mouvement culturaliste qui parcourut la gauche française, révolutionnaire puis réformiste, dans la foulée de Mai 68. En sortira, au moment de l'arrivée au pouvoir des socialistes, un projet culturel sans doute en partie contradictoire mais convaincu, élaboré et souvent expérimenté, depuis quelques années, sur le terrain municipal et régional. La contradiction s'établit entre les deux grands choix plus « socioculturel » du premier PS et plus « esthétique » du second. Adepte de ce dernier, le nouveau ministre de la Culture (intitulé significatif) aura, grâce à l'extension considérable de ses moyens (0,86 p. cent), la capacité de contenter les deux camps et, par exemple, de tout à la fois promouvoir Patrice Chéreau ou Giorgio Strehler et divers programmes de « développement culturel » en direction des publics marginalisés.

A cet équilibre exceptionnel, générateur d'euphorie, et qui durera en effet jusqu'aux alentours de 1985, une explication immédiate : la volonté présidentielle de ne pas sacrifier la politique culturelle en période de crise économique aggravée – choix vraisemblablement unique au monde à cette date –, et une explication sur le long terme : l'installation à demeure au sein du personnel politique français de la conviction qu'une politique de la culture est un enjeu symbolique et économique de premier rang dans l'établissement d'une politique générale et dans le bilan qu'en tirent les citoyens.

L'impossibilité théorique, tactique et pratique où une nouvelle majorité politique se trouvera, entre 1986 et 1988, de revenir fondamentalement sur ces acquis, au nom d'une privatisation des structures et des méthodes, n'est qu'une preuve par l'absurde de la profondeur de cet enracinement. Jamais autant qu'à l'orée des années 90 la France n'aura été aussi loin des thèses libérales-libertaires d'un Jean Dubuffet, dénonçant en 1968 l'« asphyxiante culture », étatique et établie.

Plus qu'à une politisation du culturel on a donc eu affaire à une culturalisation de la politique. En témoignent tout à la fois la croissante complexité de l'organigramme administratif et de l'arsenal législatif ou réglementaire, et l'augmentation des effectifs (ceux de la Culture proprement dite ont triplé entre 1960 et 1986). Mais le trait le plus frappant, et le plus lourd de conséquences, tient dans la multiplication des parties prenantes.

Au sein des pouvoirs publics, la période a vu s'imposer un nouvel acteur, de plus en plus conscient de son rôle, comme d'ailleurs du bénéfice politique qu'il peut retirer de celui-ci : les collectivités locales, principalement les municipalités des grandes villes, et des régions les plus dynamiques. Et si les élections municipales de 1983 ont vu un certain nombre de municipalités de droite fraîchement installées s'attaquer immédiatement aux politiques culturelles de leurs prédécesseurs, les élections de 1989 ont été les premières où les équipements culturels ont, sur une grande échelle, servi d'argument électoral aux équipes sortantes.

L'élargissement n'est pas moins net parmi les partenaires privés. Le mouvement associatif, malgré la crise qui touche depuis les années 60 toutes les associations culturelles généralistes, n'a cessé d'augmenter le nombre de ses composantes et de ses adhérents :

62

Enquête Dumazedier/Samuel sur les associations d'Annecy
1901-1957 : 262, dont 106 à dominante socioculturelle ou culturelle.
1958-1973 : 378, dont 299 à dominante socioculturelle ou culturelle.

Enquête SER sur les pratiques culturelles des Français
1973 : 28 p. cent d'adhérents à une association.
1981 : 31,6 p. cent.

Depuis le début des années 80 (1979 : création de l'ADMICAL), le rôle mécénal du secteur privé, tradition séculaire en crise depuis la dernière guerre sous sa forme ancienne du patronage individuel, s'est trouvé tout à la fois redimensionné à l'échelle des entreprises, et solennellement encouragé par les pouvoirs publics, à commencer par le ministère Lang. Dès 1989, un lieu aussi symbolique que le festival d'Avignon, fondé par l'homme qui, trente ans plus tôt, parlait du théâtre comme d'un service public « au même titre que le gaz ou l'électricité », voyait le mécénat privé contribuer à 15 p. cent de son budget, dans l'assentiment général.

Cependant, et contrairement à ce que certains avaient prédit, pour le souhaiter ou le craindre, il est apparu clairement, après l'expérience libérale de 1986-1988, que la progression du rôle des « pouvoirs privés » n'entraînait pas *ipso facto* le désengagement public. Il fallait d'abord y voir la preuve du poids économique croissant d'une grande valeur-refuge, en un temps d'incertitude généralisée sur tous les autres systèmes de référence : quand le Vrai et le Bien se brouillent, il reste le Beau, au moins le Beau ancien, estampillé. Mais qui dit Refuge dit bien que l'important est dans le jeu du culturel sur lui-même.

3

Création

Déterminée techniquement, économiquement, politiquement, la production des biens symboliques conserve en effet son énergie propre. Une société culturelle assure la circulation de ces biens, non pas indépendamment de leur détermination mais comme leur résultante. Ses rouages en sont encore mal connus, mais on ne se trompera jamais de beaucoup en cherchant à retrouver en son sein les trois instances élémentaires de la création, de la médiation et de la consommation. A condition, toutefois, de se préoccuper à ce stade moins des formes que prennent ces circuits – la culture est à cet égard un monde simple, et tout d'exécution – que des problèmes que ces trois termes soulèvent dans leur sillage.

DE L'INÉGALITÉ DES CRÉATIONS

L'une des plus fâcheuses lacunes de l'histoire générale et même des histoires particulières des arts et des sciences est de parler de ces grands types de création que sont la peinture ou la musique, la chimie ou l'histoire, comme s'ils occupaient de toute éternité la même place dans l'organisation générale de ce qu'il convient bien d'appeler autant de « disciplines », quand rien n'est plus faux.

Considérons par exemple l'évolution des rapports de force interscientifiques. En raison même de la forte place qu'y occupe la demande sociale, perceptible dans les priorités des programmes politiques et l'intérêt variable des médias, les disciplines scientifiques ont successivement connu depuis la guerre deux hégémonies, celle des sciences physiques, jusque vers le milieu des années 60, puis celle des sciences biologiques, qui occupent toujours à l'heure actuelle le haut du pavé. L'hégémonie physicienne était clairement issue des découvertes fondamentales du début du siècle, relayées par leurs impressionnantes applications, à commencer par la domestication de l'énergie atomique. Du transistor au laser, la vie quotidienne des Trente Glorieuses vécut distinctement à l'heure de la physique ; de l'astrophysique à l'astronautique, l'utopie de l'époque elle-même s'en trouvait impressionnée. Le basculement fut en France théâtralisé par le triple prix Nobel de 1965 (Lwoff, Monod, Jacob), mais il se fondait, plus universellement, sur les conquêtes décisives de ces mêmes années en matière de génie génétique. A cette nouvelle, la société tendit l'oreille et, après avoir applaudi au premier alunissage, referma le livre d'images de la physique pour ouvrir (1970 : *Le Hasard et la nécessité*) celui de la biologie. Dans les librairies, sur les antennes, le personnage du biopenseur eut, plus que jamais, la cote d'amour du public.

Mais ce type de fonctionnement hégémonique est plus aisément perceptible, par la société comme par l'observateur, quand il touche aux relations interartistiques. C'est que déjà, *a priori*, les arts ne naissent pas égaux devant les hommes. Il y a une hiérarchie des arts au sein d'une société donnée, et, par voie de conséquence, il n'y a aucune raison particulière pour que la hiérarchie classique, définie sous l'Ancien Régime culturel, entre la Renaissance italienne et l'académisme français, eût dû se conserver telle quelle jusqu'à nos jours.

Il ne fait aucun doute que la période envisagée a vu, en l'espace d'une trentaine d'années environ (1945-1975), un bouleversement radical des statuts respectifs des arts jusque-là explicitement puis, au XXᵉ siècle, implicitement répartis en arts « majeurs » et « mineurs », en genres « savants » et « populaires ». Et le bouleversement en question est allé dans un seul et même sens : la respectabilisation des arts et des genres inférieurs.

Sans doute peut-on discerner dans ce mouvement général quelque chose d'une conséquence de l'évolution économique. De même que celle-ci a contribué, on l'a vu, à promouvoir au sein du monde artistique des catégories nouvelles de créateurs, de même le poids croissant de telle ou telle forme d'expression dans la vie économique ne pouvait-il pas ne pas entraîner une valorisation de son rôle culturel. Rien de plus logique dans une société économiste, et rien de plus prévisible dès lors qu'à ce facteur quantitatif s'ajoute celui, plus proprement politique, de la démocratie : comment soutenir longtemps que les arts qui ont la faveur du plus large public seraient dépourvus de toute qualité intrinsèque ? Ce ne sont certes pas les tenants du système déclinant qui sont les mieux placés pour récuser les aspirants de la garde montante. Tout duel de prestige entre légitimés d'hier et légitimés d'aujourd'hui serait – sera – nécessairement arbitré par le juge le plus partial, mais le plus irrécusable : la mode, c'est-à-dire la société. On ne se posera donc pas, dans les pages qui suivent, la question d'une éventuelle « manipulation » ; juste celle d'un mécanisme.

Promotions

L'évolution peut rester interne à un art établi. Elle prendra alors trois tournures, qui ne sont que trois degrés d'intensité croissante dans l'échelle de la respectabilisation : la mise en avant de catégories de créateurs jusque-là inférioristes ; la mise en valeur, au sein du panthéon artistique en question, de créateurs et de créations empruntant clairement leur inspiration, en tout ou partie, aux sources populaires ; enfin la franche substitution à la forme légitimée d'un art de sa forme illégitimée, pour lui faire remplir les mêmes fonctions.

Au premier type de promotion appartient, de toute évidence, le mouvement qui, se poursuivant sur une lancée antérieure, a fait passer au premier rang de la société théâtrale non plus le dramaturge ou le comédien mais le metteur en scène. Sans doute l'aventure du Cartel avait-elle préparé le terrain, et l'immédiat après-guerre vit-il même la disparition rapide de cette génération, entre 1949 (Copeau) et 1952 (Baty). Mais il est clair que ce n'est qu'à partir des années 50 que se manifesta sans ambiguïté ce qui peut être qualifié de « prise du pouvoir » par le metteur en scène, comme le prouvent deux signes irrécusables. L'un est strictement institutionnel. Il se mesure à la surreprésentation des hommes de scène parmi les premiers dirigeants d' « établissements d'action culturelle », pour reprendre la formulation du syndicat qui, à partir des Maisons de la culture, les a efficacement rassemblés. Il faut bien entendu y voir d'abord la sanction du succès de la décentralisation théâtrale et du TNP évoqué précédemment. Le sommet de la tendance sera atteint dans les années 80 où, à deux reprises (Jean-Pierre Vincent, Antoine Vitez), un ministre, lui-même ancien directeur de festival de théâtre, nommera un metteur en scène à la tête d'une Comédie-Française jusque-là plus habituée à être dirigée par un haut fonctionnaire, un journaliste, un comédien (rarement) ou (cas le plus fréquent) un auteur dramatique. Mais la plus convaincante preuve du nouveau rapport de force est, bien entendu, à rechercher sur le terrain des œuvres elles-mêmes. Elle se manifeste dans l'évolution générale des programmations théâtrales de référence, qui ne sont plus désormais celles du théâtre privé traditionnel – catégorie à laquelle on se rappellera qu'appartenaient encore Copeau et le Cartel –, mais celles des théâtres publics. A côté du maintien, résiduel et souvent contractuel, d'un petit canton réservé à la création contemporaine, l'essentiel est occupé par deux types d'œuvres où peut se manifester le primat du metteur en scène : la « relecture » d'œuvres classiques et, phénomène très représentatif de l'époque, la création sur scène de textes qui ne lui étaient pas originellement destinés et donc soumis à un vaste remodelage.

Des personnalités comme celles d'un Roger Planchon, pour la deuxième génération depuis la guerre, d'un Jorge

Lavelli ou d'un Jean-Pierre Vincent, pour la troisième, figurent assez bien le choix de la relecture, et les mises en scène qui les ont rendus célèbres (*George Dandin, Medea, La Cagnotte...*) appartiennent à cette démarche. Quant à la théâtralisation – comme on dit « novelisation » pour la mise en roman d'un film ou téléfilm –, malgré le précédent du *Neveu de Rameau* où, dès 1963, triomphaient Pierre Fresnay et Julien Bertheau, mais qui appartenait encore au récital d'acteurs, c'est sans doute à Jean-Louis Barrault qu'on peut en attribuer la paternité, avec la série à succès inaugurée en 1968 par *Rabelais*, bientôt suivi d'un *Jarry*, d'un *Nietzsche*, d'un *Restif*, etc. On n'est évidemment pas très loin de cette situation dans le cas d'œuvres originales mais suscitées par un metteur en scène et/ou directeur de troupe sur un thème imposé, l'ensemble prenant la forme soit d'une création collective de la troupe, soit celle d'une commande à un personnage nouveau de la société théâtrale, le « dramaturge », fonction venue d'Allemagne quoique non sans rapport avec celle de ces « poètes » attachés au XVIIᵉ siècle à telle troupe, fixe ou ambulante (exemple le plus connu : Jean Jourdheuil, aux côtés de Jean-Pierre Vincent). A cet égard l'évolution de l'œuvre d'Ariane Mnouchkine est des plus significatives de ce passage du « collectif » (*Les Clowns, 1789*) au « commandé » (dramaturge : Hélène Cixous, *Norodom Sihanouk, L'Indiade*), en passant par la relecture (*Richard II*). Seul cas de figure absent de cette liste : la création d'une œuvre contemporaine non commandée, sur quoi s'était pourtant fondée la réputation initiale du Théâtre du Soleil, à la fin des années 60, avec *La Cuisine*, d'Arnold Wesker.

Comment interpréter cet effacement de la figure classique de l'auteur ? Le discours commun postule le « manque d'auteurs », ce qui apparaît plutôt comme une erreur de raisonnement : on fait une cause de la conséquence. Sans doute faut-il y voir plutôt l'aboutissement, au moins provisoire, d'une évolution commencée il y a un siècle, on l'a vu, sous les auspices de la fée Électricité, mettant désormais en avant, dans une logique quasi démocratique, contre l'autorité (*auctor*) d'un seul, les droits de deux communautés, celle des acteurs et celle du public.

Quoi qu'il en soit, ce considérable glissement d'hégémonie a transporté ses effets, à partir des années 1970, sur un terrain nouveau, celui de l'opéra, où cette apparition d'un quatrième personnage de premier plan, aux côtés du compositeur, du chanteur et du chef d'orchestre, s'est opérée avec d'autant plus de promptitude, dès lors que les barrières de la tradition eurent été rompues, que dans ce domaine l'effacement de la création contemporaine était antérieur à ce changement de perspective : ici, en effet, le « manque d'auteur » n'est pas niable, si ce n'est qu'il renvoie à son tour à une cause originelle, la disparition des conditions économiques, sociales et culturelles qui avaient rendu possible, pendant une courte période (deux siècles et demi), ce type d'art, ou plutôt ce genre de spectacle bien spécifique. L'œuvre d'un Jorge Lavelli témoigne, depuis 1975, de cette conquête de l'opéra par la mise en scène (*Idoménée, Faust, L'Enfant et les sortilèges...*). Elle annonce tout à la fois la double présence, théâtrale et lyrique, d'un Patrice Chéreau (1976 : *Tétralogie*), ou la spécialisation, hors de France, d'un Jean-Pierre Ponnelle.

Peut-on, en revanche, lui rattacher l'évolution, en apparence analogue, qui en l'espace de trois générations, a successivement conduit le spectateur « au cinéma » (périodiquement, dans une salle de quartier), puis voir « un film de Gabin », enfin voir « un film de Fellini » ? Le phénomène n'est pas niable, mais il n'a pas la même signification, car ici il n'existait pas d'auteur canoniquement reconnu, et pour une autre raison : le cinéma, spectacle populaire plutôt qu'art ou, tout au plus, art mineur, ne pouvait faire l'objet de la reconnaissance culturelle. L'émergence, la visibilité croissante du réalisateur de cinéma, participe donc d'un mouvement culturel d'une ampleur bien supérieure à celle qui a touché les milieux, désormais exigus, du théâtre et de l'opéra : la respectabilisation des arts mineurs et, pour commencer, leur reconnaissance en tant qu'art.

Le premier de ces cas de figure demeure d'effet limité, mais il est fréquent en littérature et, chronologiquement, il se manifeste dès les premières années de l'après-guerre. La prise en charge par l'éditeur de littérature générale le plus prestigieux de l'époque, Gallimard, successivement d'une collection de romans policiers (la Série noire, 1945), phénomène prolongé, avec moins de succès, en 1952 par celle d'une collection de science-fiction (Le Rayon fantastique, coéditée avec Hachette), n'était, après tout, que la reprise de deux initiatives antérieures : celle de la revue *Détective,* essai d'un périodique de faits divers confié à des écrivains, placé d'ailleurs sous la direction d'un philosophe, Brice Parain ; celle du romancier « classique » Claude Aveline, publiant, en 1932, avec l'aide de l'éditeur Bernard Grasset, son premier roman policier, *La Double Mort de Frédéric Belot,* sous les auspices de la « grande littérature ». Mais l'après-guerre fut incontestablement la période de l'amplification et du succès de la méthode, confirmée par le progressif ennoblissement de l'œuvre d'un Georges Simenon, peu à peu introduit dans les manuels de littérature et la recherche universitaire.

Étendu à l'échelle de toute une catégorie d'œuvres, ce mouvement se mesurerait aisément au déclin et à la disparition, entre les années 50 et 70, des terminologies dépréciatives ordinaires au sujet. Ainsi *Le Monde* du 19 avril 1967 consacrait-il deux pages entières à ce qu'il continuait encore d'appeler précautionneusement « sous-littérature », tout en s'interrogeant, dans un article particulier : « Comment " la " nommer ? » On cessa, en effet, de la nommer « sous-littérature », ou même « infra-littérature » ; on proposa quelque temps « para-littérature » ; puis on se tint coi.

Dès la Libération, le succès tout à la fois public et critique de l'œuvre « écrite » d'un Jacques Prévert (*Paroles,* 1946, *Spectacle,* 1951), exclusivement connu, fait rarissime, comme auteur de littérature orale, établissait une passerelle permanente entre le genre « noble » par excellence, la poésie, et des formes jusque-là dévalorisées comme la chanson ou le dialogue de film. La reconnaissance, plus lente (1947 : *Exercices de style*, 1959 : *Zazie dans le métro*) mais tout aussi peu contestable, de l'œuvre de Raymond Queneau alla dans le même sens, avec un atout supplémentaire : l'image d'érudition et de scientificité attachée à l'auteur des *Enfants du limon* et de *Bâtons, chiffres et lettres,* exemplifiée aux yeux de la société littéraire par l'accession de ce permanent des éditions Gallimard aux fonctions de directeur de l'*Encyclopédie de la Pléiade.*

Le triomphe de l'œuvre de Boris Vian, à partir des années 60, forme achevée de promotion posthume qui sera plus tard examinée sous son angle principal, celui du relais entre générations, participe pleinement de cette tendance dans la mesure où son œuvre a circulé du début à la fin entre les genres et les arts les plus minorisés qui soient (chanson, roman policier sous pseudonyme, traduction de roman de science-fiction, jazz...) et où sa part romanesque, passée inaperçue de son vivant, a pu être remisée par certains critiques aux frontières de la littérature « populaire ».

C'est vers la même époque que, systématisant les intuitions de Gauguin ou la récupération de l'art dit primitif par les cubistes, le monde de la peinture franchissait deux pas analogues en ouvrant définitivement en son sein un espace reconnu à l' « art naïf », dont la première grande exposition récapitulative (Les maîtres populaires de la réalité) ne remontait qu'à 1937 (1949 : Wilhelm Uhde, *Cinq maîtres primitifs*), et en ménageant une place de choix dans la polémique d'avant-garde aux thèses de Jean Dubuffet sur l' « art brut » (Compagnie de l'art brut, créée en 1948, exposition en 1949).

A partir des années 60 le pop'art puis l'hyperréalisme s'ingénièrent à brouiller les frontières entre arts plastiques. Désormais, quelle que soit l'évolution des modes picturales, quelques « artistes plasticiens » continueront toujours à jouer, à l'exemple d'un Francis Bacon, d'un Roy Lichtenstein ou d'un David Hockney, sur l'apport de la photographie, de la bande dessinée, du graffiti.

Poussée à ses ultimes conséquences, la réhabilitation a tous les traits d'une substitution. C'est, semble-t-il, ce qui s'est produit sous nos yeux pour la poésie. Sans doute existe-t-il encore, certainement existera-t-il toujours, une forme traditionnelle de poésie. Entendons par là une poésie écrite, ou, pour être exact, non orale. Tradition récente, à tout prendre, quatre siècles environ, mais bien installée dans la configuration culturelle transmise depuis l'âge classique par l'école et la critique. Cette poésie-là, on le verra plus loin, disposa même à la Libération d'un prestige et d'une popularité rarement — et peut-être jamais — réunis à ce degré. Force est cependant de reconnaître que, depuis lors, elle n'a cessé de voir se restreindre son rayonnement.

Sur l'ensemble de la période, la poésie écrite présente le visage d'un petit univers complet mais confiné. Elle a conservé ses critiques, généralement praticiens (Alain Bosquet), ses impresarii (Jean-Pierre Rosnay et son Club des poètes), son « marché » (place Saint-Sulpice, depuis 1983), ses éditeurs nationaux, rares mais obstinés (Pierre Seghers, plus tard Pierre-Jean Oswald et Jean-Marie Place), ses éditeurs régionaux, nombreux mais souvent obscurs (hier les *Cahiers du Sud,* plus tard *Calligrammes*), ses innombrables (non : environ cinq cent cinquante vers 1980, d'après une enquête de Jean-Marie Place) revues à tirage restreint et public fidèle. Robert Sabatier lui a consacré une anthologie monumentale (*Histoire de la poésie française*). Aucun de ces caractères qui ne soit, sur le long terme, à marquer du signe d'un déclin : lente extinction, à partir des années 60, de Pierre Seghers, survie difficile de P.-J. Oswald, mort de revues parmi les plus prestigieuses, telle *Argile*.

Il n'y a rien de nouveau, ni surtout de surprenant, à ce que la plupart des revues et des collections, même les plus connues (*Le Nouveau Commerce, Po et sie...*), ne vivent ou survivent que de comptes d'auteur et, à partir des années 70, de subventions du Centre national des lettres. Le plus inquiétant pour l'avenir culturel de la poésie est dans l'effritement de ses relais en direction de la société. Périodiquement, des tentatives sont faites pour « sortir la poésie de son ghetto », suivant une formule convenue; périodiquement, elles échouent, qu'on ait cherché à retrouver sur le fond la tradition de la poésie « pour le peuple et par le peuple » (essai de reparution, vers 1950, de la revue *Soutes,* par Luc Decaunes), ou qu'on ait, plus directement, tenté de diffuser à prix modique « la poésie dans la rue » (collection Poésie 1, lancée en 1969 par les éditions Saint-Germain-des-Prés). L'indice le plus grave est, bien entendu, d'ordre esthétique. Il tient dans l'absence de successeurs reconnus aux maîtres célébrés par l'après-guerre et aujourd'hui à peu près tous disparus (René Char, Pierre-Jean Jouve, Francis Ponge, Henri Michaux...). Les seules œuvres disposant d'une certaine audience, repérable entre autres par le nombre des éditions ou rééditions, sont celles de défunts redécouverts après leur mort, en vertu du procédé forgé un siècle plus tôt par Paul Verlaine, le procédé du poète maudit : Georges Perros, Armand Robin... Il est clair qu'à l'heure actuelle la poésie écrite ne se paye même plus le luxe des enthousiasmes et des exécrations, bref des polémiques, qui en faisaient dans les années 20 la littérature pilote.

Mais il est d'autres indices encore, et qui permettent, ceux-là, de nuancer le tableau en élargissant ses limites. Si en effet l'une des preuves les plus nettes du déclin de cette forme de poésie est à trouver dans sa quasi-absence des médias à grande diffusion (presse quotidienne et hebdomadaire, radio, télévision), il faut préciser tout de suite qu'elle s'accompagne d'une réelle présence dans ceux-ci de ce qui paraît bien s'être substitué à elle : la poésie chantée.

On a déjà vu ce qui liait cette apparence de retour aux origines orales à l'évolution technique la plus moderne (disque et radiophonie) et aux circonstances économiques les plus étroites (cabaret rive gauche). On s'attachera seulement ici à la figure artistique nouvelle qui a émergé de cette conjoncture : l'auteur-compositeur-interprète (devenu parfois l'ACI). Le deuil national qui entoura la mort de Jacques Brel (1978) ou celle de Georges Brassens

(1981) permet de mesurer l'étendue de cette présence dans la communauté française. Ces deux noms, auxquels on associe généralement celui de Léo Ferré, permettent aussi de situer la période de référence centrale, quelque part entre la Libération (débuts de Léo Ferré au Quodlibet) et la déferlante « yé-yé » (1960 : Barbara, Grand Prix de la chanson), la Belle-Époque de la rive-gauche correspondant aux années qui suivirent immédiatement les débuts de Brassens (1952) et de Jacques Brel (1953) aux Trois Baudets, même si cette période a sa préhistoire dans l'immédiat avant-guerre et l'ACI ses grands anciens en les personnes de Mireille (compositeur-interprète) et de Charles Trénet, que la profession, suivie par la société, finira par statufier de leur vivant.

En dépit, mais aussi en partie à cause de la violente concurrence de la vogue rock, cette chanson difficile à dénommer mais pas à définir (car de « chanson poétique » à « chanson à texte » la formulation va dans le même sens) a pleinement réussi à se placer aux yeux de ses amateurs dans l'exacte continuité de la poésie écrite. Au besoin, elle a multiplié les références aux grands ancêtres, de Rutebeuf à Valéry, comme elle a contribué à rendre populaires les quelques contemporains dont la prosodie se prêtait à la mise en musique, tels Aragon ou Prévert. Après l'étape de la Libération, où une Juliette Gréco, exclusivement interprète, paraissait encore mettre son talent au service d'un écrivain, le tour de chant de 1961 de Léo Ferré, exclusivement composé de textes de Verlaine, Rimbaud et Aragon, assura le passage du témoin.

Comble de reconnaissance : Pierre Seghers faisait entrer en 1963 Georges Brassens dans la très référentielle collection Poètes d'aujourd'hui, et finissait par créer cinq ans plus tard, en marge de celle-ci, une série Chansons d'aujourd'hui. Démarche à vrai dire encore ambiguë, puisqu'elle rétablissait une distinction, si ce n'est une hiérarchie, après avoir paru la supprimer. Plus nette fut, vers la même date, celle d'un autre poète de l'écrit, Luc Bérimont, dont l'émission *La Fine Fleur de la chanson française,* diffusée sur France-Inter, entreprit de batailler, en pleine période rock, pour une poésie chantée d'une exigence littéraire déclarée (Jacques Bertin, Brigitte Fontaine...).

Quoi qu'il en fût, dès ce moment, qu'on peut situer vers le début des années 70, la substitution de littérature était déjà assez avancée pour que l'édition phonographique se mît à reprendre les formes de l'édition littéraire : redécouvertes d'ancêtres « maudits » (Bobby Lapointe), disques d'anthologie, « œuvres complètes » (Jean Ferrat en 1972). Les textes des chansons commencèrent d'être reproduits sur les pochettes, ce qui eût paru tout à fait incongru quelques années plus tôt. Dès 1954, Georges Brassens avait accompagné ses débuts à l'Olympia d'un premier livre, *La Mauvaise Réputation*. Dans les années 80 il ne fut plus rare qu'un poète chanté publiât des recueils où on ne distinguât plus vraiment les textes « lus » de ceux « entendus » (1980 : Jean Ferrat, *Testament phonographe*). Certains auteurs ont depuis lors tenu à alterner disques et livres : impossible d'étiqueter comme « chanteurs » un Yves Simon ou un Julos Beaucarne, quelque jugement de valeur que l'on puisse superposer à l'une ou l'autre part de leur œuvre. L'important, ici, était que la conquête de la respectabilité artistique fût bel et bien achevée. Elle l'est.

Grands exhaussements

Malgré quelques débats qui refleurissent périodiquement autour d'un tel phénomène, il serait peut-être passé inaperçu s'il n'avait été à mettre en relation avec l'évolution générale des arts établis, soumis en bloc, en l'espace de deux ou trois générations, à des mouvements d'exhaussement analogues.

Certains de ces nouveaux promus bénéficiaient déjà d'un travail préparatoire antérieur à la guerre, limité cependant à quelques étroits cercles d'avant-garde et socialement inaboutis. Ainsi la photographie, un temps défendue par certains de ses premiers praticiens comme art à part entière, fut-elle clairement réduite à partir de la fin du XIX⁰ siècle au rang d'instrument de reproduction, tendance que n'annula pas l'émergence, en France, au lendemain de la Seconde Guerre mondiale, des premières grandes agences photographiques (1947 : fondation de l'agence Magnum). Le succès critique des premiers albums signés Henri Cartier-Bresson (1955 : *D'une Chine à l'autre*) ou Robert Doisneau annonçait, en fait, le retournement ultérieur, mais il est clair qu'il rattachait encore la photographie à une sorte de journalisme supérieur, contemporain de l'apogée du documentarisme au cinéma. L'essentiel était cependant que l'hypothèse d'un « art » photographique fît désormais son chemin, un siècle après la boutade d'Ingres : « La photographie est un art. Ne le dites à personne », un demi-siècle après le lancement de la revue *Camera work* par Alfred Stieglitz.

Au-delà de quelques épisodes encore trop ponctuels pour faire série (exposition de 1957 à la galerie La Hune, émission de télévision de Michel Tournier *Chambre noire* en 1966, etc.), on peut situer en 1969 le moment du basculement définitif, avec la création des Rencontres d'Arles par la significative association d'un photographe (Lucien Clergue) et d'un écrivain (Michel Tournier), comme pour une dernière caution. Un lieu périodique de confrontation et d'interpublicité, donc d'autopromotion intellectuelle existait désormais. En moins de dix ans la photographie acquérait en France tous les signes d'ennoblissement indispensables : ses premières galeries privées (1970), sa Fondation nationale (1976), ses premiers départements muséaux (1976)...

Un coup de pouce décisif fut donné à l'entreprise quand on vit le président de la République élu en 1974 faire appel à Jacques-Henri Lartigue pour son portrait officiel et son successeur de 1981 transformer la nouveauté en tradition, en confiant quant à lui cet office à Gisèle Freund. Lartigue recevra par la suite l'honneur tout à fait exceptionnel de se voir ouvrir par l'État un musée particulier de son vivant, Gisèle Freund ayant de son côté elle aussi établi un précédent en assurant une large vente non à un album mais à un ouvrage de réflexion théorique sur *Photographie et société* (1974). On est dès lors assez loin de l'« art moyen » auquel Pierre Bourdieu et quelques disciples consacraient encore, en 1965, une étude toute sociologique.

Ce qui ne veut pas dire qu'on ne puisse plus aborder la photographie sous l'angle de ses « usages sociaux ». Il se trouve simplement que lesdits usages ont maintenant, à leur horizon, une signification esthétique. La reconnaissance par le public a pris la forme de la multiplication des galeries photographiques, les unes tournées vers la vulgarisation (galeries FNAC), les autres vers le commerce d'art (galerie Agathe Gaillard, depuis 1975), et d'une floraison de magazines, collections, éditions livresques de photo, travail auquel resteront attachés les noms de Robert Delpire (éditions éponymes, département photographique du *Nouvel Observateur*...), de Georges Herscher (reprise des Éditions du Chêne puis éditions éponymes), de Claude Nori (Éditions Contrejour). Le passage à l'effet de masse a été assuré par deux supports anciens complètement renouvelés : le poster (arrivée en Europe : automne 1967), qu'on peut interpréter comme l'adaptation de l'affiche à l'ère de la photographie et à un usage recentré sur l'espace privé, et la carte postale artistique, de plus en plus vouée à la reproduction d'œuvres picturales. La popularité d'un David Hamilton ou d'un Hans Silvester tient en partie à la facilité avec laquelle leur esthétique s'est prêtée à ces deux types de diffusion, qui les apparente à une forme moderne de « chromo ».

Discours par la bande

Que la période de reconnaissance décisive de la bande dessinée se situe elle aussi dans les années 70 ne signifie pas que la chronologie d'ensemble du phénomène soit la même. Contrairement à la photographie, ceux que l'on appelle encore au début des années 60, de l'extérieur et de manière en quelque sorte entomologique, les comics ne disposent d'aucun capital de respectabilité. Ce capital, d'abord composé de rééditions et d'études rétrospectives, deux ou trois clans de collectionneurs vont entreprendre de le constituer à partir de cette date, autour du CELEG (Centre d'étude des littératures d'expression graphique, revue *Giff-Wiff*, 1962-1967) et de la Socerlid (Société d'études et de recherches des littératures dessinées, revue *Phenix*, 1966-1977). Ce recours à un métalangage (on eut aussi « figuration narrative », « narration figurée », « neuvième art », etc.) était évidemment destiné à asseoir solidement la réputation de l'objet aimé, à quoi servirent aussi, dans les premières expositions (1967, par la Socerlid) et premiers ouvrages sur le sujet, les références généalogiques remontant aux grottes de Lascaux ou à la tapisserie de Bayeux. La nouveauté de ce discours, par rapport à celui d'un observateur extérieur comme Marshall McLuhan en 1964 – traduction de *Comprendre les media* –, ou même encore d'un pédagogue sympathisant comme Antoine Roux en 1970 – *La bande dessinée peut être éducative* –, était en effet qu'il venait, cette fois, du monde des amateurs.

Si la réussite de l'entreprise de respectabilisation est ici exemplaire, c'est sans doute à cause de la convergence entre l'apparition de ce nouveau discours, confectionné par des adultes se retournant avec nostalgie sur les lectures de leur enfance (ainsi l'âge d'or des amateurs de 1965 se situait-il vers 1935, période « américaine », alors que celui des amateurs de 1985 sera fondé sur l'école belge et sa « ligne claire »), et l'explosion esthétique et éthique consécutive à mai 68. On eut donc parallèlement une mise en place des signes du sérieux scientifique :

1967   première exposition (Bande dessinée et figuration narrative)

1969   premier numéro des *Cahiers de la bande dessinée*

1970   première thèse sur Hergé

1972   premier ouvrage de sémiologie de la bande
        dessinée (Pierre Fresnault-Deruelle)
1977   premier numéro du *Collectionneur de bandes
        dessinées*
1979   premier guide-argus français de la bande des-
        sinée
et des signes du sérieux artistique :
1964   parution du premier album de bande dessinée
        dite « pour adultes » (*Barbarella*, Jean-Claude
        Forest)
1968   modification de la formule de l'hebdomadaire
        Pilote : ouverture sur l'actualité politique
1969   premier numéro du mensuel *Charlie*, princi-
        palement voué à la traduction de bandes
        étrangères
1972   premier numéro de *L'Écho des savanes* (Brete-
        cher, Gotlib, Mandryka...)
1975   premier numéro de *Métal hurlant* (Philippe
        Druillet, Moebius, F'murr...)
1978   premier numéro d'*A suivre* (Jacques Tardi,
        Hugo Pratt, Munoz et Sampayo...)

La reconnaissance culturelle du grand public ne se fit
pas attendre, ni même celle des pouvoirs publics :
1971   première foire, à la Mutualité
1974   premier Salon d'Angoulême
1983   annonce de la création du Centre national
        de la bande dessinée et de l'image
        (CNBDI), sis à Angoulême
1985   visite officielle du président de la Répu-
        blique au Salon d'Angoulême.

En 1978, le chiffre total d'exemplaires tirés en France
dépassait pour la première fois la barre des 200 millions,
aux environs de laquelle il s'est maintenu depuis lors, sans
cependant poursuivre les courbes nettement ascendantes
de la décennie précédente : succès culturel ne signifie pas
nécessairement succès commercial. Qu'il puisse même y
avoir rapport entre la réussite en termes de prestige culturel et le déclin en termes d'ancrage social, c'est ce dont le
cinéma est en train d'administrer la preuve.

La promotion du cinéma comme « septième art » est, pour le moins, d'une vingtaine d'années antérieure à celles dont il vient d'être parlé. Elle remonterait même à l'autre après-guerre, celui des années 20, si l'on se limitait à quelques signes erratiques, telles la création des premières revues de cinéphilie, des premiers ciné-clubs, des premières salles de répertoire, la parution des premières synthèses, historiques et théoriques. Mais précisément, là aussi manque la série. Le fil rouge qui réunit ces diverses manifestations s'est cassé au début du parlant. A la Libération, tout était à reconstruire.

Seul héritage de l'avant-guerre, la Cinémathèque française d'Henri Langlois allait rester tout au long de la période ce qu'elle était déjà en 1945 : dans la forme, une association privée aidée par les pouvoirs publics, mais farouchement autonome, comme le rappellera sévèrement au ministère de tutelle la crise de février-avril 1968 ; dans le fond un musée-école où plusieurs générations de spectateurs passionnés apprendront avec le cinéma la cinéphilie, cette démarche à la fois puriste (exemple : projection des films muets sans accompagnement sonore, nécessité transformée en vertu) et patrimoniale (tendance à la réhabilitation de la *totalité* du patrimoine filmique, greffe esthétique sur la démarche archiviste de Langlois qui, par principe, accueillait *tout*), dont les caractéristiques se retrouvent aisément dans toutes les démarches « philiques » ultérieures (*fandom* de la science-fiction, bédéphilie...). L'héritage de Vichy, pour sa part, tient dans l'existence, désormais assurée, à défaut d'être nécessairement florissante, d'une école spécifique aux objectifs esthétiques affichés – ce qui la distingue de la « Rue de Vaugirard », plus ancienne mais plus technique –, l'IDHEC (Institut des hautes études cinématographiques).

Même réduits en 1945 à leur plus simple expression, ces deux leviers étaient précisément ceux qu'il fallait pour élever le cinéma au rang d'art majeur, comme l'exemple de la bande dessinée nous l'a montré : le levier de l'amateur et celui du créateur. En l'espace d'une décennie, ils permettaient de tout reconstruire, et cette fois avec à la clé la double sanction intellectuelle et officielle. Alors qu'en 1939 la France ne disposait plus d'aucune revue de débat esthétique et éthique sur le cinéma, elle se payait le luxe vers 1958 d'une intense rivalité entre deux écoles critiques, celle des *Cahiers du cinéma* (1951), clairement spiritualiste, et celle de *Positif* (1952), clairement issue du surréalisme, et, en termes plus quantitatifs, d'un réseau vigoureux de ciné-clubs (apogée en 1964 : 8 200 000 entrées), relayé dans une certaine mesure, à partir des années du déclin commercial, par celui des salles classées, à partir de 1960, « art et essai » (748 en 1981 et 20 p. cent du public).

Il a déjà été souvent dit que l'école de la Nouvelle Vague, cristallisée vers 1958, serait incompréhensible sans la Cinémathèque et les *Cahiers*. L'assertion n'est pas contestable, et c'est cette généalogie qui permet de comprendre pourquoi la génération des réalisateurs de 1960 présente sur les précédentes cette nouveauté radicale d'accueillir en son sein une forte proportion de critiques passés de l'autre côté de l'écran, tels Jean–Luc Godard, Jacques Rivette, Éric Rohmer, François Truffaut, ce qui ne pouvait pas ne pas entraîner un changement perceptible de regard sur le film et dans le film, en d'autres termes un surcroît d'intellectualisation de la démarche créatrice. René Clair rêvait dans sa jeunesse d'être écrivain, tout comme Hergé ne se satisfit jamais tout à fait de ne pas avoir été peintre. Les cinéastes de 1960, comme les bédéastes de 1980, ne se perçoivent plus comme des « ratés » des arts majeurs puisque l'intellectualisation du processus créateur, tout en promouvant leur art, les a définitivement promus auteurs (cf. la formule, lancée par les *Cahiers*, de « politique des auteurs »).

Processus ou procédé ?

Le diagnostic qui ferait de la Nouvelle Vague la première preuve moderne des effets esthétiques du processus de respectabilisation qui nous préocupe ici ne serait donc pas inexact. Il est même renforcé par l'examen de l'évolution récente de la bande dessinée ou de la photographie, devenues des arts à part entière non seulement parce que la société le proclame mais aussi par l'élargissement considérable de leur éventail formel; il y a certainement aujourd'hui autant d'écart entre un Druillet et un Willem qu'entre un Dubuffet et un Soulages. Mais il faut nuancer le propos d'au moins trois remarques destinées à replacer le processus dans un cadre plus large.

D'une part, on doit insister sur le fait que c'est bien la totalité d'une corporation qui se trouve promue, et que, par exemple, tout cinéaste de la génération contemporaine et, *a fortiori*, postérieure de la Nouvelle Vague, est désormais un produit de ce changement de statut, et que la cinéphilie produit aussi bien Philippe de Broca que Philippe Garrel. L'intellectualisation est donc un effet évident mais non obligatoire de la respectabilisation. Au reste, cette intellectualisation n'est nullement synonyme d'avant-gardisme. L'œuvre de Bertrand Tavernier, postérieure à l'époque proprement dite de la Nouvelle Vague, est aussi celle d'un ancien critique (mais rattaché à l'équipe de *Positif*, moins féconde en créateurs); elle témoigne d'un grand classicisme formel, illustré par le recours à un scénariste rejeté par la première génération des *Cahiers*, Jean Aurenche.

Une deuxième nuance touchera le rapport naïf qui pourrait être établi entre promotion culturelle et garantie de survie. L'émergence de la notion de Nouvelle Vague est, on l'a déjà vu, contemporaine du début de l'effondrement des courbes de fréquentation des salles. Il n'y a évidemment pas entre les deux phénomènes le rapport de cause à effet que voulurent un temps y voir certains tenants des formes traditionnelles, selon qui le public aurait déserté des salles envahies par des films alambiqués et ennuyeux. Il en existe en revanche un qui n'est pas niable : en allégeant les coûts de production grâce à ses choix techniques (tournages en plein air, équipement léger, équipe réduite), la nouvelle école abaissait sensiblement le seuil de rentabilité d'un long métrage de fiction.

Reste que, pour des raisons qui ont déjà été avancées, l'effondrement économique et social du cinéma français s'est poursuivi malgré sa bonne résistance symbolique.

La nouveauté des années 80 tient au fait que la reprise de la chute après le « plateau » de fréquentation de la décennie précédente a fini par toucher quelques-uns des piliers de l'édifice de respectabilisation lui-même. Au cimetière des ciné-clubs, virtuellement effacés de la carte dès 1970, s'est ajouté vingt ans plus tard celui des salles d'art et d'essai. Force est donc de constater qu'un art désormais ennobli sans conteste, au point d'être sans doute devenu en France, vers les années 70, l'art pilote des débats culturels, aux lieu et place de la littérature, n'en progresse pas pour autant en termes quantitatifs. La fin des années 80 a vu de la même façon le monde de la bande dessinée s'inquiéter des signes, supposés avant-coureurs, d'un tassement des ventes, explicable sans doute par l'incomplet renouvellement d'un public désormais privé dans sa jeunesse de l'initiation « sur le tas » que représentait pour les générations précédentes la lecture de la bande dessinée enfantine, aujourd'hui réduite à la portion congrue.

Cette image d'échec peut, a *fortiori*, être appliquée à certains modes d'expression dont rien ne permet de dire, à l'heure actuelle, qu'ils soient jamais sortis du rang inférieur où ils avaient été d'emblée placés par la société. On en eut une illustration à la limite de l'anecdocte avec le fiasco rencontré par le fondateur du cabaret de travestis *La Grande Eugène*, Frantz Salieri, quand il entreprit, en 1986, de donner enfin à la revue de cabaret telle que Jean-Marie Rivière l'animait depuis vingt années à l'Alcazar l'aura référentielle (Toulouse-Lautrec, Auguste Renoir, Joseph Losey, dont Salieri avait été le collaborateur pour *Don Giovanni*) qui lui manquait. La public ne suivit pas, et l'Alcazar retourna bientôt à ses formules traditionnelles et à ses non moins traditionnels succès.

L'échec est évidemment d'une tout autre ampleur quand on considère deux domaines qui, à l'époque de leur constitution, avaient fait l'objet d'un discours conscient et organisé visant à leur donner valeur d'art à

83

part entière, la radio et la télévision. La survie au sein de la station France-Culture d'un « Atelier de création radiophonique » ou la sophistication sonore de quantité d'émissions produites par la même station, voire le maintien de quelques signes de reconnaissance internationaux (prix Italia), ne doivent pas cacher que, envisagée sur la longue durée des soixante ans qui séparent cette époque des premiers essais, théoriques et pratiques, d' « art radiophonique » – formule courante et amplement glosée vers 1936 –, celui-ci, s'il a vu le jour, n'a pas atteint le degré de visibilité sociale qu'on est en droit d'attendre d'un art. Il me semble bien qu'il faille arriver à la même conclusion avec la télévision, au vu de l'échec de deux tentatives respectabilisantes démarquées du cinéma, les *Cahiers de la télévision* (1960-1963) et, un peu plus tard, une Téléthèque, sise comme il se doit au Palais de Chaillot.

Dans ces deux cas, on peut avancer l'hypothèse que la radio et la télévision ont échoué dans leur tentative d'autoconsécration parce qu'elles ne présentent au fond que des traits de ressemblance extérieure avec la création, mais qu'elles s'apparentent plus encore à une autre instance culturelle : la médiation. Peut-être faut-il trouver là une raison supplémentaire de la promotion du cinéma : elle s'est trouvée contemporaine de la disparition du cinéma-médiation. Entendons par là que, jusqu'au triomphe social de la télévision, le spectateur des salles obscures recevait à chaque séance ce que celle-ci lui fournit désormais : tout à la fois du didactisme (le « documentaire » de première partie), de l'information (les « actualités »), de l'information commerciale (les « réclames de l'entracte ») et de la fiction (le « grand film »). En ne voyant dans le cinéma qu'un art, le cinéphile, paradoxalement, l'appauvrissait. L'efficace concurrence de la télévision lui a rendu le meilleur des services, en concentrant désormais la séance classique sur la projection du seul « grand film », avec, en annexe, l'esthétisation de la « pub ». La mue du cinéma en art était possible, au prix d'une menace grandissante sur son avenir.

Toute démarche respectabilisante n'est donc pas vouée à la réussite. Il faut qu'un minimum de conditions soit rempli par l'impétrant. L'appartenance, même en Cendrillon, à l'une des quatre grandes familles de la parole, du spectacle, de la plastique ou de la musique est sans doute d'une grande aide. L'incapacité où se sont trouvés, périodiquement, les artistes en quête d' « art total », par-delà toutes leurs réussites ponctuelles – et précisément malgré ces réussites –, de sortir aux yeux de la société du « métier » d'où ils sont issus, prouve, par l'absurde, la résistance, donc la pertinence, des cadres traditionnels. Cette résistance semble tout particulièrement forte en ce qui concerne la distinction, fondatrice de l'âge moderne, entre art et artisanat.

Sous ce regard, on peut se demander si certaines formes d'expression ne partent pas dans la compétition avec trop de handicaps. Ainsi la haute couture, dont l'adjectif dit bien qu'elle a besoin pour courir ses chances de se distinguer farouchement de tout ce qui la tire vers l'artisanat, voire l'industrie. Le jour où le ministère de la Culture a décidé de créer un musée des Arts de la mode (inauguration présidentielle en 1986), la candidature esthétique de la profession, jusque-là suggérée plus que proclamée, est devenue patente. En 1986, une journaliste de mode, Nathalie Mont-Servan, concluait que la mode était devenue « le neuvième art » : en quoi elle ne faisait qu'appliquer à son domaine de prédilection le qualificatif exact que, depuis une quinzaine d'année, d'autres observateurs avaient pour leur part successivement appliqué à la bande dessinée (Francis Lacassin) et à la chanson (Angèle Guller).

Pourtant, il n'est pas certain que cet exemple, particulièrement réussi, de collaboration entre profession et pouvoirs publics ait, jusqu'à présent, donné au grand couturier un statut sensiblement plus élevé que celui qui, depuis le second Empire, le faisait figurer dans la catégorie du métier d'art, cette version transcendée de l'artisanat, au même titre que l'ébénisterie ou la cristallerie. Et tout le monde n'a-t-il pas considéré comme une insigne promotion l'arrivée de Pierre Bergé à la tête de l'Opéra de la Bastille ? La remarque vaut plus encore pour la haute (voir *supra*) cuisine, intégrée à l'époque de Jack Lang par la rue de Valois dans le champ de ses préoccupations : l'annonce de la création d'un solennel Centre national des arts de la table est restée depuis cinq années sans suite pratique. Comme s'il fallait continuer à distinguer le cas des arts périphériques (décoratifs, principalement) de celui des anciens arts mineurs (cinéma, bande dessinée...), qui seuls pourraient réussir leur examen de passage.

L'exemple de la danse permettra sans doute de mieux comprendre l'étendue de ce handicap de départ. La danse n'avait pas en effet besoin d'être promue, depuis cet âge romantique où elle avait conquis son émancipation de la tutelle du théâtre et de l'opéra. Elle restait cependant en retrait, souvent interprétée comme la servante de la musique. En conquérant à son tour son indépendance sur la « danse classique », renvoyée par le vocabulaire même au traditionalisme ou au répertoire, une nouvelle entité, la « danse contemporaine », a, du même coup, conquis ses lettres de noblesse.

D'abord esthétiques, celles-ci ont pris la forme d'une œuvre aux ambitions métaphysiques de plus en plus clairement affichées, celle de Maurice Béjart, fils du philosophe Gaston Berger, très représentatif de ces artistes signalés plus haut en quête d'un dépassement « total » de leur discipline (1966 : *Messe pour le temps présent*, 1968 : *A la recherche de*). Puis la France des danseurs découvrit dans le désordre les deux ou trois générations américaines de la « modern dance », tentative de renouvellement radical, souvent promu par des femmes (Martha Graham, Carolyn Carlson), qui en leur temps avaient eu à construire de presque zéro un langage corporel spécifique. Ainsi conçue, la danse cessait d'être un code, même soumis à renouvellement, pour devenir une combinatoire où entraient désormais en proportion variée le quotidien, le non-représentatif, l'improvisation.

La fécondité en terrain français fut exceptionnellement

rapide, rapidement encouragée, cette fois, par les pouvoirs publics. Dès 1969, la danse contemporaine disposait de mieux encore que d'une esthétique : d'un réseau (Concours de chorégraphie de Bagnolet). Dès 1974, Carolyn Carlson était nommée à l'Opéra de Paris. Moins de dix ans plus tard, toute la danse disposait d'une administration autonome au sein du ministère de la Culture. L'important tenait à la multiplication des « jeunes compagnies », comme pour le théâtre de l'après-guerre, et, grâce à l'État et aux collectivités locales, à la rapidité de leur implantation en région, couronnée par la création, en 1984, d'une structure nouvelle, significativement intitulée, sur le modèle du CDN, Centre chorégraphique national. Le bénéfice culturel de cette évolution s'exprime de la manière la plus nette. Dans de petits signes terminologiques, comme celui qui fait que le public, comme l'artiste, de danse contemporaine ne va plus voir un genre de spectacle, le « ballet », mais bien une forme d'art, la « danse ». Dans l'apparition d'un personnage de plus en plus valorisé, au détriment d'ailleurs du compositeur et de l'exécutant : le chorégraphe, auquel commence à se poser un type de questions nouveau, celui du droit d'auteur sur les chorégraphies. Enfin, dans la demande de caution intellectuelle qui se fait perceptiblement sentir au sein des jeunes compagnies, dont les animateurs partent à la recherche d'un métalangage valorisant (cf. l'ouvrage collectif *La Danse, naissance d'un mouvement de pensée*, œuvre de la Biennale de danse du Val-de-Marne, 1989).

Avec ses limites et ses ratés, le processus d'élargissement du champ culturel n'est donc pas niable. Il pèse à ce jour d'un poids très lourd dans le procès qui a été dressé par certains observateurs sociaux (philosophes, essayistes, journalistes), jugeant *a priori* que l'acception étroite de la culture comme apprentissage critique ne pouvait rendre compte de cette dilatation, qu'une vertu sévère ne pouvait s'en satisfaire. On reviendra plus loin sur d'autres aspects de la thèse. Sur ce point précis, on ne voit guère ce qui pourrait la soutenir, et pourquoi un film de Jean-Luc Godard (mais à ce moment tout aussi bien un album de

Jacques Tardi ou une chorégraphie de Karine Saporta) ne remplirait pas le même rôle, supposément libérateur – on ne se prononcera pas ici sur la vérification éventuelle d'une telle partie de l'assertion –, qu'un roman de Michel Tournier ou un essai d'Alain Finkielkraut.

4

Médiation

En dernière instance, un système culturel ne parle que de création, que l'objet créé soit un roman, une découverte scientifique, une hypothèse philosophique ou un fauteuil de salon. Mais parler d'un système culturel, c'est prendre en considération une circulation, donc des vecteurs, des institutions et des milieux qui assurent la distribution dans la société desdits objets. Même si l'on admet qu'en tant que vecteurs ces circuits de distribution ressortissent essentiellement aux rapports de force techniques et économiques, en tant qu'institutions et que milieux ils sont susceptibles d'une lecture en termes sociaux et idéologiques, permettant de distinguer médiation et consommation.

COMPRENDRE LES MÉDIAS

Par « idéologie », j'entendrai ici tout intérêt collectif supérieur, au service duquel un agent culturel mettra sa légitimité, pour un temps variable et dans des conditions variées : on aura reconnu ici la figure, exceptionnellement privilégiée en France, de l'intellectuel. Par « social » j'entendrai tout intérêt personnel direct – qui, au reste, peut être aussi bien individuel que collectif ; dans ce dernier cas, on parlera d'« esprit de corps » – susceptible de justifier au regard de ses contemporains l'existence de tout distributeur de savoir : on n'aura peut-être pas reconnu la figure, omniprésente en toute société et à toute époque, du médiateur. On se gardera, bien entendu, de déduire de ce qui précède que l'intellectuel serait animé par l'altruisme, et le médiateur par l'égoïsme ; mais qui, aujourd'hui, aurait encore ce genre de naïveté ?

Reste que dans le discours intellectuel le plus répandu, le personnage du médiateur fait l'objet de deux déplorations apparemment contradictoires. D'un côté on postule, généralement pour s'en affliger, la progressive médiatisation de la création artistique et intellectuelle ; de l'autre, on verse des pleurs sur ici « la crise de la presse écrite », là « la crise de l'éducation », ailleurs l'insuffisance des réseaux de vulgarisation. Il n'est pas nécessaire d'être grand clerc pour comprendre que derrière les deux « on » en question se cachent les supposées victimes de ces supposés dysfonctionnements. A considérer l'évolution sur ce point des cinquante dernières années, à les corréler à ce qu'il croit savoir de l'évolution des médias depuis pour le moins deux siècles, l'auteur des pages qui suivent est conduit à conclure : rien de bien nouveau sous le soleil.

Tous médiateurs ?

Il faut d'abord s'entendre sur la définition du médiateur, autrement dit en proposer une typologie, qui rende compte de l'étendue de l'enjeu. Car limiter les médias à leur seule activité d'information serait oublier combien les informateurs entretiennent d'étroites relations avec deux autres catégories d'intermédiaires, désormais clairement distinguées chacune des deux autres, alors que tout laisse à penser que plus on remonterait dans le temps, plus ces fonctions se confondraient : la catégorie de l'éducateur, qui s'est elle-même dilatée en cours de route en une multitude de personnages allant du « professeur » à l'« animateur », et la catégorie du vulgarisateur, méconnue mais fort importante aujourd'hui, dans laquelle on peut mettre tous ceux dont le rôle est de rendre accessible l'objet culturel.

On voit que le point commun de tous ces personnages est d'œuvrer à la diffusion de l'évidence d'une valeur étrangère aux deux valeurs économiques suprêmes que sont l'Utile et le Profitable : ici on ne sert que deux maîtres, éventuellement confondus, le Vrai et le Beau. On voit aussi où réside fondamentalement le pouvoir du médiateur : dans son travail de sélection, le tri qu'il opère entre ce qui est présentable et ce qui ne l'est pas, et dans son travail de commentaire, la glose dont il accompagne l'objet transmis, parfois jusqu'à l'enrobement et la résorption.

De ce qui précède découlent tous les caractères qui distingueront un médiateur d'un créateur, et donc tous les exemples à la marge, et tous les cas de circulation entre les deux domaines. Ne seront donc pas assimilables à des médiateurs les commanditaires, éditeurs et autres marchands de tableaux, dont le rôle se situe intégralement en amont, aux côtés et en deçà de l'objet créé. Eugène Claudius-Petit rend possible le passage du papier à l'édifice de l'Unité d'habitation de Le Corbusier à Marseille; ça en fait un auxiliaire, et décisif, de la création, pas un intermédiaire. Au reste, ses intérêts sociaux s'assimilent désormais à ceux du créateur, leur sont liés pour le meilleur comme pour le pire, et le nom de Georges Pompidou est pour toujours associé, sur le plateau Beaubourg, à un bâtiment dont le chef de l'État avait, à titre personnel, désapprouvé l'architecture. Ce n'est sans doute pas tout à fait un hasard si, pendant toute l'époque où ce type de distinction géographique eut un sens, les sièges des maisons d'édition choisissaient à Paris plus volontiers la rive, gauche, du pouvoir culturel, et les sièges de journaux la rive, droite, du pouvoir social.

Ne seront pas non plus placés par la société en position de médiateurs les agents dévolus à la publicité d'un objet culturel. La France a vu débarquer après la Seconde Guerre mondiale, dans les bagages de grandes compagnies américaines, une profession nouvelle, les « relations publiques » (premier congrès de l'Union des associations françaises de relations publiques : 1964), dont les pratiques ont peu à peu gagné le domaine de la production symbolique. Mais l'attaché de presse ou assimilé ne justifie son existence qu'à partir du moment où son action se trouve relayée par un informateur : il faut prendre le mot « attaché de presse » dans son sens le plus fort.

A l'inverse, la prétention nouvelle des publicitaires à être assimilés à des créateurs à part entière, si elle dit beaucoup sur la promotion récente de l'image de l'entreprise dans la société française, ne pose pas à la société culturelle le défi qu'on veut parfois y voir : de tout temps on a cherché à charmer pour faire croire, et il n'y a pas de différence de démarche entre tel clip publicitaire télévisé destiné à faire acheter telle automobile plutôt que sa concurrente et telle fresque baroque destinée à convaincre de la précellence du dogme catholique révisé par le concile de Trente. Pour le reste, il en sera de la valeur artistique du clip de 1980 comme de la valeur artistique de l'affiche de 1880 : elle variera en fonction de la signature et augmentera au fur et à mesure que son rapport à son objet mercantile initial diminuera. On mettra au musée une affiche Dubonnet comme on y a mis une statue d'Apollon : du jour où on ne croira plus en Dubonnet.

Même après ces mises au point, il demeurera toujours, et c'est fort heureux, un certain nombre de personnalités qui continueront à refuser de se laisser réduire à cette répartition stricte des fonctions. Il n'est pas dit, cependant, qu'elles y soient parvenues. Ainsi les deux premières générations culturelles de l'après-guerre ont-elles, dans le domaine littéraire, été marquées par l'empreinte d'un homme qui, pendant longtemps, circulera entre le journalisme critique et l'édition, Maurice Nadeau. Les difficultés qu'il rencontrera à tenir les deux rênes de l'attelage et la nécessité où il s'est trouvé de finalement choisir (le journalisme, retour à la fonction initiale) font de telles exceptions les confirmations d'une règle.

Tout cela voudrait-il dire que rien ne changerait jamais dans l'univers de la médiation et que les pronostiqueurs de bouleversement confondaient le mouvement régulier d'une planète avec une série de séismes ? Ce serait oublier que si les planètes meurent très lentement, elles vieillissent sans cesse. Les « crises » de la médiation ne seront jamais que les réadaptations successives, et sans fin, des instruments de la circulation aux conditions économiques et politiques ambiantes. Cela ne veut pas dire qu'elles ne feront pas beaucoup de dégâts, sur le coup, au sein des milieux concernés, mais on aura fait un grand pas vers une analyse sereine de ce type de situation quand on se sera convaincu de ceci : on n'a encore jamais vu la détermination se retourner, et le monde de la médiation transformer les conditions économiques et politiques établies.

Prenons l'exemple, classique, de la presse écrite. L'erreur serait de soupçonner un déclin, et irrémédiable, de celle-ci, alors qu'il ne s'agit que d'une suite de mutations internes qui ne se sont traduites que par l'abaissement, voire la disparition, de certains types, que par l'exhaussement, voire l'apparition, de certains autres, au sein d'une conjoncture globale de progrès continu. Sans doute le nombre des quotidiens dits « nationaux » (traduisons : parisiens) a-t-il suivi depuis 1945 une courbe descendante (32 titres en 1945, 14 quarante ans plus tard). Mais la signification principale du phénomène tient dans l'effondrement de la presse politique, comprise ici comme presse de commentaire attachée à la défense d'une idéologie relativement définie. On doit alors préciser que cet effondrement ne faisait que mettre fin, et promptement (la longue grève de 1947 a été décisive, sur ce point), à une anomalie : le retour, dans le cadre exceptionnel de la Libération, à un état de la presse propre au XIXᵉ siècle libéral et clos par la Première Guerre mondiale, l'âge du quotidien politique. Entendons par là, non pas qu'il n'existait pas, il y a cent ans, de quotidiens dits populaires – même à son apogée, vers 1960, *France-Soir* n'a jamais eu le poids qu'avait vers 1880 *Le Petit Journal* –, mais bien que le modèle intellectuel dominant était le quotidien politique. Pendant la décennie 1950, le modèle de référence de la presse est redevenu celui de la décennie 1930 : le quotidien populaire illustré (photographiquement), renforcé, dans son orbite, par le magazine illustré, type *Paris-Match* (1 500 000 exemplaires à l'apogée de l'un et l'autre, celui du quotidien se situant vers 1956, celui de l'hebdomadaire vers 1960).

Bien entendu, on ne prendra pas le qualificatif de « populaire » pour le contraire de « politique » : tout organe, sans aucune exception, reflète une certaine idéologie, au besoin changeante, et ni le centre-droit *France-Soir* ni le bonapartiste *Paris-Match*, qui travailla activement, à sa manière, au retour puis au maintien au pouvoir de Charles de Gaulle, n'échappent à la règle. Il s'agit de qualifier un contenant, non un contenu.

Là où les choses ont paru se compliquer, c'est quand cette presse elle-même a commencé de décliner, comme en témoignent les courbes de diffusion (*France-Soir* à 400 000, *Paris-Match* à 700 000). La lecture était pourtant simple : face à la concurrence de la télévision mais aussi des « loisirs », un type de presse fondé sur la double proximité de la parution quotidienne et de l'imagerie résistait mal. Cela ne signifiait nullement une quelconque désaffection en profondeur pour le support écrit puisque, dans le même temps, un type jusque-là réduit au second rôle connaissait son âge d'or, la presse de commentaire, qu'elle fût quotidienne (*Le Monde*, 1960 : 166 000; 1979 : 445 000) ou hebdomadaire (*Le Nouvel Observateur*, 1968 : 169 000; 1974 : 343 000).

De plus récents états d'âme ont saisi les journalistes au vu de la relative stagnation, depuis le milieu des années 70, de cette catégorie. Outre qu'il s'agit en effet d'une stagnation, et non pas d'un déclin (les progrès du *Point*, l'essor de *L'Événement du jeudi* compensent la chute de *L'Express*, une partie du jeune public qui faisait le succès du *Monde* est passé à *Libération*, etc.), ces courbes sont à mettre en corrélation avec la progression continue, depuis la guerre, de deux autres postes autrement importants en nombre de titres et d'exemplaires vendus, la presse quotidienne régionale (*Ouest-France*, 1957 : 512 000; 1987 : 736 000) et, plus encore, quoique difficile à quantifier précisément, la presse périodique spécialisée. Le journalisme écrit de cette fin de siècle est décidément un journalisme du magazine, et la France, sur ce point, est loin d'être à la traîne avec, en 1985, selon *Media scene in Europe*, le taux de pénétration record du monde entier.

On peut voir dans le premier phénomène une expression supplémentaire de la montée, ou remontée, culturelle aussi bien que politique, des régions françaises, à ce point dominées par la presse parisienne que, jusqu'en 1939, c'était encore, dans la plupart d'entre elles, le quotidien parisien qui était le plus lu; à cet égard, le décrochage définitif s'est situé pendant l'Occupation. Par la suite, l'innovation technique ou gestionnaire est souvent venue de province et, pour ne citer que cet exemple, c'est la presse régionale qui a le plus rapidement et efficacement répondu au dangereux défi que parut représenter pour elle, à partir de 1963, l'apparition de la presse gratuite (25 millions d'exemplaires par semaine vers 1988) : en la rachetant.

La seconde tendance signifie surtout que la fonction de la presse écrite s'est peu à peu décalée de l'information dite générale vers l'accompagnement des deux autres grandes formes de médiation, la vulgarisation et l'éducation. La presse nouvelle devient l'organe de la « civilisation du loisir », quelque part entre *Le Figaro magazine* et *Télérama*, en passant par le *Guide Gault et Millau*, et l'auxiliaire de la formation permanente, quelque part entre *La Recherche* et les suppléments thématiques de ses quotidiens. Là où les « journaux du septième jour » végètent, *VSD* se fait sans peine sa place au soleil et un titre comme *Le Monde*, en multipliant les suppléments et autres dossiers, s'installe plus que jamais dans le rôle de centrale de documentation, réussissant à être en maints lieux « décisifs » ce journal de référence implicite, voire explicite (Sciences po), que *Le Temps*, avec ses 80 000 ventes quotidiennes, n'était que pour une très mince élite sociale. Si elle continue de perfectionner les méthodes par lesquelles elle entretiendra son commerce de proximité avec le lecteur, la presse écrite française a de beaux jours devant elle.

La galaxie Ferry

La crise du système éducatif français est évidemment d'une tout autre nature. Et d'abord parce que, s'il fallait la caractériser par des courbes, elles seraient de sens inverse de celles de la presse quotidienne : la crainte n'est pas ici dans le vide mais dans le trop-plein. La particularité de ce dernier demi-siècle tient en effet dans la succession et en partie dans la superposition, en l'espace de trente années, de trois lames de fond sans précédent : une progression sensible, jusqu'aux abords de la décennie 70, des effectifs du premier degré; une progression vertigineuse, prolongée jusqu'à aujourd'hui, de ceux du second degré (1946 : 877 000; 1986 : 5 376 000); enfin une explosion incontrôlée de ceux du supérieur, dont la réaction en chaîne a à peine commencé (1945 : 97 000; 1986 : 1 231 000). En d'autres termes, la période a vu l'entrée, à vingt années d'intervalle, du vieux « secondaire » – devenu second degré –, puis des vieilles « facultés » – devenues universités – dans l'ère des masses.

On ne s'attardera pas sur les causes du phénomène, qui combinent en proportions variées des facteurs démographiques (le *baby-boom* de l'après-guerre), sociaux (l'accélération de l'urbanisation) et politiques (la mise en place, même ralentie, du programme de tronc commun, dit avant la guerre « école unique », depuis le plan Langevin-Wallon de 1947 jusqu'à la réforme Haby de 1975). La détermination ultime, qui préside, au fond, aux trois précédentes, est une fois de plus d'ordre économique : l'évolution technique des sociétés contemporaines nécessite un nombre croissant de diplômés et leur perpétuelle remise à neuf par les moyens d'une éducation postscolaire.

Rien n'interdit de retrouver aussi dans cette démarche les traces d'une évolution proprement culturelle, qui associerait les progrès de la démocratie depuis deux siècles à la nécessité d'un agent politique plus « éclairé », tout comme la Réforme, en recentrant la foi du chrétien sur la lecture des Écritures, bien nommées, a fortement encouragé la lecture. L'importance culturelle du phénomène tient cependant avant tout dans ses effets.

Le plus direct, et le plus inaperçu, a été de relativiser, jusqu'à en faire disparaître l'essentiel des traits, la principale question scolaire française depuis cent ans : la « question scolaire », précisément, qui se définissait par ce qu'elle n'était nullement scolaire en soi, mais témoignage, sur ce terrain, de la fracture idéologique nationale entre une droite cléricale et une gauche rationaliste. Sans doute une série de décisions prises par des gouvernements de droite (lois Marie et Barangé, loi Debré, loi Pompidou, loi Guermeur) a-t-elle mis peu à peu l'enseignement confessionnel, qui représente 93 p. cent des effectifs de l'enseignement privé, sur un pied d'égalité financière et politique avec l'enseignement public. Le vrai changement n'est pas là ; il est dans l'acceptation grandissante par l'opinion, même laïque, de telles mesures : d'après les sondages, la proportion des Français favorables au subventionnement serait passée en quarante années (1946-1984) de 26 à 70 p. cent.

Mais cette acceptation, nul ne semble s'en être avisé, est elle-même due à un changement plus saisissant encore que tous ceux qui précèdent, si l'on considère l'état de polémique et l'écart culturel sensible qui séparait encore en 1939 les « deux écoles » : la disparition tendancielle de l'enseignement « libre ». La logique de la loi Debré, qui, malgré divers combats retardataires, impose la généralisation du contrat d'association, plus assimilateur, la chute des vocations religieuses, la sécularisation des sociétés occidentales : tout concourt en effet à transformer l'école confessionnelle en école « privée ». Ses enseignants, ses programmes, ses manuels sont de plus en plus proches de ceux de l'enseignement public et, dans les motivations des parents de ses élèves, la détermination religieuse ne vient plus qu'en cinquième rang, avec 9 p. cent de réponses, loin derrière « le respect de la discipline » (31 p. cent) et à égalité avec « les bonnes fréquentations » (sondage 16-20 mai 1982).

On retrouve ici ce qui fait l'enjeu réel d'un changement

scolaire : moins sa quantité que sa qualité ; ce par quoi, par exemple, un siècle auparavant, l'épisode Jules Ferry a bel et bien été une « révolution culturelle », contrairement à certaines thèses qui ont pensé le relativiser en rappelant que la majorité des Français étaient alphabétisés avant Ferry. Le changement de 1880 n'était pas dans l'alphabétisation mais dans la laïcisation et, au-delà, dans le coup de pouce décisif (l'obligation, sur sept années) qui fut donné au mouvement dont cette fin de siècle-ci recueille les fruits, succulents ou pourris, peu importe : la scolarisation généralisée de la société française.

Une société scolarisée

Les vrais problèmes, persistants, posés à la médiation éducative – en d'autres termes les vrais problèmes posés à la société dans son ensemble par l'intermédiaire de l'enseignement – résident en effet dans la nature exacte de la demande d'éducation, et l'un des traits les plus frappants de la société contemporaine tient dans son croissant alignement sur les pratiques et les valeurs scolaires.

La scolarisation de la société contemporaine ne se mesure pas seulement au nombre de diplômes distribués, même si le nombre des élèves reçus au baccalauréat n'était encore en 1962 que de 66 000, ni à l'évolution du poids du ministère de l'Éducation nationale dans les charges de l'État (multiplié par huit entre 1952 et 1982). Elle se traduit, en profondeur, par une progression des scolarisés dans les classes d'âge s'étageant, de trois mois exactement (crèche) à trente ans environ (CHU), bien au-delà de la vieille « obligation scolaire ». Les enfants scolarisés à trois ans n'étaient encore en 1960 qu'à peine plus d'un tiers ; le chiffre de 1989 avoisine les 100 p. cent. Compte tenu de l'espérance de vie moyenne à la fin des années 80, on peut dire que d'ores et déjà, pour une majorité de Français, un quart de l'espérance de vie se passe sous l'égide de l'école.

Dans ces conditions, on mesure mieux les effets culturels immédiats de la tendance. Elle suscite une faim inassouvie de littérature encyclopédique, perceptible dans le succès des ventes d'ouvrages (*Quid ?* 1963 ; *Encyclopædia universalis*, 1968), de périodiques (*La Recherche, Lire, L'Histoire*) mais aussi d'ouvrages périodiques (*Alpha encyclopédie, Universalia*) qui répondent à cette attente. Elle est, beaucoup plus que l'allongement de la durée des congés payés, car il s'agit là encore de qualité plutôt que de quantité, à l'origine de l'essor du tourisme culturel, aisément mesurable dans les courbes, exponentielles, des entrées dans les monuments historiques ou les musées nationaux (chiffres, pour ces derniers, doublés de 1968 à 1988).

Enfin, et de manière plus diffuse, elle impose à la vie contemporaine un rythme désormais largement déconnecté des cycles naturels. A l'échelle d'une vie d'homme, la jeunesse ne se définit plus par rapport à la puberté mais par rapport à la « fin des études » ; l'examen ou le concours, avec, en creux, le service militaire ou la « demande de premier emploi non satisfaite » sont les rites initiatiques du monde contemporain. Sur l'étendue d'un cycle calendaire, la période des travaux agricoles est devenue paradoxalement la période de la « vacance », et l'ensemble de la vie économique et politique de la nation se soumet désormais à l'interprétation scolaire du mois de septembre comme période de « rentrée », ce qui aurait bien surpris un paysan du XVIIIe siècle, qui ne connaissait vers cette date que la rentrée de la vendange.

Tout un peuple

On vient de mentionner la littérature encyclopédique et le tourisme culturel ; cette extension du champ didactique au-delà des frontières institutionnelles de l'école s'est en effet combinée à une sophistication continue des moyens de duplication comme des objectifs de la politique culturelle pour faire passer de l'état de groupuscule à celui de véritable « catégorie socioprofessionnelle » l'ensemble des activités dévolues à la vulgarisation, artistique aussi bien que scientifique.

L'éventail est en effet très ouvert, et s'ouvre sans cesse depuis la guerre, dont les lendemains immédiats ont d'ailleurs été, grâce à la mise en place des administrations autonomes de la Lecture publique et de la Jeunesse, ceux de l'apparition de la profession d'animateur et de l'élargissement des missions du bibliothécaire. Dans le premier cas de figure, on a vu se dérouler un processus classique de professionnalisation, couronné par l'institution, entre 1968 et 1979, de certificats (CAPASE) et diplôme d'État (DEFA) aux fonctions d'animation. Dans le second, on a assisté à une complexification et à une spécialisation, loin d'être achevées, couronnées par l'affirmation de la formule nouvelle de la médiathèque, au sein de laquelle l'image du (de la) bibliothécaire se démultiplie en celles du bibliothécaire pour la jeunesse, du discothécaire, du photothécaire, du vidéothécaire, etc.

Acceptée avec ferveur par le « prosélyte » ou regardée avec méfiance par le « savant », cette notion d'animateur rend, quoi qu'il en soit, assez bien compte du rôle dévolu par les pouvoirs publics, comme par une part croissante de l'opinion, à ceux dans lesquels les mêmes interlocuteurs voyaient surtout jusque-là des « conservateurs ». En témoigne l'évolution de la muséographie depuis l'exposition prototypique (consacrée à Van Gogh) du Palais de Tokyo, en 1937, qui ne le cède en rien à celle de la « lecture publique », officialisée vers la même époque. Du musée des Arts et traditions populaires (1972) au musée d'Orsay (1986), de Beaubourg à La Villette, les formes non scolaires d'une pédagogie se sont perfectionnées, ont imposé leurs exigences.

Ainsi croissent et se multiplient les intermédiaires culturels, les uns encore peu nombreux en apparence, mais en plein essor et plus stratégiques que jamais quand ils s'appellent journalistes (6 692 cartes accordées en 1945, 21 749 en 1985) ou bibliothécaires, les autres abaissés mais populeux, force sociale avec laquelle il faut compter, quand il s'agit des enseignants (680 000 en 1986 dans le seul enseignement public).

Qualitativement, leur progrès n'est pas moins sensible. On le mesure à l'évolution de la mythologie du journaliste. Forme marginale, inaboutie et souvent dégradée du littérateur ou du tribun au XIXᵉ siècle, ère des « publicistes », il avait d'abord connu une première promotion, toute romantique, avec la figure du « reporter » sans peur et sans reproche : du bohème à l'aventurier, il se rapprochait de l'exercice d'un certain pouvoir, encore strictement individualiste ; le mythe le plus répandu depuis une vingtaine d'années est celui de son omniprésence, assimilée à une omnipotence, culturelle.

Sans doute la métaphore du « quatrième pouvoir » ne date-t-elle pas d'aujourd'hui. Mais elle se plaçait sur le terrain du politique. Désormais, un certain nombre d'observateurs sociaux et d'intellectuels affirment le triomphe de l'intermédiaire et, corrélativement, le déclin de la figure du créateur, intellectuel aussi bien qu'artistique, réduit soit à prêcher dans le désert soit à se prostituer aux médias.

Le procès se fonde moins sur un aveuglement dogmatique à l'égard du présent que sur une reconstitution peu fidèle de la société culturelle du passé, à tout le moins du passé proche qui sert de référence au débat. A ne considérer en effet que les deux derniers siècles, on ne voit pas que les rôles respectifs du médiateur et du créateur aient été fondamentalement bouleversés. Entendons par là que vers 1780 comme vers 1980, la fortune d'un écrivain ou d'un savant est déterminée en première instance par le succès qu'il rencontrera non auprès d'un public mais auprès des mentors de ce public, faiseurs de gazettes et teneurs de salons là où le sociologue d'aujourd'hui verra communicateurs et intellocrates.

Sans doute y a-t-il entre les deux époques changement d'échelle et accélération de la vitesse de transmission de l'information. Mais de ce que plusieurs millions de téléspectateurs regardent en même temps *Apostrophes* faut-il en conclure que Bernard Pivot ne joue pas, pour l'essentiel, le rôle que l'histoire a reconnu à Madame Du Deffand, dont le salon de la rue Saint-Dominique ne recevait qu'une quinzaine de personnes ? Rien dans les procédures d'échange, de valorisation ou de dévalorisation ne distingue bien nettement l'émission du vendredi soir du salon d'avant-souper.

Dans de telles conditions, le personnage du héros intellectuel, exalté par les traditions françaises depuis deux siècles, a beaucoup moins à craindre qu'on ne le dit souvent. A condition, bien entendu, de ne pas faire d'erreur sur la personne. L'intellectuel n'est pas en effet l'empêcheur de penser en rond défini en son temps par Jean-Paul Sartre, qui excluait *a priori* que ses semblables pussent être ce qu'ils ont été le plus souvent à travers l'histoire : les intellectuels organiques d'un pouvoir établi (clercs, mandarins, conseillers du prince). Il n'est pas non plus l'indistinct « travailleur intellectuel » du sociologue ou de la constitution soviétique, qui n'existe que statistiquement, dans un grand sous-ensemble flou où aspirent à entrer un nombre croissant de professions non manuelles. Il n'est ni une vocation ni une profession, mais une certaine situation, pour reprendre, en le détournant, un vocable sartrien. Si l'on accepte la définition, déjà proposée par ailleurs [1], de l'intellectuel comme homme du culturel mis en situation d'homme du politique, on voit que le sens du personnage est moins dans ses points de départ ou d'arrivée que dans le lieu du passage.

Étant non ce qu'il est – un statut – mais ce qu'il fait – un certain type d'intervention sur un certain type de lieu, la cité –, l'intellectuel est en effet nécessairement « engagé »; sinon, il ne serait là qu'un « savant », ici un « penseur », bref un simple spécialiste, ladite spécialité recouvrirait-elle le questionnement de toutes les généralités (dans ce cas on l'appellera philosophie). Mais que le penseur s'avise d'adhérer au RPF pour conseiller un prince, comme Raymond Aron, le savant de militer pour l'usage pacifique de l'atome alors qu'il dirige le CEA, comme Frédéric Joliot-Curie, et c'en est fini de la spécialisation.

Ainsi défini, l'intellectuel est le médiateur type et, aux yeux des autres médiateurs, le médiateur suprême, dont le prestige est, en effet, tout clérical. Si l'on s'accorde avec

---

1. Pascal Ory, Jean-François Sirinelli, *Les Intellectuels français, de l'Affaire Dreyfus à nos jours* (Paris, Armand Colin, introduction).

l'auteur pour voir naître cette figure moderne, pour ce qui est de la France, au XVIIIe siècle, et si l'on reconnaît une importance toute particulière à la fin du XIXe siècle, qui lui a donné, à l'occasion de l'affaire Dreyfus, son nom de baptême, on ne peut pas ne pas voir en lui l'avatar récent du prêtre : représentant séculier d'une forme laïcisée d'absolu (idéologie politique, éthique ou esthétique), il continue à exercer les fonctions de ses ancêtres : casuistique (intellectuel-chroniqueur), enseignement (intellectuel-professeur), théologie (intellectuel-maître à penser), conseil (intellectuel-fonctionnaire), mais avec les moyens de la communication démocratique, qui vont de la pétition au traité, en passant par l'éditorial, l'essai, l'œuvre d'art « témoin de son temps ».

Dans de telles conditions, le procès de l'intellectuel comme « médiatisé » n'a guère de sens, sauf à le confondre avec le penseur, interprété comme forme moderne de l'ermite ou du mystique – et encore, à supposer que les ermites des cultures passées n'aient pas joué pour la plupart, bon gré mal gré, le rôle, éminemment médiatique, de directeurs de conscience. La seule question pertinente reste celle du rôle accordé en France à cette figure, dont on ne peut nier qu'il ne soit exceptionnellement élevé par rapport aux autres cultures. Elle dépasse les frontières de cet ouvrage, sauf sur un point : le soupçon d'un « déclin », lieu commun des années 80. Avançons donc, pour éclairer ledit point, l'hypothèse plus générale selon laquelle les conditions dans lesquelles s'est édifié l'État français, de Clovis à Jules Ferry, ont privilégié un type de relation cléricature-politique des plus étroits. Le supposé déclin a dès lors tous les traits d'une transposition du déclin de la force exemplaire de la culture française, comme d'ailleurs de toute culture nationale européenne, depuis, précisément, la Seconde Guerre mondiale. Pas là de quoi brûler un journaliste.

Sans doute aussi l'incertaine perception du médiateur tient-elle à la gêne de ceux qui l'observent – souvent juges et parties –, devant la nécessité où ils se trouvent de tenir compte des logiques du circuit des objets culturels. Car si, dans un schéma économique élémentaire, la consommation se retrouve placée à l'extrémité d'une chaîne dont la production serait le point de départ et la distribution le vecteur central, à y regarder d'à peine un peu plus près, l'ordre des facteurs pourrait aussi bien être renversé, puisque c'est en prétendant répondre aux « besoins », plus ou moins suscités, d'un public que production et distribution justifient leur existence. Or, en matière culturelle, cette ambiguïté des rapports atteint des proportions plus considérables encore en raison du caractère foncièrement symbolique de ladite consommation. De la dévalorisation de la dimension économique de l'acte culturel découle alors une situation en apparence paradoxale – on sait que les paradoxes ne sont jamais qu'apparents, sinon ce ne serait pas des paradoxes : un tel système culturel suscite en son sein une catégorie à la fois méprisée des élites culturelles et majoritaire dans les pratiques sociales, voire dans les pratiques des élites sociales, à laquelle a été donnée selon les cas l'étiquette de « culture populaire » ou de « culture de masse ».

Ces deux vocabulaires sont, bien entendu, datés. Le premier renvoie, bon gré mal gré, à une époque – qualifions-la de romantique, pour aller vite, sans être cependant inexact – où était postulée l'existence, généralement préalable, géniale et souffrante, d'un « peuple », face à ses seigneurs. De ses origines, le concept garde une considérable difficulté à sortir du postulat ruraliste et archaïsant qui l'avait suscité. En témoigne la lenteur qu'ont mise, depuis une vingtaine d'années, les chercheurs en « arts et traditions populaires » (ATP) à pratiquer une ethnologie française qui cessât de privilégier le monde rural.

La notion de culture de masse est plus récente – mais pas vraiment moins ancienne –, avec quelque chose d'une réponse de la sociologie à la carence de l'ethnologie. Sa grande supériorité est de prendre en compte les contenants et les quantités, là où la première ne parle qu'en termes de qualité et d'analyse de contenu. Sa principale limite – elle en a d'autres, qui ne nous intéressent pas ici – est dans son propre postulat : la traumatisante nouveauté du phénomène, lié aux nouvelles conditions techniques et économiques. On espère avoir déjà sinon démontré – ce serait, ou sera, un autre livre – du moins suggéré que la nouveauté, si elle existe, n'est pas si grande, et pas toujours où on la met. Tout se passe ici, en fait, comme si le raisonnement sociologique, pour sa part, pâtissait de sa focalisation sur le contemporain.

En proposant maintenant de mettre plutôt en avant la notion de « culture de consommation », l'historien du culturel a conscience de plaider à son tour pour sa chapelle, puisque au fond il s'agit d'insister sur la prééminence du permanent et du conformiste là où l'ethnologue, romantique et nostalgique, ne voudrait voir que le frais et l'impertinent, là où le sociologue, cynique et admiratif, ne voudrait voir que le bouleversant et le conquérant. Contentons-nous donc de présenter ce qui suit comme une contribution corporative de plus à la question lancinante de l'hétérogénéité culturelle, et poursuivons.

Une culture établie

La véritable culture « établie » n'est jamais celle des académiciens, mais celle du Top 50 : intellectuellement dominée, économiquement dominante. Établie, elle l'est d'abord par son contenant, puisque sa plus simple définition, la seule irrécusable, est celle des chiffres : on appelle d'abord ici culture de consommation la culture majoritairement consommée. Mais elle l'est aussi par son contenu, qui tend, sans y parvenir, vers l'immobilité.

Des deux contradictions qui font avancer la culture de consommation, la moins intéressante est donc celle qui, dans l'espace, l'oppose aux hégémonies intellectuelles. Toutes, quoi qu'il y paraisse, la récusent en bloc, quitte à en extraire sélectivement les éléments qui leur conviennent quand, on l'a vu, il s'agit de promouvoir tel ou tel art mineur : ces promotions au mérite n'ont rien à voir avec la logique de la culture de consommation, qui fonctionne plutôt à l'ancienneté. Du début de la période à la fin, les mêmes jugements de valeur incompatibles opposent des acteurs qui ont changé, un vocabulaire qui a évolué, mais dans les mêmes rôles de la même pièce : d'un côté le mépris, la colère ou la peur contre la grossièreté (toujours), l'uniformité (en général), l'aliénation (souvent) ; en face un discours défensif, ce qui signifie que l'agressé intériorise sa situation de dominé, et surtout une pratique multiforme qui, l'un et l'autre, proclament qu'ils satisfont des « besoins ».

La principale nouveauté de la période est dans notre meilleure connaissance statistique de la consommation culturelle : l'obscurité qui continue à entourer en régime libéral les chiffres de tirage ou de vente de la plupart des objets culturels anciens, comme le livre ou le phonogramme – on ne peut évidemment faire sur ce point aucune confiance aux déclarations publiques des éditeurs, ni d'ailleurs à celles des auteurs –, est un cas de figure moins fréquent, même s'il n'est sans doute pas voué à la disparition. La combinaison des sondages, de plus en plus sophistiqués, à commencer par ceux du ministère de la Culture, avec les contrôles de diffusion (OJT puis OJD pour la presse écrite, CNC pour le cinéma) et la catégorie mixte des Audimats permet d'affiner une analyse dont, à vrai dire, les grandes lignes pouvaient être aperçues par l'intuition.

Et ce sont ces grandes lignes qui laissent apparaître la vraie contradiction positive du système, la seule qui le fasse avancer et prospérer, alors que la précédente le ferait plutôt tourner en rond : sa réticence foncière au changement, avec lequel il est cependant perpétuellement obligé de composer. Cette réticence n'a rien de surprenant si l'on veut bien admettre que, au contraire de la logique de la création, la logique de la consommation n'est pas d'inspirer mais d'aspirer. Mais elle n'a rien d'évident pour l'observateur social, plus porté, quoi qu'il en dise, à s'intéresser à Goya qu'à Chantal Goya, et mérite qu'on s'y arrête.

L'hypothèse est que la permanence de la culture de consommation se nourrit de deux constantes, ou supposés « besoins » : l'effet de réel et l'effet d'évasion. Ramener la culture de consommation au « divertissement », pascalien ou non, serait en effet insuffisant et même inexact. Il n'y a d'ailleurs rien que de prévisible à voir une culture de l'établi prôner la valeur du réalisme : la même tendance existe en politique, où toute idéologie au pouvoir ne cesse de s'en réclamer. Au reste, l'effet d'évasion n'est pas *a priori* plus divertissant que l'effet de réel; réduites à leur essence, ces deux constantes pourraient sans doute se traduire de façon plus simple encore : derrière un réalisme qui n'est qu'un effet gît un effet plus sûr encore, celui du conte, comme derrière une évasion, qui n'est pas fuite mais extériorisation, on découvre sans trop de peine le ressort ultime du jeu.

Conte et jeu : voici les deux aspirations probables de la consommation culturelle; assimilation et extériorisation : voici, à coup sûr, les deux valeurs de sa culture, et qui suffisent à l'épuiser. Ses grands succès – pas plus nombreux, en proportion, que dans la culture de création, car il est aussi rare de découvrir une Édith Piaf qu'une Maria Callas – iront à ceux qui opèrent la meilleure synthèse des deux, suivis à bonne distance de ceux qui auront paru pousser jusqu'à leurs extrêmes limites l'une des deux logiques, à l'exclusion de l'autre.

L'effet de réel

L'effet de réel absorbe tout entières les œuvres qui prônent bien haut leur volonté de montrer « ce qui est », sans recours aux deux métalangages de l'esthétique et de l'idéologie. Deux métalangages qui ont contre eux de venir de l'autre culture, mais, surtout, d'être des métalangages. Non que de telles œuvres n'expriment une esthétique ou une idéologie précises. Non seulement l'art à thèse existe dans cette culture mais, contrairement à une idée reçue, il peut y toucher un large public. A cet égard demeurent exemplaires les figures, exactement contemporaines, d'un Gilbert Cesbron (*Notre prison est un royaume*, 1948, *Chiens perdus sans collier*, 1954, *Entre chiens et loups*, 1962...) ou d'un André Cayatte (*Nous sommes tous des assassins*, 1951, *Le Glaive et la balance*, 1963...). De même, il serait facile de repérer parmi les auteurs à succès des personnalités auxquelles la critique savante reprochera leur « formalisme », un Bernard Buffet ou un Claude Lelouch. L'important, à ce stade, est que les intéressés s'en défendent et excipent d'abord du réalisme et de son équivalent social : le « métier ».

C'est cette référence qui fait l'importance historique d'écrivains aussi décriés de la même critique savante et aussi recherchés du public qu'un Hervé Bazin, un Armand Lanoux, un Bernard Clavel, dont on notera qu'ils ont souvent joué un rôle déterminant au sein des grands jurys littéraires, à commencer par l'académie Goncourt, institution qui a beaucoup mieux réussi que l'Académie française à recueillir l'hommage tout à la fois du grand public et des happy few. On pourra voir de cette tendance une vérification quasi expérimentale, donc à vrai dire exceptionnelle, dans le coup double réussi par Romain Gary, deux fois couronné par le prix Goncourt, en 1956, pour un de ces romans jugés à l'époque, qui est celle des premiers pas du nouveau roman, « de facture classique », *Les Racines du ciel*, puis de nouveau, en 1975, sous le masque d'Émile Ajar, pour *La Vie devant soi*, roman d'un style plus vif, comme un double ironique de la littérature de tradition populiste.

La veine sentimentale

En contrebas de ces sommets réalistes transformés en autant de faits de société a continué de prospérer toute une vaste production construite à partir des mêmes prémisses, mais à peu près complètement désinvestie de cette ambition morale qui a fait souvent parler d'« humanisme » à propos des premiers. Ici les grands principes s'effacent, sur réquisition, derrière les grands sentiments, la perspicacité du regard derrière la convention psychologique. L'écriture (littéraire, musicale, plastique) est simple, le ton intimiste, la perspective moralisatrice.

Héritier des traditions complexes du « mélo », le réalisme sentimental est sans doute de tous les genres de la culture de consommation celui qui a, sur le fond comme dans la forme, évolué le plus lentement, comme le montrerait une analyse détaillée des schémas d'intrigue et des procédés rhétoriques d'un Guy des Cars, parangon de la famille depuis plus de trente années. La vérification serait encore plus facile si l'on s'arrêtait à considérer de même les recettes sur lesquelles fonctionnent tel périodique ou telle collection, comme en témoignaient les titres des cinq séries, aux publics précisément « ciblés », de la collection Duo (*Romance, Désir, Harmonie, Amour* et *Coup de foudre*).

Duo a été lancé en 1981, avec un succès équivalent à celui de la collection concurrente, Harlequin, lancée elle-même en 1978 : on n'a donc nullement affaire à un genre en voie d'extinction. La grande série des *Delly* n'a jamais connu de « purgatoire » et, parmi les maisons nées depuis la guerre, l'une des plus prospères est sans conteste J'ai lu, pilier des Maisons de la presse et bibliothèques de gare avec un catalogue où brillent Guy des Cars, Barbara Cartland, aux côtés, du reste, de Gilbert Cesbron ou Henri Troyat. Il n'est pas jusqu'aux titres apparemment les plus traditionnels de ce secteur de la presse qui ne continuent de fleurir, par-delà tous les flux et reflux de la mode. Sans doute *Nous deux* a-t-il vu son audience tomber entre 1960 et 1980 de 1 300 000 exemplaires diffusés à moins de 900 000, ce qui reste coquet, mais *Intimité*, « le magazine pour une vie meilleure », qui avait jusque vers 1978 fortement progressé, est simplement revenu à la case départ, un peu au-dessous de 600 000, et le recul de l'un et de l'autre est en grande partie compensé par les progrès continus, passés inaperçus des observateurs, de titres comme *Points de vue-Images du monde* (12 octobre 1960 : 163 779; 16 décembre 1982 : 401 889).

Supposons même que ces formules-là finissent par s'essouffler définitivement; le genre, lui, dans son ensemble, continuera sans doute à s'adapter aux mutations des médias. Ainsi, juste après la guerre, avait-il élaboré une forme spécifique, dont il resta, en fait, le concessionnaire quasi exclusif : le roman-photo, présent au début des années 1970 dans près de deux cents périodiques. Après une passe difficile, consécutive à l'établissement, en 1971, de règles plus rigides d'aide à la presse, le genre remonta la pente : apparemment, le « besoin » était toujours là. De la même façon, bien avant le déferlement du *soap opera* anglo-saxon, le feuilleton télévisé sentimental français fonctionnait déjà comme héritier légal des feuilletons analogues diffusés par le roman ou le cinéma mais aussi la bande dessinée (*13, rue de l'Espoir*) ou la radio (*Noëlle aux quatre vents*).

L'adaptation stylistique peut être pareillement plus apparente que réelle. Ainsi, à côté de ceux qui rencontrent le succès dans la mesure précise où ils jouent la carte de la fidélité (le « chanteur de charme » se reproduit de génération en génération, de Jean Sablon à Charles Dumont), une famille éphémère comme la génération yé-yé a, dans sa production courante, mis ses pas dans ceux de la romance multiséculaire, comme le montre, au-delà même du contenu des œuvres, celui des gloses journalistiques qui l'ont accompagnée, de *Salut les copains* à *Mademoiselle Age tendre*.

Tradition des emplois

Cette importance accordée à l'interprète est liée à la logique de l'effet de réel, qui suppose, sur le fond, un attachement à la quotidienneté, mais elle renvoie tout autant à la règle du conte, qui pose un récit assumé par une personnalité ainsi mise en vedette et prise au sérieux. On constate sans peine que le premier critère distinctif entre la production non légitimée de la chanson et sa minorité « savante » se reconnaît à l'effacement complet, dans le premier cas, du fabricant (parolier, compositeur) derrière le négociant, étant entendu que, de même qu'il y a toujours eu des auteurs-compositeurs-interprètes « populaires », on comptera aussi des interprètes « savants » (Juliette Gréco, Yves Montand, Serge Reggiani...). Effa-

110

cement tactique, qui ne doit pas faire oublier le poids social considérable de tel compositeur, de tel parolier. Quasiment inconnu du grand public, un Pierre Delanoë, parolier entre cent autres de Gilbert Bécaud ou de Michel Sardou, pourrait à bon droit passer pour aussi représentatif de la culture établie de la seconde moitié du XXᵉ siècle français qu'un Eugène Scribe pour la première moitié du XIXᵉ, ce qui n'est pas rien.

Rien d'étonnant, dans ces conditions, si les noms qui dans cette catégorie s'imposent avec le plus de force à une société, jusqu'à passer pour certains d'entre eux au stade suprême du mythe (vivant et/ou mort) ne sont pas ceux d'auteurs mais d' « emplois ». A vingt années de distance, deux générations de « femmes réalistes » furent ainsi assez bien typées par la chanteuse Édith Piaf, victime du sentiment (*De l'autre côté d'la rue*, 1943, *La Vie en rose*, 1945, *Milord*, 1958, *Non, je ne regrette rien*, 1960), ou par la comédienne Annie Girardot, émancipée toujours tendre (*Mourir d'aimer*, 1971, *Docteur Françoise Gailland*, 1976, *Tendre Poulet*, 1977...). C'est sur cette série d'équivalences, et sur l'assimilation de l'interprète à un vivant héros de mélodrame, que s'est fondée cette catégorie bien particulière de journaux qui constitue ce que l'on pourrait appeler la presse mythologique, triomphante dans les années 50 et 60 (*France-Dimanche*, 24 mai 1972 : 1 062 268 exemplaires diffusés).

Dépaysement

Ces derniers exemples participent évidemment aussi de la logique de la distraction, en tant qu'évasion sentimentale. Ils continuent cependant de jouer sur une apparence de proximité, et qui n'a de sens que si elle reste apparence : « tout savoir » sur l'étoile qui, par définition, reste inaccessible. Mais il est des auteurs, des écoles et des genres qui privilégient délibérément cette considération, en empruntant les deux grandes voies, diversement combinables entre elles, du dépaysement et du défoulement.

Le dépaysement ne se ramène évidemment pas au seul

exotisme, et l'exotisme lui-même est loin d'être seulement spatial. Reste que dans la moderne Légende dorée, qui demanderait à être mise en forme avec rigueur, on notera que quelques-unes des figures les plus durablement populaires ont nom Alain Bombard, Pierre-Yves Cousteau, Haroun Tazieff, Paul-Émile Victor, tous héros en qui la société a trouvé l'association d'une triple aventure : physique, géographique et scientifique, en un extrême d'individualisation et de spécialisation (l'homme des volcans, l'homme des fonds sous-marins, etc.).

Le goût populaire pour l'histoire participe de la même démarche. Ce n'est pas un hasard si les principaux succès commerciaux du cinéma du samedi soir, juste avant la popularisation de la télévision, s'appellent *Si Versailles m'était conté* (1954) ou *Napoléon* (1955), ou si les deux grands feuilletons audiovisuels à succès des années 60 ont eu pour cadre le Moyen Age (*Thierry la Fronde*, télévision, à partir de 1962) et l'Ancien Régime (série des *Angélique,* cinéma, d'après Anne et Serge Golon, à partir de 1964). Quand, vingt ans plus tard, la forme la plus vendue du roman de plage revêtira le costume de l'histoire (Barret-Gurgand, Jeanne Bourin, Claude Michelet), on rattachera un peu trop vite un tel succès à la conjoncture, en oubliant que vers 1960 un engouement analogue entourait *Les Rois maudits,* de Maurice Druon. De même, bien avant qu'un public élargi ne se mette à lire, pour la première fois, l'historiographie universitaire, la traditionnelle polysémie du titre d'« historien » avait-elle assuré la fortune d'un Philippe Erlanger, d'un André Castelot, d'un Alain Decaux, successeurs en droite ligne d'Octave Aubry et de G. Lenôtre. Quand, dans les années 70, Alain Decaux commença d'occuper seul le petit écran, face au téléspectateur, pour un long récit en mode indirect, sans plus même l'intermédiaire d'une fiction, il ne fit qu'assumer jusqu'à la netteté d'une épure le type de fonction sociale qui a toujours été celle de ses semblables : non la fonction du « chercheur » mais celle, autrement capitale, du « conteur » : *Alain Decaux raconte.* Au reste, son élection à l'Académie française fut clairement interprétée par les médias non comme l'élection d'un historien de plus mais comme une première : l'entrée sous la Coupole du premier homme de télévision.

Le dépaysement peut être plus complet encore. Il faut alors remonter plus loin que le XIXᵉ siècle, pour souligner que la féerie ou le merveilleux, loin d'être passés de mode, affichent toujours complet. Sans doute une partie de cette source-là alimente-t-elle le marché captif de l'enfance, à travers par exemple le constant succès des productions des studios Disney, nouveautés mais aussi, et de plus en plus souvent, pures et simples reprises. *Les Cent un dalmatiens* de 1961, *Le Livre de la jungle* de 1968 ont dépassé en moins de quinze ans les 10 millions d'entrées. De même, à l'échelle franco-française, des médiatrices spécialisées comme Chantal Goya dans les années 70, à partir d'une expérience scénique, ou Dorothée dans les années 80, à partir d'une expérience télévisuelle, ont-elles renouvelé, juste ce qu'il fallait, la plus vieille tradition de l' « enchantement ». Simplement, là où la première jouait encore à la grande sœur dans un univers peuplé de figures anciennes, de Colombine à Bécassine, la seconde offrira à son public le personnage de grande copine délurée dans un environnement américano-nippon.

Ce glissement insensible du spectacle vivant vers le petit écran n'élimine pas les formes scéniques traditionnelles mais il les contraint à de constants ajustements formels. L'après-guerre a vu l'opérette et la revue musicale à grand spectacle, façon Châtelet, jeter leurs derniers feux (*Le Chanteur de Mexico* : trois millions de spectateurs au Châtelet), comme en témoignent tout à la fois le considérable succès, et l'absence de successeurs, de directeurs de salle comme Maurice Lehmann ou Henri Varna, de compositeurs comme Francis Lopez ou Raymond Vinci, d'interprètes comme Tino Rossi ou Luis Mariano. Aujourd'hui toutes les enquêtes sur la consommation culturelle confirment et le déclin du goût pour l'opérette et le vieillissement de son public. Il paraît clair que cette forme de spectacle musical a été concurrencée directement par l' « émission de variétés » télévisée et indirectement, en ce sens qu'il s'est agi là de conquérir de nou-

113

velles générations, par le « show » du chanteur yé-yé puis du groupe rock.

En revanche, le grand-spectaculaire rallie toujours les foules quand il ajuste aux techniques audiovisuelles les plus modernes les ressorts multiséculaires, et même précisément antiques, du cirque (deux mois par an au Palais des Sports de Paris pour *Holiday on ice*, de Sonja Henie puis Ted Shuffle) ou du théâtre (Robert Hossein, au même Palais des Sports, à partir de *Potemkine,* 1975). En quantité comme en composition du public, les vrais « spectacles populaires » sont là, et nulle part ailleurs.

Défoulement

Mais on voit aussi que ce qui fait le succès de la formule hosseinienne n'est pas seulement dans la participation du public à une certaine forme de machinerie mais dans la simplicité du recours au mécanisme élémentaire de la tragédie. Ce genre dramatique, dit le dictionnaire, « représente quelque grand malheur arrivé à des personnages célèbres de la légende ou de l'histoire, et propre à exciter la terreur ou la pitié » : le procès de Louis XVI ou celui du Courrier de Lyon, *Notre-Dame de Paris* (478 000 spectateurs) ou *Les Misérables* correspondent exactement à cette définition. Il n'y a qu'une différence de qualité littéraire supposée (l'avenir en jugera, ce n'est pas notre affaire) entre *Les Perses* d'Eschyle et le *Danton et Robespierre* d'Alain Decaux – qu'on retrouve donc ici.

C'est que la distraction exotique n'est que l'un des deux grands ressorts de l'évasion. Le défoulement en est le symétrique inverse, qu'il prenne la forme de l' « action », comprise souvent comme synonyme de violence physique, du « désir », limité ici au désir érotique, ou du « rire », qui, sans doute parce qu'il s'extériorise avec le plus d'autonomie, donc avec la plus faible dose d'agressivité des trois, reste dans la société occidentale contemporaine (et peut-être dans toutes les autres ?) le défoulement suprême. Et quelques-uns des plus francs succès d'audience vont avec une grande continuité aux formes élémentaires de ces trois expressions. C'est le sens de la

114

place accordée dans la presse populaire aux « faits divers », dans les médias de grande écoute aux émissions de jeu.

On ne proposera pas d'explications radicales à ces trois tendances ; il y faudrait un livre, sinon trois, et il en a déjà été écrit des dizaines. Constatons simplement, pour s'en servir ultérieurement, qu'on est bien là sur les limites potentiellement subversives de la culture de consommation, où le consommateur viole par procuration la loi pénale, le code moral, le respect des autorités, mais que tout est dans la procuration ; Aristote a sans doute tout dit là-dessus.

Seul comptera ici le résultat, à savoir que de l'exploitation, plus ou moins préméditée et plus ou moins systématique, de ces filons sont sortis tout aussi bien des carrières individuelles que des genres bien définis. La plupart des comédiens français transformés de leur vivant en mythes ont, plus ou moins rapidement, fini par se spécialiser dans l'un des trois domaines, tels Alain Delon (M. Action), Brigitte Bardot (Mlle Désir) ou Louis de Funès (M. Rire). Certains se sont glissés promptement dans la peau de leur personnage, d'autres les ont forgés peu à peu, partant parfois, comme Delon ou Jean-Paul Belmondo, des terres de l'avant-garde. Ils s'y enferment ensuite, et leur œuvre prend alors, là aussi, forme sérielle.

Ainsi Delon passe-t-il de Visconti ou Antonioni au Jean-Pierre Melville du *Cercle rouge* (1970), à celui d'*Un flic* (1972), puis au Jacques Deray de *Flic story* (1974). La suite donne alors *Le Gitan, Le Gang, Le Toubib, Le Choc, Le Battant...* Qu'il soit, ensuite, très difficile au héros de s'évader d'un succès aussi structuré, c'est ce que montrent ses contre-performances (commerciales) dans *M. Klein* (Joseph Losey, 1976) ou dans *Notre histoire* (Bertrand Blier, 1984).

L'effet de série débouche tout naturellement sur l'établissement et l'entretien de genres repérables par le consommateur au premier coup d'œil, tels le genre policier, le genre espionnage, le genre sentimental, le genre érotique, etc., voire de sous-genres (en science-fiction : le space-opera, l'heroïc fantasy...), le lancement et la pérennisation de collections (éditions Le Fleuve noir) ou de personnages (OSS 117, de Jean puis Josette Bruce : soixante-cinq millions d'exemplaires à la date de 1980). La réussite de la Série noire est, bien entendu, fondamentalement liée à la qualité et à la nouveauté des textes qu'elle proposa, mais elle commença à son titre même, d'une franchise sans apprêt : « série » et non pas « collection », « noire » et non pas « policière » ou « criminelle ».

Certains succès sont fondés sur la combinaison de deux des trois ingrédients. Ainsi le magazine *Détective* a-t-il gardé, bon an mal an, ses sept cent mille lecteurs hebdomadaires grâce à son coquetèle eros-thanatos, ainsi les records d'audience atteints par *Intervilles* à partir de 1962 saluent-ils une association, nouvelle à l'époque en ce lieu, du rire et du jeu. Dans le domaine de la fiction, la production, très préméditée, d'un Gérard de Villiers (quatre volumes par an, premier tirage de chacun : 400 000 exemplaires) mixe violence, érotisme et exotisme, mais la nécessité de restergrossièrement fidèle aux lois formelles d'un genre continuera jusqu'au bout à contraindre l'auteur, sauf à créer par ailleurs d'autres séries, à respecter les apparences du genre espionnage, savoir la violence légitimée par le politique, dans un contexte international. L'évolution de l'œuvre de Frédéric Dard a, en revanche, fini par transformer un auteur de romans noirs classiques en auteur comique à part entière, assimilé par le public, au même titre qu'un Charlie Chaplin, à son principal personnage (*San Antonio* : 400 000 à 600 000 ventes annuelles).

Tout finit par des chansons

Mais ce glissement vers la dérision, plus ou moins grinçante, est loin d'être exceptionnel. On le retrouve au cœur de la carrière de Jean-Paul Belmondo, dont la logique des titres et des compositions nous montre *La Scoumoune, Peur sur la ville* ou *Le Corps de mon ennemi* alterner avec l'axe *Le Magnifique* – *L'Incorrigible* – *L'Animal* – *Le Guignolo*.

Un Georges Lautner ou un Michel Audiard, qu'on

retrouve derrière plusieurs de ces derniers titres, demeurent typiques de cette tendance. Tenue longtemps par les règles du film de guerre (*Taxi pour Tobrouk*, Denis de La Patellière, 1960) ou policier (*Cent mille dollars au soleil*, Henri Verneuil, 1963), la verve dérisive d'Audiard l'a submergé dans les années 70, faisant de lui le porte-parole le plus éloquent de l'idéologie sous-jacente d'une bonne partie de la culture de consommation : l'anarchisme de droite.

Pour être hégémonique, le comique n'a cependant pas besoin d'adopter une ambition politique aussi affichée. Il suffit, par exemple, de consulter la liste des films à succès depuis 1956 (date arbitraire, définie par les statistiques du CNC) pour s'assurer que la quasi-totalité des champions français de ce hit-parade appartiennent à cette catégorie.

Nombre de spectateurs, en milliers, de 1956 à 1983 :

La Grande Vadrouille	17 226
Le Corniaud	11 722
La Guerre des boutons	9 465
La Vache et le prisonnier	8 843
Emmanuelle	*8 710*
Le Gendarme de Saint-Tropez	7 780
Les Bidasses en folie	7 454
Les Aventures de Rabbi Jacob	7 353
Les Grandes Vacances	6 944
La Chèvre	6 933

Ainsi, dans l'histoire populaire du cinéma français, l'année 1968 n'est pas celle de « l'Affaire de la Cinémathèque » ou de la sortie des *Gauloises bleues,* de Michel Cournot, mais celle du *Petit Baigneur* de Robert Dhéry (5 539 000 entrées). On découvrirait de même des séries comiques en tête des ventes de bandes dessinées, les deux principales d'entre elles ayant pour parolier celui qui, de ce fait, demeurera comme l'un des plus populaires auteurs comiques de son temps, quoique ignoré de toutes les histoires de la littérature, René Goscinny. A son apogée, vers 1980, chaque nouveau *Lucky Luke* (dessins de Morris) était tiré à près de 500 000 exemplaires, chaque nouvel *Astérix* (dessins d'Albert Uderzo) à plus d'un million.

Contrairement aux apparences, une forme d'art désormais élitiste comme le théâtre ne fait pas exception à la règle. Sans doute un examen superficiel de l'évolution générale des salles montrerait-il un déclin continu du théâtre dit de boulevard depuis que le passage du cinéma au parlant a commencé de drainer vers lui les vedettes du théâtre des Variétés et leur public. Mais, d'une part, ce déclin a été plus lent que ne l'ont cru les pronostiqueurs, et les records de longévité de la période ont continué d'appartenir, sauf exception, à André Roussin, à Pierre Barillet et Jean-Pierre Grédy, à Françoise Dorin. Les vingt-cinq années (1965-1989) où Jean-Michel Rouzière régna sur le théâtre du Palais-Royal ont été celles d'une série à peu près continue de succès (record : *La Cage aux folles,* de Jean Poiret, 1 754 représentations). D'autre part, la crise réelle de la plupart des autres salles est dans la même époque plus que compensée par la simple mise en boîte pour la télévision. Quand, à la fin des années 70, une émission comme *Au théâtre ce soir* (créée en 1966 par Pierre Sabbagh et Jean Valmy) rassemblait vingt-cinq points d'audience, on peut affirmer que jamais le boulevard n'avait eu, dans toute son histoire, autant de spectateurs. Ce n'est pas tout à fait par hasard si deux institutions aussi nobles et ennoblissantes que la Comédie-Française et l'Académie française ont fait bon accueil à Marcel Achard ou André Roussin, qui entrent sous la Coupole, à Labiche ou Feydeau, qui entrent massivement au répertoire, où ils battent tous les records d'affluence.

Mais qu'en dernière instance la question du cadre externe d'un genre soit très secondaire par rapport à celle du respect de ses règles internes, c'est ce que prouvera l'explosion télévisuelle des années 80. Cette fois-ci, il paraîtra évident que la forme scénique du boulevard est tout entière en crise : il ne le sera pas moins qu'une bonne partie des feuilletons télévisés, en particulier la catégorie bien délimitée et fort présente des *sit coms,* continue de ressortir au genre boulevardier.

Au sein de la culture de consommation, le renouvellement est donc moins affaire d'innovation que de relève. A chaque époque les principales sous-catégories des genres paraissent ainsi occupées par des experts. Pour rester, à titre d'exemple, dans le domaine du comique, il est vrai fort riche, on ne saurait donner au même héros la principauté de l'humour, du burlesque et de la farce. Là aussi le public ne s'y trompe pas, qui à la même époque n'accordera pas le même type d'attention, tout en leur assurant un succès analogue, à la satire douce d'un Pierre Daninos (*Les Carnets du Major Thompson,* 1954), au comique de situation d'un Robert Lamoureux, à la farce d'un Jean Richard ou d'un Bourvil, au burlesque d'un Darry Cowl, etc.

Non que les genres soient indéracinables. Ils sont nés, certains, comme la science-fiction ou le roman noir, il y a seulement cent ou cinquante ans, ils peuvent donc fort bien mourir. Mais l'exemple, d'apparence fort exiguë, du comique troupier montre qu'on ne saurait jurer de rien. Résultat, à la fin du siècle dernier, de la découverte par les classes moyennes du service militaire universel, ce genre, longtemps prospère, paraissait avoir été tué par la Seconde Guerre mondiale. Or la série des *Gendarme* de Jean Girault (1965-1982), qui lança Louis de Funès vers la gloire, est la seule série cinématographique dont quatre titres figurent en France au palmarès des films ayant dépassé le chiffre, considérable, des cinq millions de spectateurs. Ses premiers succès annonçaient la résurgence des formes les plus traditionnelles, à quoi se vouèrent avec un succès d'abord considérable les rempilés (Robert Lamoureux, série des *7ᵉ Compagnie*) et les bidasses (films homonymes des Charlots, de 1970 à 1982), comme au beau temps d'Ouvrard et d'Henry Wulshleger.

On voit, par ce dernier exemple, que l'âge ou la génération ne font rien à l'affaire. *La Gifle* (Claude Pinoteau, 1974) ou *A nous les petites Anglaises* (Michel Lang, 1975) purent devoir leur succès aux adolescents : outre que leurs réalisateurs, à l'instar du Marcel Carné des *Tricheurs* de 1958, avait quinze ou vingt ans de plus qu'eux, rien ne distinguait dans la forme leur production de celle de leurs aînés les plus conformistes. C'est que ce conformisme-là n'est pas aussi idéologique qu'on le dit souvent. Le fait que Gérard de Villiers, ou plutôt son prince Malko, siège à l'extrême droite de l'échiquier politique, le fait que la Caroline de Cecil Saint-Laurent illustre dans ses livres et dans ses films, sur un mode plus rose, une philosophie guère plus à gauche ne doivent pas faire oublier que depuis Eugène Sue quantité d'auteurs populaires ont siégé tout autant à l'autre extrême. Le conformisme est d'abord formel : la novation formelle n'est intégrée ici qu'en cas de respectabilité reconnue, et encore, sous bénéfice d'inventaire. L'œuvre de Salvador Dali ou celle de Magritte rencontrent un large public dès leur vivant par l'ambiguïté des formes ; cent ans après sa mort, celle de Lautréamont résiste encore. Ce n'est pas que la culture de consommation n'évolue pas. Elle est même à l'affût des modes qui passent. Mais, par définition, elle n'en retient que les aspects les plus anecdotiques, donc souvent les plus datés. L'accélération de l'histoire, qui n'est que l'accélération de la médiation, ne la trouble donc qu'en surface, elle qui est la permanence des mots sous la surface des choses.

C'est en ayant présente à l'esprit cette longue durée culturelle qu'on peut entreprendre l'exploration proprement et, pourrait-on dire, naïvement chronologique de la période.

DEUXIÈME PARTIE

Car le fleuve héraclitéen, dans tout cela ? Ce qu'on en a dit jusqu'à présent porte surtout sur les rives, sur le lit, sur les conditions climatiques et orographiques qui ont présidé à la définition de son cours. Demeure posée la question du cours lui-même, de son trajet, de son débit, des couleurs et consistances variées qu'il peut prendre jusqu'à son embouchure. Demeure posée la question de l'embouchure, puisque aussi bien, à rebours du travail habituel de sa profession, l'historien de ce livre-ci prétend sinon connaître, du moins avoir repéré les sources, le Nil bleu et le Nil blanc, mais, en revanche, à l'instar de ses contemporains, ignore sur quoi tout cela débouche.

Cependant la curiosité a été la plus forte. Les quatre chapitres qui suivent sont l'itinéraire de cette curiosité, quatre étapes d'un voyageur qui ne sait toujours pas – je vous rassure – dans quel lac, dans quelle mer ou dans quel autre fleuve la culture française de ce demi-siècle va, comme on dit, se perdre, même si déjà quelques signes, un certain air nouveau, une autre qualité d'atmosphère, de sons, de couleurs et d'odeurs lui font supposer que l'issue n'est plus très éloignée.

Mais encore pourquoi quatre, et non pas sept ou douze ? Parce que l'auteur soutient la thèse que, depuis la fin de la Seconde Guerre mondiale, la vie culturelle de ce pays – et peut-être bien de plusieurs autres, mais passons – a été scandée par la succession, assez régulière, de

123

générations décennales. Ce qui donnerait, grossièrement exprimé (je laisse les nuances à d'éventuels successeurs), l'ordre suivant :

– une période initiale, dominée non par le « retour à la paix » mais par l'ombre dédoublée de la guerre mondiale, la vraie, l'énorme, qui s'achève sur le couple Auschwitz-Hiroshima, et, plus pâle, l'équivoque Guerre froide;

– une deuxième période, partagée entre la croissance générale et la crise proprement française de la décolonisation;

– une troisième période, de fin de croissance, de fin de cycle long, dominée par l'incandescence de Mai 68;

– enfin, la première période d'un nouveau cycle, évidemment dominée par la Crise économique, et dont les traits proprement français, encore prédominants dans les périodes précédentes, commencent à s'atténuer sensiblement. De cette quatrième période nous sommes maintenant sortis, mais on comprendra que, dans un dernier sursaut de conscience professionnelle, il ait été gardé, pour finir, une certaine prudence sur la cinquième.

On n'accordera pas trop d'importance à une fine chronologie. Il n'est pas donné à tous les hommes d'être contemporains d'une grande fracture, ou d'un grand cataclysme. La Libération, moment lui-même étendu dans le temps, selon les lieux et surtout selon les milieux, de 1943 à 1947, est un très net, et donc très satisfaisant, point de départ. La rupture qui s'y inscrit est plus profonde que celle de 1918 et sans doute que celle de 1870 car, à l'image d'une défaite, s'est cette fois-ci surajoutée celle d'un déclassement, lentement accepté mais irrécusable : ce n'est sans doute pas un hasard si le dernier grand magicien politique français, Charles de Gaulle, était encore, en plein XXᵉ siècle, un enfant de 1870. Pour ce qui est de la succession des périodes ultérieures, on est prêt à accepter toutes les transitions nécessaires. Il suffira à mon contentement que les contemporains eux-mêmes aient reconnu que sur le plan – primordial – de la politique internationale, qu'elle soit économique ou diplomatique, puis sur celui de la politique intérieure, enfin sur celui de l'hégémonie intellectuelle, des changements significatifs ont eu lieu aux alentours, successivement, de 1954-1956, de 1965-1967, de 1973-1975 et sans doute – mais restons prudents – de 1986-1988.

On ne s'interrogera pas non plus très longtemps sur le problème de savoir pourquoi un tel rythme s'est imposé. On approchera quand même d'une explication minimum, qui nous suffira comme bagage, en mettant en avant la logique, mi-partie de nature et de culture, de la génération, ce terme un peu flou mais dont cette chronologie permet de préciser les contours.

Estampillée 45, 55, 65 ou 75, une génération est caractérisée par un complexe d'événements moins fondateurs, au sens strict (Mai 68 n'a pas « fondé » la génération soixante-huitarde, qui s'ébrouait déjà très distinctement depuis plusieurs années), que cristallisateurs : où l'événementiel féconde le structurel. Dans ce complexe elle exprime un ensemble de « modes » – de modalités – qui s'imprime définitivement dans la sensibilité et dans l'intellect de ses plus jeunes représentants, correspondant, là aussi grossièrement, aux classes de l'entrée dans l'âge adulte (âge variable selon les civilisations, on le sait, mais à notre échelle il importe peu). En même temps, si ces « nouvelles vagues » concentrent en elles, par leur situation biographique, les caractères les plus tranchés de la nouvelle hégémonie, pour qu'hégémonie il y ait, il faut qu'elles soient relayées par une chaîne de délégués des générations précédentes, déjà installés, suivant leur âge principalement, dans des lieux variés de pouvoir culturel. Si l'on voulait raffiner sur la typologie, on parviendrait ainsi à distinguer au sein de chaque génération toute une nébuleuse de porte-parole jouant respectivement les rôles d'« aînés », de « patriarches », voire d'« ancêtres », car chaque génération aime faire parler ses morts, entendons par là choisir parmi les morts les figures qui, dans tous les sens du mot, lui reviennent : au fond, une génération, est-ce que ce ne serait pas un groupe d'adoption ? Adoption d'aînés par leurs cadets, adoption d'événements orphelins par une communauté qui leur donne un sens, son sens. L'histoire qui suit est donc l'histoire de quatre sens successifs donnés au temps qui, sans cesse, passe.

5

L'âge de toutes les guerres

L'histoire politique nous apprend que la décennie qui a
suivi la fin de la Seconde Guerre mondiale a vu se succé-
der la « Libération » et la « Guerre froide ». L'histoire
culturelle de la période confirme pleinement cette terminologie, qu'elle se contente de mélanger : la génération
45-55 aura été, du même mouvement, émancipation des
références établies et bipolarisation agressive des acteurs
en place.

LIBÉRATIONS

La guerre mondiale avait eu plusieurs vainqueurs – de
là vint même le plus gros des difficultés – mais elle avait
du moins eu deux vaincus, très reconnaissables : la
culture fasciste, ambitieuse tentative de renouvellement
des valeurs de droite par l'apport des leçons du mouvement révolutionnaire, mais aussi ses « collaborateurs »,
issus en général de la droite classique, ceux-là mêmes qui,
entre Action et Académie françaises, avaient réussi à tenir
le haut du pavé de la Première Guerre mondiale jusqu'au
milieu des années 30 et dont Vichy avait été, d'Henri
Pourrat à Paul Morand, l'été de la Saint-Martin.

L'hégémonie intellectuelle est donc décidément passée à gauche, étant bien entendu qu'on mettra derrière ce mot non une doctrine en bonne et due forme mais, là aussi, une alliance, conflictuelle à l'occasion, entre un système politique précis, le marxisme-léninisme, et un ensemble d'idéologies, inégalement structurées, défendant les valeurs inverses des valeurs de la droite (révolution, égalité, universalisme...).

On devine aisément quels peuvent avoir été les fondements du prestige marxiste-léniniste. Les uns, de nature technique, ont simplement tenu à l'efficacité de l'activisme communiste sur le terrain du culturel, domaine oublié, ignoré et donc, au fond, méprisé par la plupart des autres familles politiques au pouvoir. Auréolés de leurs origines résistantes, des institutions comme le Comité national des écrivains (CNE) ou l'Union nationale des intellectuels (UNI), des organes comme *Action, Les Lettres françaises, Arts de France, L'Écran français* fondent pour un certain temps un prestige communiste – deux termes qui, jusque-là, juraient ensemble. Mais évidemment l'essentiel dépasse cette dimension. Le primat accordé au marxisme dans son ensemble, au-delà de la seule première période et au-delà du seul espace du communisme orthodoxe, tient dans la combinaison d'une série d'effets proprement théoriques, engendrés par les conditions dans lesquelles s'est présentée la victoire sur le Mal : effet d'armée (l'efficacité de l'axe Stalingrad-colonel Fabien), effet d'histoire (le « sens de l'histoire » passe du fascisme au communisme), effet de morale (combat des Justes contre les Puissants), effet de religion (réponse totalisante), effet d'Église (chaleur d'une sociabilité)...

Le résultat, comme on le sait, ne se fit pas attendre et de quelques vieux dreyfusards célèbres à de gros contingents de la « jeunesse des écoles », de Paul Langevin à François Furet, nombreux furent ceux qui rallièrent, plus ou moins symboliquement, plus ou moins durablement, il n'importe, le panache rouge. La suite, dès lors, n'était plus qu'affaire de gestion des hégémonies, phénomène

127

courant dont, une trentaine d'années plus tôt, l'Action française avait déjà fourni un exemple achevé : occupation physique des lieux de légitimation, rayonnement en cercles concentriques sur diverses cultures « compagnes de route », discrédit des adversaires, obligés bon gré mal gré de se situer par rapport à la référence dominante, etc.

On ne s'étonne plus, dans ces conditions, de reconnaître dans les valeurs culturelles ambiantes de la période un air de ressemblance avec celles qui s'étaient trouvées éphémèrement au pouvoir moins de dix ans plus tôt, avec le Front populaire. Les grands projets de libération culturelle de l'immédiat après-guerre sont donc dans une large mesure l'aboutissement, voire la répétition, de ceux de 1936 : démocratisation de l'école par la généralisation du tronc commun, moralisation de la presse par la lutte contre les trusts et pour la transparence financière, politique de popularisation artistique... Qu'il ait fallu dix ans pour voter le statut de la seule agence France-Presse ou rénover, en 1957, la vieille loi de l'an III sur la propriété artistique donne d'emblée la mesure de l'échec, perceptible dans l'absence de toute mise en application du plan Langevin-Wallon de 1947 et dans celle de tout vote d'un quelconque « Statut de la presse », malgré quantité de projets de loi. Le seul des grands desseins qui ait été réalisé, en ces domaines, est celui qui touchait, en fait, le plus directement au monde politique – la nationalisation de l'École libre des sciences politiques et la création d'une École nationale d'administration (1945). Décision dont l'importance culturelle est loin d'être négligeable sur le long terme, si l'on veut bien considérer le poids croissant joué dans l'administration de la culture et dans le journalisme par les anciens de ces deux établissements, au point qu'il est aujourd'hui établi que l'ENA s'est substituée à l'ENS et à l'X comme école des élites sociales et que la principale « école de journalisme », non exclusivement des autres, est aujourd'hui Sciences po. Mais on sait que ce double privilège s'est trouvé par la suite contesté de divers côtés, et souvent au nom des mêmes principes qui avaient présidé à la réforme.

Les limites du projet révolutionnaire de la Résistance (« De la Résistance à la Révolution », sous-titrait *Combat*) se révèlent plus aisément encore sur certains terrains où les esprits audacieux attendaient tout de l'indispensable Reconstruction. L'architecture est évidemment à cet égard la plus saisissante des métaphores, à travers l'ampleur sans précédent des chantiers qui s'ouvraient à elle : « monstrueuse occasion de la guerre », lâchera plus tard l'architecte Marcel Lods, mais aussi immense relais du neuf et du « rénové », quand à la reconstruction du détruit se substitueront insensiblement les exigences d'un baby-boom imprévu, d'une urbanisation accélérée et enfin des changements de « standing » des populations.

Or il est clair bientôt que l'occasion d'un renouvellement esthétique, voire philosophique, de l'espace bâti n'a été saisie que très partiellement. Du moins faut-il distinguer ici trois niveaux, ordinairement confondus. A celui de l'habitat, la conviction de tout un chacun, des pouvoirs publics comme des bâtisseurs, inspirés par l'exemple de la reconstruction de 1919, est qu'il faut profiter de la circonstance pour accélérer la modernisation de l'équipement, mieux intégrer la nouvelle machinerie ménagère dans l'espace domestique, construire plus clair et meilleur marché, dans la ligne du « logement social » de l'entre-deux-guerres. Sur ce plan beaucoup sera fait, même si Le Corbusier, qui est dans sa phase Modulor, peut s'exaspérer du manque de rigueur des principes hygiéniques adoptés. Au stade de l'urbanisme, la question est déjà plus complexe. Par fidélité, nostalgie ou paresse intellectuelle, le respect des cadastres et des vieux plans de circulation est la règle. Il est vrai que certains programmes d'« assainissement » conservent une signification ambiguë : à cet égard, anciens et modernes communient dans une même révérence à l'égard de la circulation automobile qui éventre les quartiers populaires et dévitalise les quais des grandes villes.

Là où le bât va vraiment blesser, c'est, bien entendu, là où le jugement de valeur règne en maître, le niveau proprement architectural. Passé les premiers enthousiasmes, l'avant-garde comptera ses plaies et bosses. Le Corbusier se voit refuser les deux ou trois projets de reconstruction pour lesquels son nom avait été d'abord prononcé. Mal soutenu par des responsables plus techniciens qu'esthètes, il ne fait rien non plus pour amadouer ses contradicteurs ou simplement pour dialoguer avec des populations *a priori* frileuses : à Sotteville-lès-Rouen, Marcel Lods réussira à faire plébisciter ses tours par les relogés, d'abord favorables à des pavillons; André Lurçat mène à bien la reconstruction de Maubeuge en multipliant les réunions de concertation avec les intéressés. Reste que dans la plupart des cas l'opération est confiée à un architecte déjà bien en cour avant-guerre ou sous Vichy.

Sans doute, à l'autre extrémité, la reconstruction rigoureusement à l' « identique », même limitée aux façades et aux toits, est-elle des plus rares (Saint-Malo). Le cas le plus fréquent, et, aux yeux du mouvement moderne, le plus désastreux, est celui du faux identique, qui conserve la disposition générale des extérieurs, moyennant une schématisation et une uniformisation dans le sens du rectiligne. Cette solution, plus « rétro » qu' « archéo », a la préférence tout à la fois des pouvoirs publics, qui l'encouragent par la loi du 28 septembre 1946, des associations de commerçants et de particuliers, et, en résultante, des élus locaux, soucieux de leur réélection.

L'image admise d'un « style Reconstruction », expression d'un pur et simple conservatisme architectural, doit d'ailleurs être nuancée. Le plus grand chantier français de l'après-guerre, Le Havre, est bel et bien donné au plus illustre des architectes français, à savoir Auguste Perret et non pas « Corbu ». Œuvrant dans des conditions proches de la *tabula rasa*, Perret peut recourir sans contrainte à la modulation et à la préfabrication en béton armé. Mais, outre qu'il doit céder le pas aux ingénieurs en renonçant au point le plus audacieux de son programme, la surélévation de la voirie du centre, il est patent que, par le choix d'un plan orthogonal où il ménage quelques effets de « grande composition » classique, Perret se montre plus soucieux de continuité théâtrale que d'innovation uto-

130

pique. Bref, l'architecture française de l'après-guerre est à l'image du temps : pour le neuf plus que pour le nouveau.

Bis repetita

Du point de vue de ceux qui, non sans bonnes raisons apparentes, ont cru voir enfin réunies toutes les conditions du grand recommencement, la déception est à son comble sur quantité de plans où l'après-guerre se révèle, à l'usage, incapable de faire autre chose que reprendre une rhétorique ancienne. Au théâtre, le succès de prestige, tout autant public que critique, va à l'œuvre d'Henry de Montherlant, qui modernise l'antique avec un souverain désintérêt pour les recherches scéniques du siècle (*Le Maître de Santiago*, 1947, *Port-Royal*, 1954). Au cinéma, un style bientôt dit de « qualité française » paraît transformer en recettes les formules de la décennie précédente, entre réalisme poétique et fantastique social. L'image du couple Carné-Prévert se ternit (*Les Portes de la nuit*, 1945), mais le premier plan n'est occupé que par des épigones (*Dédée d'Anvers*, 1947, d'Yves Allégret et Jacques Sigurd, *Une si jolie petite plage*, 1949, des mêmes), des pastiches (*Les Amants de Vérone*, 1948, André Cayatte/ Jacques Prévert). Les essais de films de Résistance semi-documentaires se révèlent ainsi sans lendemain. L'évolution de René Clément, auteur du principal d'entre eux, est à cet égard des plus significatives puisque, après *La Bataille du rail* (1945), son œuvre choisira les voies du drame classique, des *Maudits* (1947) à *Gervaise* (1955), y compris quand elle recherchera la synthèse avec le style italien à la mode (*Au-delà des grilles*, 1948). Rien d'équivalent, en effet, à la grande remise à plat du néoréalisme (1945 : sortie française de *Rome ville ouverte*, 1947 : sortie de *Sciuscia*), il est vrai déterminée par des conditions techniques et spirituelles autrement bouleversées.

Les noms les plus remarqués de la jeune mise en scène théâtrale apparaissent de même comme de sages disciples du Cartel : André Barsacq, qui a succédé à son maître Dullin à la tête de l'Atelier, Jean-Louis Barrault, qui s'émancipe de la Comédie-Française en 1945 mais ne s'en

131

tiendra jamais trop éloigné (Théâtre de Marigny, 1945-1956, avant l'Odéon-Théâtre de France). Dans le domaine de la danse, la position d'un Roland Petit est analogue par rapport à Serge Lifar (Ballets des Champs-Élysées, 1945-1946, Ballets de Paris, plus tard Ballets Roland Petit).

Le soupçon peut venir à certains esprits que rien n'a profondément changé, dès lors qu'ils constatent que l'un des rares lieux où se diagnostique alors une « révolution » est la haute couture. La présentation, le 12 février 1947, de la collection Christian Dior intronise pour dix ans, jusqu'à sa mort en 1957, un nouveau maître à vêtir, mais son *new look*, au contraire des simplifications de la Chanel d'avant-guerre, n'annonce rien, si ce n'est la restauration, *in extremis*, de Paris, très menacé par New York, comme capitale mondiale de la mode vestimentaire. Dans la traîne de ce retour à la tradition du luxe (velours, moire, taffetas) et de la structure (bustier, guêpière...), des noms vont imposer leurs silhouettes, Jacques Fath, madame Grès et surtout Cristobal Balanciaga (premiers tailleurs semi-ajustés, premières robes-sacs), sans qu'on puisse vraiment y voir quoi que ce soit d'un effet de libération.

Le surréalisme, même

Et pourtant, il n'est pas inexact de dire que rien ne sera plus comme avant. Un point initial ne doit pas être oublié, dont on s'étonne qu'il n'ait été souligné par personne : la guerre de 1939-1945 n'a pas seulement saccagé le territoire et les valeurs françaises, elle a aussi, et peut-être surtout, isolé la culture française. Malgré les apparences de l'ouverture forcée à l'« Europe nouvelle », et sans doute en partie à cause d'elle, la culture de ce pays a vécu cinq années en vase clos. Le traumatisme des accords Blum-Byrnes et, plus généralement, de l'irruption en masse sur les écrans français de cinq années de production cinématographique américaine n'est qu'une image un peu forte de ce retour dans le grand large. Sur tous les points qui comptent, c'est-à-dire qui ont compté depuis, la rupture, quand rupture il y a eu, ne

132

s'est donc pas située en 1939 ou 1940 mais à la fin de la guerre. Avec cette circonstance aggravante, vérifiable à la lecture des journaux de l'époque, que ce pays a mis environ deux ans à découvrir l'étendue de son déclassement diplomatique et de sa ruine économique : entre la libération proprement dite du territoire, propice à la résurgence de discours cocardiers analogues à ceux de 1918, et le retour progressif à une normale que constituent, par exemple, courant 1949, la disparition des derniers tickets de rationnement et le dépassement des indices de production industrielle de 1929, la différence mythique est considérable ; la France du Vélosolex (1945), de la quatre-chevaux Renault (1945) et de la deux-chevaux Citroën (1948) est bien engagée sur la voie de la renaissance économique et d'une prospérité socialement mieux répartie, mais elle est profondément abaissée à ses propres yeux, enfin décillés.

Reste le grand large. Il n'est pas seulement spatial, même si l'époque relance, comme on l'a vu, le processus d'américanisation engagé depuis 1917. Il est aussi, en quelque sorte, temporel, et l'on peut dire que tous les domaines où s'est joué depuis un demi-siècle l'avenir des références culturelles de ce pays ont été bouleversés par l'immédiat après-guerre.

Une grave erreur de perspective consisterait en effet à ne voir dans l'histoire de « l'art moderne », qu'une stratification d'avant-garde successives, entre la Bataille d'*Hernani* et les colonnes de Buren, un perpétuel passage de relais entre radicalismes. Il n'en est évidemment rien. A cet égard l'immédiat avant-guerre avait même été une période de net « retour à l'ordre » – traduit communément en retour aux formes classiques –, dans les arts plastiques et l'architecture sans doute, où cette terminologie s'est récemment imposée, mais aussi bien en littérature ou en musique ; mieux, ou pis : non seulement les audaces esthétiques/éthiques des années 25-35 ne paraissaient plus de mise, mais elles étaient communément tenues pour « dépassées », datées, obsolètes, à la fois par les jeunes successeurs, par les adversaires de toujours et par un nombre représentatif d'anciens modernistes convertis. Si l'on a bien oublié aujourd'hui cette époque, où, par exemple, être cubiste ou surréaliste n'était plus scandaleux mais vieux jeu, c'est précisément parce que l'après-guerre a paru renouer avec la tradition avant-gardiste.

Mais ce renouement lui-même mérite l'attention. Il permet de voir comment chaque époque se définit tout aussi bien par les œuvres, les formes, les valeurs anciennes qu'elle privilégie que par les œuvres, les formes, les valeurs nouvelles que l'hégémonie du temps promeut dans l'immédiat, sous réserve, à son tour, d'inventaire. En d'autres termes, moins abstraits, la génération 45-55 est à la fois celle où est décidément reparti, pour trois générations, le mouvement avant-gardiste esthétique et celle où s'est décidément imposée, en grande partie *post mortem*, l'esthétique et l'éthique de la génération 25-35, dominée par la référence surréaliste.

Il est en effet faux, et d'abord naïf, de ne considérer, comme le fait communément l'histoire des arts, les créateurs et leurs créations que dans le temps de leurs contemporains. C'est la génération symboliste, prolongée par le *Mercure de France,* qui a définitivement construit la réputation de Rimbaud. C'est la génération 45-55 qui réhabilite (et non : habilite) le surréalisme et l'intronise. Il y a donc une double erreur à considérer l'histoire du surréalisme comme se limitant à l'entre-deux-guerres. Dans une acception stricte, le mouvement a cessé d'intéresser la société culturelle dès le milieu des années 30, comme en témoignent tout à la fois les conversions proclamées d'un Aragon (1934), d'un Crevel (1935) ou d'un Éluard (1936) et l'absence d'écho des tentatives politiques bretonniennes après cette date ; mais dans une acception large sa Belle Époque ne commence qu'en 1945.

On en trouverait la preuve dans le changement de ton des dictionnaires et encyclopédies sur le sujet, eux-mêmes un peu en avance, comme il se doit, sur les histoires de la littérature, sans parler des manuels scolaires : sur ces deux derniers plans, il faudra attendre qu'accède au pouvoir universitaire une génération de professeurs formée à la lumière de celle-ci, soit les années 60 pour le supérieur et les années 70 pour le secondaire. Mais, dès la Libération, la victoire surréaliste est certaine ; elle se perçoit au moins sous trois formes. La plus indirecte, mais sans doute la plus importante, tient dans l'accession définitive à l'honorabilité des auteurs et des œuvres jusque-là méprisés mais que le surréalisme, école singulièrement rétrospective, avait décidé de sortir de l'oubli ou du discrédit. 1945 voit la libre diffusion de l'*Anthologie de l'humour noir,* de Breton, texte interdit en France depuis sa parution, en 1941 ; les années qui suivent, la sortie définitive de Lautréamont et de Sade de leurs enfers respectifs, grâce aux efforts conjugués de généralistes (Maurice Blanchot), d'amateurs (Pierre Klossowski) et d'experts (Gilbert Lély). La deuxième tient dans le succès remporté par toute une série d'auteurs qui ont tous en commun d'avoir été marqués, à l'âge des formations décisives, par une expérience surréaliste. Le rapport est évidemment paradoxal dans les cas d'Aragon ou d'Éluard, mais il ne fait pas de doute que, en termes de respectabilité, le fait que ces deux auteurs soient érigés au rang de grands poètes civiques par leur participation à la « poésie combattante » contribuait, du même coup, à remettre en lumière leur phase surréaliste. En revanche, aucun problème de cet ordre ne venait troubler l'accession à la célébrité la plus large d'auteurs comme Jacques Prévert et Raymond Queneau, interprétables par le public comme des « fantaisistes », ou de peintres comme Salvador Dali (1952 : parution de son autobiographie), Max Ernst (1945 : exposition chez Denise René) et René Magritte (1945 : *Les Chants de Maldoror*), dont la facture classique rassurait ceux que rebutaient la déformation expressionniste ou la radicalité abstractionniste.

Plus directement, la Libération est le moment où commencent à sortir du néant ou de la pénombre diverses œuvres écrites, appartenant, au reste, à plusieurs générations surréalistes, soit pour une consécration quasi posthume (Antonin Artaud, prix Sainte-Beuve en janvier 1948, trois mois après sa sortie de maison de santé, trois mois avant sa mort), soit pour une accession classique à une notoriété classique (André Pieyre de Mandiargues, Julien Gracq), processus parachevé en 1951 par le couronnement significatif du *Rivage des Syrtes* et par le refus tout aussi significatif qui le suivit.

Tout ce mouvement ne se fait pas seulement parce que les valeurs de droite, politiques mais aussi esthétiques, sont durablement marginalisées. Sur le terrain, il serait incompréhensible sans l'action discrète mais régulière et obstinée de médiateurs convaincus, au premier rang desquels figure Maurice Nadeau, déjà cité, qu'on retrouve successivement auteur de la première (quoique non autorisée) *Histoire du surréalisme,* que le « hasard objectif » fait paraître au mois de mai 1945, responsable de la page littéraire du quotidien *Combat,* directeur de collections, d'abord discrètes (chez Robert Marin, chez Corrêa) puis stratégiques (Lettres nouvelles, chez Julliard, à partir de 1953). Sur le long terme, la revue *Critique* joue le même rôle, sous la direction de Georges Bataille lui-même.

Le désir attrapé par la queue

Bien entendu, ce mouvement de respectabilisation ne s'est pas limité au surréalisme. Maurice Nadeau a été dans le même temps l'introducteur en France de Virginia Woolf, Malcolm Lowry, Lawrence Durrell, et son combat en faveur d'Henry Miller a beaucoup contribué à la réputation de ce dernier. Quant à un personnage comme Pablo Picasso, son adhésion au Parti communiste, symboliquement décidée dans les premiers jours de la Libération, fonctionne comme une intégration définitive à la société culturelle. Sa position désormais centrale au sein des avant-gardes est parfaitement emblématisée par la petite représentation privée qui, trois mois avant le débarquement, avait fait créer une petite pièce de théâtre de lui, *Le désir attrapé par la queue,* par Michel Leiris et Raymond Queneau, mais aussi par les trois futurs piliers des *Temps modernes,* Jean-Paul Sartre, Simone de Beauvoir et Jacques-Laurent Bost, avec, dans l'assistance, non seulement Georges Bataille ou Henri Michaux mais aussi Jean-Louis Barrault ou Jacques Lacan.

Ce n'est pas qu'à cette époque, non plus d'ailleurs qu'à aucune autre, les avant-gardes se soient révélées cohérentes entre elles. Ainsi le succès mondain de la peinture surréaliste est-il en contradiction ouverte avec les tendances nouvelles des galeries de peinture où triomphe l'abstraction depuis le jour où la première exposition de Paris libéré, en octobre 1944, avait eu pour vedettes Piet Mondrian et Wassily Kandinsky. L'important, du point de vue de l'histoire, est que ce triomphe appartienne à la même logique : la revanche des vaincus de 1940.

L'intérêt de la Compagnie de l'art brut (Dubuffet, Breton, Tapié) ou du groupe Cobra (1948, Asger Jorn, Karel Appel, Constant, Corneille) réside dans leur compagnonnage critique avec le surréalisme, qui les fait s'intéresser aux « pouvoirs perdus » des enfants, des autodidactes, des supposés primitifs et des supposés aliénés. Mais la tendance hégémonique est fort éloignée de ces perspectives plus ou moins consciemment synthétiques. Elle s'exprime dans la mise en avant d'œuvres « abstraites géométriques », se présentant comme l'affirmation radicale d'un mouvement amorcé quarante années plus tôt, avec le cubisme, remis lui-même à l'honneur par l'exposition que lui consacre, dès mai 1945, la Galerie de France.

Le petit cercle abstractionniste fonctionne dès lors très efficacement, là où des cercles antérieurs avaient échoué. On y trouve dans leurs rôles complémentaires telle galeriste (Denise René), tel critique (Léon Degand, *Abstraction, figuration : langage et signification de la peinture*), tel peintre-théoricien (Auguste Herbin, *Alphabet plastique*), telle revue (*Art d'aujourd'hui*, créée en 1949), le tout convergeant vers une série de manifestations représentatives, depuis l'inauguration de la galerie Denise-René, avec une exposition qui révéla Vasarely, jusqu'au Salon des réalités nouvelles, qui ne manqua pas de susciter son propre manifeste.

Mais cette hégémonie se traduit mieux encore dans le ralliement à l'abstraction de peintres issus de l'école de Paris (Bazaine, Manessier, Tal-Coat : premières expositions personnelles entre 1947 et 1949). Du coup, l'abstraction se diversifie, les géométriques voient se dresser à leurs côtés les premiers « abstraits lyriques » (Georges Mathieu), les premiers « informels » (exposition *Véhé-*

mences confrontées, organisée par Mathieu et Michel Tapié) et autres inclassables, c'est-à-dire inclassés (premières expositions Hans Hartung et Pierre Soulages, chez Lydia Conti). L'ouverture définitive, le 9 juin 1947, du musée national d'Art moderne, placé, contrairement à ses ébauches de 1937 et 1942, sous la direction d'un tenant décidé des écoles issues des grandes remises en cause du début du siècle, Jean Cassou, solennise cette prise du pouvoir par l' « art moderne ».

Ainsi la relance de l'avant-garde s'apparenterait-elle à un retour aux radicalismes anciens, suscitant sur sa périphérie quelques œuvres sans vraie référence. C'est ce que montre clairement le cas de la musique contemporaine. Ainsi il ne fait pas de doute que c'est à partir de 1945 et non à partir de 1920 que la France va découvrir dans toute son ampleur l'étendue de la révolution sérielle, grâce, en particulier, au travail de pédagogue d'un René Leibowitz. Malgré tout, il va falloir attendre la décennie suivante pour que des auteurs français, comme Pierre Boulez, des lieux de création, de diffusion et de polémique comme Le Domaine musical soient pleinement actifs. La novation musicale de l'après-guerre se situe ailleurs, même si la voie qu'elle trouve, indépendante de toute influence « viennoise », a pu susciter plus tard des œuvres de synthèse : la musique concrète (1948 : Club d'essai de la Radiodiffusion française, 1950 : première de *Symphonie pour un homme seul,* de Pierre Schaeffer et Pierre Henry). Avec le néoréalisme, il s'agit sans doute de la seule « découverte » artistique de la guerre, et dans la mesure où elle offre un caractère mixte, entre l'image d'une extrême sophistication et celle d'un plaisant bricolage, elle attire dans l'immédiat plus que l'œuvre savante de Schoenberg et de ses disciples l'attention des contemporains, qu'ils l'admirent ou s'en esclaffent.

Germanopratiques

Radicalisme et bricolage, non-conformisme et fantaisie : on vient en fait de définir l'esprit dit de « Saint-Germain-des-Prés », considéré parfois par les critiques ultérieurs avec la condescendance amusée que mérite un canular réussi, mais qui résume, au contraire, excellemment les lignes novatrices de l'époque. L'importance qu'y occupent les références américaines illustre le vertigineux transfert d'hégémonie auquel la guerre a présidé : l'époque est à la traduction, et au succès, de William Faulkner et John Dos Passos. Elle est à la création, par la critique française, d'un objet ignoré des États-Unis et qui repartira vers eux savamment estampillé, le « film noir ». Elle est enfin au triomphe de l'interprétation puriste du jazz proposée depuis l'avant-guerre par l'équipe de la revue *Jazz Hot*, qui, après avoir forgé, là aussi de ce côté-ci de l'Atlantique, le New Orleans revival, reçoit de plein fouet le choc de la révolution bop.

Mais l'époque est bien celle de Saint-Germain-des-Prés par la rencontre éphémère, l'équilibre nécessairement instable qui s'y opère entre un certain esprit de sérieux et un certain esprit de fantaisie. Et ce n'est sans doute pas un hasard si le titre choisi par un groupe de philosophes pour lancer la revue de référence de cette génération, *Les Temps modernes*, évoque Charlie Chaplin.

Ainsi l'œuvre, méconnue de son vivant, d'un Boris Vian rejoint-elle celle, honorée, d'un Raymond Queneau, pour établir un lien entre science et fiction, et l'on retrouve les deux hommes à l'origine de l'introduction en France du genre littéraire du même nom, apparu dans les colonnes du *Figaro littéraire* en 1950, simple habillage rhétorique de la variante américaine de la vieille « anticipation scientifique » : le premier article critique, dans *Critique*, au reste, est signé de Raymond Queneau, le deuxième, dans *Les Temps modernes*, de Boris Vian et Stephen Spriel. Quelques mois après, les trois hommes lancent le Club des savanturiers et, début 52, une véritable campagne de presse destinée à populariser le terme et à promouvoir la nouvelle collection du Rayon fantastique. En 1953, on retrouve encore Vian traducteur du *Monde des A*, classique de la SF.

Au moment même où son Club d'essai participe activement à l'art de recherche, la Radiodiffusion française, menée de 1946 au début des années 60 par un directeur des programmes lui-même poète fantaisiste, Pierre Gilson, accorde une place de choix à de jeunes auteurs qui illustreront pleinement cette veine, tels Jean Tardieu, Roland Dubillard ou François Billetdoux. La chanson dite « rive gauche », dont on a vu ailleurs les déterminations pratiques, fait le pont entre poésie moderne et culture populaire. Au théâtre de la Gaîté-Montparnasse, dirigé de 1945 à 1948 par Agnès Capri, l'esprit caustique et lyrique à la fois du cabaret front-populaire renaît avec de nouvelles vedettes qui s'appellent Juliette Gréco (1950 : grand prix de la SACEM), Mouloudji, les Frères Jacques (1950 : grand prix du Disque et de la Chanson), les Quatre Barbus.

Jean-Paul Sartre a, très épisodiquement, participé à ce mouvement, en proposant à Juliette Gréco une des chansons de son tour de chant et l'on sait, plus profondément, l'importance que le jazz a pu avoir dans son œuvre. Symétriquement, on n'oubliera pas que Boris Vian a aussi été un collaborateur régulier des *Temps modernes :* de ce mélange des tons témoigne par excellence le Collège de pataphysique, académie non conformiste vouée à l'exploration systématique de l'œuvre d'Alfred Jarry, d'une part, à la recherche des « solutions imaginaires » aux problèmes du vaste monde, de l'autre. Fondée en 1948 (vulg.) par de jeunes héritiers d'un surréalisme hétérodoxe, le Collège agrégera à ses rites pontificaux des personnalités qui ont nom, une fois de plus, Raymond Queneau ou Boris Vian.

La comédie mandarine

On voit que, dans une telle perspective, le mouvement philosophique de la période, dominé par le face-à-face Sartre-Camus, tardivement arbitré par Raymond Aron, ne saurait se limiter, comme on le fait parfois, à l'affrontement de deux visions du monde. L'intérêt de la période est plutôt de montrer comment fonctionnait, à son maximum d'efficacité, une intelligentsia dynamisée par cette vérification exceptionnelle du rôle éminent qu'avaient représenté, symétriquement, la Collaboration et la Résistance. Passé l'embellie poétique des premiers mois (paru-

140

tion au grand jour et à Paris des poèmes et des revues de la zone sud et de la clandestinité), qui ne manqua pas de susciter promptement sa propre polémique (Benjamin Péret, *Le Déshonneur des poètes*, décembre 1945), la parole passa plus que jamais à quelques philosophes placés, tout aussi exceptionnellement, en position de journalistes (*Combat, Les Temps modernes, Esprit*).

La période présente dès lors, sous une forme emblématique, les modes d'engagement de l'intellectuel : outre l'éditorial et la pétition, genres primordiaux, elle met en valeur l'essai, variante actualisée du traité, certains textes pouvant, chez un même auteur, se répondre de manière symétrique : ainsi de Maurice Merleau-Ponty, *Humanisme et terreur* (1947) et *Les Aventures de la dialectique* (1955). L'idée d'une cohérence profonde et d'une ambition intellectuelle permanente, qui exhausse le grand intellectuel au-dessus du journaliste vulgaire, est nourrie à partir de 1947 par la publication des *Situations* sartriennes, dont les premiers volumes contribuent certainement beaucoup plus à la diffusion de la pensée que les traités antérieurs en langage technique (type *L'Être et le Néant*), destinés, eux, à légitimer leur auteur aux yeux de ses confrères. Dès lors, Albert Camus ne peut faire moins que de réunir ses propres textes courts dans une série d'*Actuelles* (1950).

Que malgré ses succès Camus soit sorti intellectuellement vaincu de cette confrontation avec Sartre, du jour où à la coexistence succéda la concurrence puis à la concurrence la guerre ouverte, c'est ce qu'illustre cet exemple achevé de querelle d'intellectuels que fut, en 1951, celle que suscita la publication de *L'Homme révolté*. Ici ce genre littéraire, le genre polémique, reçoit une exceptionnelle publicité et prend un tour très personnel : à travers l'éreintement du livre paru sous la plume du jeune Francis Jeanson dans *Les Temps modernes*, puis l'intervention directe de Sartre, après une première réponse de Camus, on perçoit clairement l'enjeu de pouvoir sous-jacent et comment, pour discréditer la pensée de l'adversaire, le normalien agrégé sait utiliser l'argument d'autorité.

Cette apogée de l'intellectuel ne se mesure dès lors pas vraiment à la qualité des échanges, même si c'est à une intellectuelle qu'on doit quand même l'essai le plus influent de tout le siècle, ce qui n'est pas rien (on aura sans doute reconnu *Le Deuxième Sexe,* 1949), mais à l'importance toute particulière que la société accorda à des mises au point théoriques qui, en d'autres temps, seraient passées à ses yeux inaperçues (*L'existentialisme est un humanisme,* conférence d'octobre 1945, le mois où sort le premier numéro des *Temps modernes*) et à des fictions engagées, qu'elles fussent romanesques, ce qui n'est pas nouveau, ou théâtrales, ce qui l'est. *La Peste* commence en 1947 sa carrière de best-seller et le public de 1949, comme la critique, établit des relations entre *Les Mains sales* et *Les Justes.* L'un des signes de clôture de la période tiendra, *a contrario,* dans la sortie, en 1954, avec *Les Mandarins,* de Simone de Beauvoir, non d'un roman engagé de plus mais du roman type de l'engagement, petite Comédie humaine où les aventures de la dialectique suffisent à constituer une intrigue dont les héros, au lieu d'être nés révolutionnaires chinois ou bourgeois du Bordelais, sont des journalistes, des essayistes, des profs. En lui accordant son prix cette année-là, l'académie Goncourt mettait symboliquement fin à une époque où les combats anticonformistes avaient peu à peu tourné aux luttes de clans.

AGRESSIONS

C'est bien entendu ici qu'on retrouve l'hégémonie marxiste, présence obsédante aussi bien chez un ancien militant du parti (au temps du Front populaire) comme Camus que chez de simples (ou compliqués) compagnons de route, comme Sartre et Merleau-Ponty, qui présentent de surcroît la particularité de croiser leurs compagnonnages, le second se détachant du parti quand le premier, tardivement (1951, justement), y entrait – d'où une autre

142

scène de rupture, entre Merleau et Sartre celle-là, plus feutrée : les enjeux n'étaient pas les mêmes. Cette hégémonie durcit certainement le face-à-face Camus-Sartre ; on ne doit pas oublier qu'elle permet aussi de donner une ampleur exceptionnelle, quasi cosmique, à la moindre polémique parisienne, dans la mesure où se profile derrière elle un arrière-plan bien propre à obliger les uns et les autres à monter le ton : la bipolarisation agressive Est-Ouest, qui place sans barguigner la politique française dans le camp atlantiste – et l'intellectuel, défini par Sartre comme nécessairement « irrécupérable », dans le rôle, ambigu, de contestateur permanent.

Dès lors, la question d'une éventuelle culture de Guerre froide ne se posera pas dans les termes simplistes d'une détermination généralisée par la Guerre froide, mais dans l'art et la manière dont les activités culturelles se sont trouvées gauchies par la conjoncture internationale. Au reste ceux qui, en sens inverse, douteraient d'un tel gauchissement n'auront, pour s'en convaincre, qu'à consulter les annales.

Dira-t-on que du moins la création scientifique échappait à ce type d'influence ? Il suffira de rappeler l'affaire Lyssenko, d'essence soviétique mais dont les ondes de choc aboutiront en 1950 à la mise à l'écart, au sein du PCF, de Marcel Prenant, dirigeant FTP connu mais aussi biologiste réluctant devant la thèse de l'hérédité des caractères acquis. A quoi répondra, en quelque sorte, l'affaire Joliot-Curie, véritable héros scientifique vivant (*La Bataille de l'eau lourde* avait même fait l'objet d'un film à succès, trois ans plus tôt), relevé, au mois d'avril de cette même année, de ses fonctions de haut-commissaire à l'énergie atomique pour avoir proclamé lors d'un congrès du PCF qu'il ne mettrait jamais sa science au service de la guerre, et précisément d'une guerre contre l'URSS.

Création artistique savante ? Voici que, dénoncés par Jdanov puis par les jdanoviens français comme expression d'une culture élitiste et d'ailleurs décadente, les tenants du sérialisme ou de l'abstraction seront sommés de choisir leur camp, et même si certains d'entre eux, au prix d'une sorte de dédoublement, continueront d'adhérer au Parti – à commencer par le peintre Herbin –, tous feront symétriquement l'objet d'une campagne de « récupération » dans les rangs atlantistes de la part des Congrès pour la défense de la culture (1952 : manifestations de *L'Œuvre du XXᵉ siècle*).

Culture artistique populaire ? Il suffit de se reporter à la production courante de la bande dessinée d'école belge ou du roman d'espionnage façon Jean Bruce, pour se convaincre de l'extrême sensibilité à la conjoncture des productions de l'époque. On n'en veut pour dernière preuve que la récapitulation des plus grands succès de librairie en France depuis la fin de la guerre, telle qu'elle parut dans *L'Express* du 16 avril 1955 : les cinq premiers titres comprenaient, outre en deuxième et cinquième positions deux ouvrages sur la guerre elle-même, trois livres clairement rattachables à notre propos : *Le Petit Monde de Don Camillo*, premier de la liste (ce succès prodigieux assit la prospérité des éditions du Seuil), *J'ai choisi la liberté*, de Victor A. Kravchenko, troisième, et *Le Zéro et l'infini*, d'Alfred Koestler, quatrième.

Si à la date où parut ce palmarès, on peut dire qu'en fait les enjeux culturels des contemporains étaient en train de basculer et la séquence sur le point de se clore, les deux dernières œuvres citées permettent de préciser la date d'entrée de la culture française en état de guerre froide avancée. Comme les relations internationales dans leur ensemble, elle est situable entre 1945, année de la publication en français du premier de ces deux titres, et 1947, celle de sortie en France du livre de Kravchenko, dont les deux camps allaient précisément faire un objet de débat en place publique. Ici aussi, la seconde date est plus importante que la première en ce qu'elle vit l'institutionnalisation d'une rupture latente. Pour ne citer que cet exemple, c'est bel et bien en 1947 qu'entrèrent définitivement dans la crise qui aurait raison de leur dynamisme œcuménique toutes les associations culturelles frontistes nées de la Résistance, du CNE à Peuple et Culture. C'est aussi cette année-là que parurent deux ouvrages – à commencer par deux titres – représentatifs : *Humanisme*

144

et terreur, de Merleau-Ponty, déjà cité, texte de « compagnon de route » philosophique, et *Une littérature de fossoyeurs,* pamphlet jdanovien de Roger Garaudy. Autrement dit, deux symboles de la double caractéristique de la période : que ce fut, au plus haut point, une culture de l'engagement et une culture de guerre.

Tous engagés

Le terme en lui-même, contrairement à ce que nous disent les dictionnaires, est déjà en usage au sein de l'intelligentsia des années 30 ; c'est cependant, sans conteste, l'après-guerre qui le théorise et qui le popularise comme tout à la fois une nécessité, une logique, un honneur. Nécessité : la guerre mondiale aurait décidément discrédité les tours d'ivoire, et Gide lui-même fit paraître en 1950 un recueil de textes d'avant-guerre destiné à rappeler, non sans ironie, qu'il avait été lui aussi, et bien avant d'autres, un symbole de la *Littérature engagée.* Logique : chez un Sartre, l'argument (l'intellectuel se définirait précisément par sa « sécularisation ») est poussé jusqu'à une conception héroïque qui exclut *a priori* l'hypothèse d'intellectuels de droite ou simplement conformistes. L'engagé ne peut dès lors être que l'empêcheur de penser en rond. Quant à l'honneur, il est directement mis en jeu contre toutes les prudences et toutes les indifférences, également criminelles. Au total, et bien qu'il arpège sur un thème familier à l'histoire française, si le discours de l'engagement atteint dans cet immédiat après-guerre une exceptionnelle densité, cela tient sans doute beaucoup à la gravité du pacte implicite sanctionné par la double mort des « martyrs » (Jacques Decour, Georges Politzer, Jean Cavailles...) et des « traîtres » (Robert Brasillach, Pierre Drieu La Rochelle...).

De cet état de fait portent témoignage, *a contrario,* trois cas de figure : l'équivoque de la droite « hussarde » ; l'échec global des tentatives de Troisième Voie intellectuelle ; la fragilité croissante de la position originale d'Albert Camus.

Ceux que le jeune Bernard Frank a baptisé « Hussards »

145

au début des années 50, dans les colonnes des *Temps modernes*, représentent un type achevé d'école, créatrice ou colonisatrice de milieux d'expression et de pouvoir culturels, depuis les *Cahiers* (1944) et les éditions de la Table ronde (patronnées par François Mauriac et Thierry Maulnier) jusqu'à la fondation, en 1953, du mensuel *La Parisienne*, dirigé par Jacques Laurent. Affirmant ne se réclamer que de la littérature, ces jeunes « dégagés » construisent en fait leur image, bon gré mal gré, sur leur opposition à l'intelligentsia de gauche. Au reste, Jacques Laurent se fait d'abord connaître par un pamphlet mettant en parallèle *Paul* (Bourget) et *Jean-Paul* (Sartre), et la revue *La Parisienne* a tous les airs d'un anti-*Temps modernes*. Surtout, les choix politiques des Hussards les classent d'emblée non en dehors de l'échiquier politique mais à une place tout à fait claire, l'extrême droite. Réhabilités par eux pour leur œuvre, un Morand, un Chardonne, un Fraigneau sont aussi des noms illustres des listes noires du Comité national des écrivains; Jacques Laurent, Michel Mohrt ont fait leurs premières armes à *L'Action française* ou à Vichy, Antoine Blondin collabore à *Rivarol,* etc. La suite des événements, c'est-à-dire la guerre d'Algérie, prouvera qu'en effet ces non-conformistes de droite étaient tout à fait prêts à écrire, au besoin, une littérature on ne peut plus « engagée ».

Le cas des intellectuels qui, sur des positions toujours ancrées à gauche, tentèrent de refuser pour autant le simple ralliement au communisme est tout aussi éclairant. Leur rêve ira jusqu'à la constitution d'un vrai parti, le RDR (Rassemblement démocratique révolutionnaire), en février 1948, auquel il manquera tout à la fois des adhérents, malgré le patronage conjoint de Sartre et d'Emmanuel Mounier, et, sur le fond, une réelle unité idéologique. Encore quelque temps et l'on retrouvera Sartre proclamant sa confiance dans Moscou et l'ancien trotskyste David Rousset, entraîné dans une violente polémique avec *Les Lettres françaises* sur les camps soviétiques, rejoindre le gaullisme, ce qui, d'ailleurs, compte tenu de l'hégémonie intellectuelle ambiante, le discréditera durablement. On pourrait rattacher au même drame le destin d'organes de presse comme *Combat* ou, dans une veine plus populaire, *Franc-Tireur*, condamnés au déclin ou à la dévalorisation.

Le refus de se laisser entraîner dans la logique de Guerre froide fait pour beaucoup de contemporains l'intérêt de la démarche de Camus, dont les rares prises de position nettes échappent à la règle (condamnation de Franco, soutien à des syndicalistes révolutionnaires). Mais il est clair aussi qu'après son départ de *Combat*, la polémique de *L'Homme révolté* fait pâlir son étoile auprès de nombre de ses lecteurs. La mort prématurée de Mounier, en 1950, isole Camus au sein d'un centre hypothétique qui, dans l'immédiat, se traduit surtout, aux yeux des contemporains, par une aphasie politique croissante.

Le dernier trait de cette culture de l'engagement en est en effet sa radicalité. Celle-ci se perçoit nettement à droite, où plusieurs auteurs prouvent que le « théâtre à thèse » n'est pas une exclusivité de gauche (Gabriel Marcel, Thierry Maulnier, Jean Anouilh), où des organes de combat intellectuel pugnaces comme *Liberté de l'esprit* (directeur : Claude Mauriac) ou *Preuves* cristallisent quelque temps une intelligentsia gaulliste ou libérale, dominée dans les deux cas – plus clairement dans le second – par Raymond Aron. Mais c'est surtout au sein de l'engagement culturel pro-communiste que se distinguent le mieux les deux traits de la tendance : volonté de toucher progressivement tous les domaines de la création, intellectuelle et artistique, et dogmatisme croissant. A cet égard, la décennie s'étend entre l'adhésion au parti de Picasso et l'affaire du « portrait de Staline », dessiné par celui-là à la mort de celui-ci et solennellement condamné par ledit parti comme insuffisamment respectueux des caractères iconiques établis en la matière.

L'orthodoxie d'inspiration soviétique finit en effet par toucher les secteurs les plus divers : la médiation journalistique, bien sûr (y compris la presse sportive – *Miroir Sprint* – ou enfantine – *Vaillant*), mais aussi la médiation artistique (voir le destin du couple Montand-Signoret), la création scientifique avec, au-delà du lyssenkisme, la définition d'une « science prolétarienne » opposée à une

« science bourgeoise » (conseiller politique : Laurent Casanova ; propagandiste : Jean Kanapa ; théoricien : Jean Toussaint Desanti), enfin et surtout la création artistique, dominée par la référence obligée au « réalisme socialiste ». Notons au passage que ce dernier vocable, forgé à usage interne par les staliniens au début des années 30, ne fut imposé par Jdanov comme critère esthétique obligatoire hors des frontières de l'URSS qu'à partir de la rupture de 1947.

De cette conjoncture sortiront un certain nombre d'affirmations solennelles vécues par le camp communiste comme autant de coups de boutoir portés à l'obscurantisme : « Staline, savant d'un type nouveau » (décembre 1949), « Jdanov s'y connaît-il en musique ? » [réponse : oui] (décembre 1950), etc. En sortiront surtout plusieurs personnalités à jamais marquées par ce choix (Pierre Courtade, Louis Daquin, André Fougeron, André Stil...), là où des œuvres ayant acquis par ailleurs leur singularité ne concéderont qu'un gauchissement anecdotique (Picasso), *in extremis* (Paul Éluard) ou provisoire (Roger Vailland). Dominant le tout, Louis Aragon payera d'une ductilité éthique sans équivalent dans son propre parti la fonction d'intellectuel organique que celui-ci lui a définitivement reconnue.

La guerre

A tous ces choix extrémisés, une grande explication : après tout, il s'agit bien d'une guerre. On le perçoit déjà à la sémantique du discours des deux camps, qui emprunte fréquemment des métaphores belliqueuses et des références précises au conflit récent. Sur le plan culturel aussi, la Guerre froide apparaît comme la poursuite de la Seconde Guerre mondiale par d'autres moyens. Manichéen et militarisé, le vocabulaire de la polémique résonne de « batailles du livre » (initiative d'Elsa Triolet, 1950-1953) ou de la poésie, d' « artiste à son créneau », consignes officielles aussi familières à l'intellectuel communiste que lui sont, dans le langage et dans le raisonnement, le procès de « trahison » à l'égard de l'adversaire (Paul Nizan, chez Henri Lefebvre et Louis Aragon, Tito chez Renaud de Jouvenel ou Dominique Desanti), l'équivalence établie entre CRS et gestapistes (André Stil, *Le Premier Choc*), ou entre l'occupation allemande et la présence américaine sur le sol français (« Cette fois-ci les occupants étaient là avant la guerre », Elsa Triolet, *Le Cheval roux*). Même si le ton des anticommunistes reste dans l'ensemble moins systématique, la conviction est, dans les deux camps, profondément enracinée que le fasciste, c'est l'autre. La proximité physique de la guerre et surtout de la Résistance, de son martyre et des camps d'extermination, porte les deux camps à exciper de leurs antécédents héroïques, et tout un pan de la culture de cette époque serait aujourd'hui incompréhensible sans la prise en considération des solidarités nouées dans la lutte commune contre le nazi. Une partie du compagnonnage de route avec le PC ne s'explique pas autrement.

Cette proximité en amont justifie à son tour la conviction symétrique qu'une Troisième Guerre mondiale est proche, à tout le moins fort probable. Cette hypothèse, qui anime à l'époque les discours et les comportements de tant d'hommes politiques, en tête desquels le général de Gaulle, colore sensiblement les mentalités courantes, ainsi qu'en témoignent sur le coup les sondages d'opinion (guerre mondiale probable : 41 p. cent des personnes interrogées, IFOP, octobre 1948) ou *a posteriori* un film comme *Avant le déluge* (André Cayatte, 1954). La société culturelle française sera d'autant plus sensible à ce thème que le conflit d'Indochine sera passé en cours de route du type de la guerre coloniale à celui de la guerre froide. L'« affaire Henri Martin » (1950-1953) est ainsi de celles qui, en suscitant la prise de position de Sartre aussi bien que de Prévert, de chrétiens de gauche aussi bien que de communistes orthodoxes, illustrent clairement l'efficacité du propos : on ne s'étonne plus, dès lors, que la plus grande réussite de la propagande de guerre froide ait été la campagne communiste en faveur de la paix, où la France joue d'ailleurs un rôle considérable, du Congrès international des intellectuels de Wroclaw à la création à Paris du Mouvement mondial des partisans de la paix, pour lequel Picasso dessine la « colombe de la paix ».

149

La tonalité belliqueuse des rapports culturels se mesure aussi à la tendance très nette à la bipolarisation qui caractérise ceux-ci. Si l'échec du RDR est celui d'une certaine conception de la troisième voie, le cheminement obscur, à l'époque, du petit groupe Socialisme ou barbarie (Cornelius Castoriadis, Claude Lefort) montre qu'il est tout aussi difficile d'affirmer une position originale au sein de l'un des deux camps, en l'occurrence ici celui du marxisme-léninisme. Toute la logique de l'époque conduit en fait à la constitution ou au renforcement d'associations et d'institutions de stricte lutte bipolaire. A cet égard, le meilleur exemple est celui de Paix et liberté, dont le simple intitulé est déjà en soi une réponse aux campagnes communistes. Officine de propagande créée au plus fort de la guerre de Corée (automne 1950), Paix et liberté est aussi un cas limite d'organisation officieuse puisque, suscitée directement par le gouvernement français, elle bénéficiera pendant quelque temps d'une tribune radiophonique régulière sur les ondes de la radio d'État. Exemplaire de toute une catégorie d'organismes et d'organes du même type, elle est aussi là pour rappeler qu'une culture politique ne fonctionne pas seulement avec quelques grandes figures de la création mais aussi tout un monde plus discret de médiateurs et de militants qui alimentent activement les argumentaires affrontés.

Une telle conjoncture encourage assurément la composition de figures culturelles symétriques, conscientes ou non. Ainsi, au niveau international, les Congrès pour la liberté de la culture, lancés significativement à Berlin-Ouest en 1950, entendent-ils tout à la fois répondre à Wroclaw et reprendre à leur propre compte l'héritage antifasciste des années 30. Ainsi, au niveau français, *Le Figaro littéraire* prend-il bientôt le rôle d'antagoniste des *Lettres françaises,* passées intégralement sous contrôle communiste après le remplacement de Loÿs Masson, en janvier 1948, par Pierre Daix, et *La Nouvelle Critique,* créée en décembre 1948 dans une perspective strictement jdanovienne, inspire-t-elle les réponses de *Liberté de l'esprit,* à partir de février 1949, et de *Preuves,* à partir de 1950.

Si donc il ne s'agira jamais que d'une guerre jouée, le jeu en question n'en reste pas moins violent. Il peut parfois déboucher sur de réels affrontements physiques, quoique ponctuels, ainsi lors de la représentation interdite du *Colonel Foster plaidera coupable*. Du coup, de vives échauffourées comme celles qui marquèrent, le 28 mai 1952, l'arrivée en France de « Ridgway-la-peste » sont-elles érigées dans la littérature du Parti au rang de véritable épopée (cf. *L'Homme communiste II* d'Aragon, 1953). Par compensation, l'agressivité du ton est, de part et d'autre, portée à un degré rarement atteint.

La culture de guerre froide culmine ainsi dans une série de duels idéologiques à proprement parler mis en scène par les deux camps, avec une nette supériorité technique au camp communiste. On a déjà évoqué le procès qui opposa, de 1949 à 1951, les deux anciens déportés David Rousset et Pierre Daix sur l'existence et la nature des camps soviétiques. A plus d'un titre, il ne faisait que prolonger le grand procès prototypique de la guerre froide, l'affaire Kravchenko, qui, après environ deux années de polémiques de presse, aboutit à un procès en bonne et due forme devant la justice française, de janvier à avril 1949. On en retiendra moins le verdict, qui donna raison à l'ancien haut fonctionnaire soviétique, accusé de forgerie, que l'écho donné à l'affaire, le choix de la France comme champ clos (alors que l'ouvrage était d'abord paru, en 1946, aux États-Unis), enfin et peut-être surtout l'efficacité de la défense communiste en la circonstance, qui réussit à noyer le témoignage de Kravchenko sous l'avalanche des respectabilités variées appelées par elle à la rescousse.

Il ne faudrait pas pour autant transformer cette domination marxiste en exclusivité. En dehors même d'une pensée libérale, peu entendue, sauf à la fin de la période (c'est toute la différence entre l'accueil fait en 1949 à la *Sociologie du communisme,* de Jules Monnerot, et, six ans plus tard, à *L'Opium des intellectuels,* de Raymond Aron), on ne remarque pas assez que la période a été celle où s'est installée durablement, en plusieurs lieux stratégiques de la vie culturelle française, une famille d'effectifs modestes et de pensée incertaine, mais clairement repérable, que je qualifierai de « spiritualiste ». Il suffit de mettre à plat le réseau qui a circulé dans ces années-là autour de la revue *Esprit*, définitivement émancipée à partir du schisme titiste (1948) de toute domination communiste, du journal *Le Monde*, définitivement émancipé, après la crise de l'été 1951, de toute dépendance à l'égard de la droite classique, des Éditions du Seuil (Paul Flamand, Jean Bardet) ou de la jeune Fondation nationale des sciences politiques, pour montrer le poids de ce groupe sur la vie culturelle française, bien au-delà du cercle, très circonscrit, du Centre catholique des intellectuels français (1945).

C'est en effet l'une des manifestations les moins contestables d'une hégémonie intellectuelle que de réussir à imposer son image, même rétrospective, au détriment des autres. Et, au fond, c'est bien sur un critère propre à la culture communiste qu'on doit se fonder pour dater internationalement la « sortie de guerre froide » de la culture française : de cette année 1956 qui voit la brèche ouverte par le XXᵉ congrès du PC soviétique s'élargir soudain de la crise hongroise.

Mais pour que changement de tonalité idéologique il y eût, il fallait aussi qu'un facteur positif vînt cristalliser à son tour les énergies. La génération de 1945 avait cru le trouver dans l'antifascisme, bientôt tiré à hue et à dia par les vainqueurs affrontés, la génération suivante, qui derrière Budapest voyait aussi Suez, pensa de même politiquement en termes de décolonisation. La culture, une fois encore, trompa son monde.

6

L'âge de la Croissance

On aurait étonné, voire scandalisé, les contemporains
de la crise de Suez ou de la bataille d'Alger en leur
disant qu'au contraire de leurs prédécesseurs ils ne
vivaient plus un temps de guerre. Ce fut en effet la
modalité française de l'histoire de cette période que de
placer au-dessus de la politique de ce pays le grand
spectre de la guerre coloniale, qui entraîna rien de
moins qu'un décisif changement de régime. Il y a bel
et bien une génération politique de la guerre d'Algérie,
et certains réseaux, encore solides trente ans après, de
la vie intellectuelle française seraient incompréhen-
sibles sans la considération de cette épreuve qui, au
contraire de l'indochinoise, toucha la jeunesse au plus
charnel. La solidarité éthique de l'équipe originelle du
Nouvel Observateur (1964) en est, par exemple, directement issue. Phénomène en quelque sorte symétrique
de celui du compagnonnage de route, l'engagement à
gauche de chrétiens en nombre désormais significatif
en sera l'un des effets les plus spectaculaires. Mais au
contraire de la période précédente, la une n'est plus en
harmonie avec les rubriques. En termes culturels rien
ne fait de cette période celle d'une crise de fracture,
l'une de ces crises où une nette bipolarisation idéologique rythme et structure les formes du débat. La
culture de la décennie 55-65 n'est pas exempte de cas-
sures profondes et durables, mais toutes ont le même
air : l'air moderne.

Pourtant, la culture française est entrée dans la modernisation à reculons, contrainte et forcée par la progression continue des indices de la production et de la consommation, qui détermina un net changement du mode de vie de la grande majorité des habitants, phénomène sans précédent par son ampleur dans les régions rurales, et par l'inclusion nécessaire de l'économie française dans un processus d'internationalisation dont la guerre d'Algérie et le discours gaullien masquèrent l'ampleur et camouflèrent les enjeux. Mais peu importe : on aura compris qu'ici tout est question de style.

La nouvelle vogue

De ce recul et de ce style témoigne assez bien l'ambivalence des sentiments qui accompagnèrent la mise en place, tardive et pour cela bousculée, de la nouvelle politique française de l'habitat. Des photographes issus du Groupe des Quinze (Cartier-Bresson, Robert Doisneau, Willy Ronis...) au Jacques Tati de *Mon oncle* (1958) et de *Playtime* (1966), l'époque commença de voir fleurir ces considérations critiques sur la « qualité de vie » qui serait en train de disparaître sous les coups d'une modernité inhumaine. Mais, dans la mesure où elles sont vécues sur le seul mode de la nostalgie, elles ne paraissent nullement représentatives, voire nullement contradictoires d'une époque qui construit, à la fin des années 50, dix fois plus de logements neufs qu'à la fin des années 40 et se félicite de disposer désormais des moyens techniques (matières plastiques), économiques (industrialisation de la construction) et politiques (planification urbaine) de ses ambitions.

On peut voir comme une indication décisive des choix français dans le fait que la période de plus vigoureuse construction d'habitat se soit ouverte, en 1955, sur la mise en faillite de l'entreprise novatrice de Jean Prouvé, qui n'avait eu que le tort de miser sur la légèreté de l'aluminium et de la tôle d'acier, alors que le centralisme de la décision politique et les options industrielles de l'après-guerre débouchaient sur la forme du « grand ensemble » (le mot entre dans le *Petit Larousse* en 1963) en béton par tours et barres. On notera cependant aussi que l'extrapolation des programmes assouplit peu à peu les rigidités du « style HLM ». Ainsi l'Établissement public d'aménagement de La Défense (EPAD), institué en septembre 1958 par le nouveau gouvernement d'une France nouvelle, après avoir envisagé des solutions encore classiques de circulation, va-t-il finalement opter pour la solution corbuséenne sur trois niveaux. Ainsi l'administration française, vingt ans après le Royaume-Uni, finit-elle par raisonner en termes de « villes nouvelles ». Ainsi l'architecture des barres et tours se baroquise-t-elle au contact des loisirs industrialisés.

Finalement, il en sera de l'urbanisation des années 50 comme de tout ce que la culture nationale entreprendra à cette époque, sous l'empire de la nécessité : un systématisme déclaré recouvrira une infinie prudence, suivant en cela le principe défini par un personnage de Cocteau : « Puisque ces mystères nous échappent, feignons d'en être les organisateurs. » Contrainte au changement, la société culturelle, aidée en cela par la société politique, organisera la société d'abondance. Témoin son comportement en face d'un acteur nouveau, ou plutôt jusque-là méconnu : la jeunesse.

Quand la décennie reçut de plein fouet la vague du baby-boom, on ne peut pas dire qu'elle en fut surprise, si l'on veut bien considérer que la littérature de référence sur *La Nouvelle Vague* (Françoise Giroud, 1959) ou *La Montée des jeunes* (Alfred Sauvy, 1959) date d'un temps où les classes d'âge en question en étaient encore à la préadolescence. On peut dire, en revanche, qu'elle en fut d'emblée inquiète, la tonalité dominante oscillant entre l'incompréhension (Marcel Carné, *Les Tricheurs*, 1958), la sollicitude anxieuse (Émile Copfermann, *La Génération des blousons noirs*, 1962), le constat amer (Bertrand Blier, *Hitler, connais pas,* 1963). Par rapport à des cas analogues dans les générations précédentes, à commencer par la dernière en date, dominée par le programme d'ordre moral de la loi de 1949, la vraie nouveauté tenait dans le rapport de forces sans précédent que la démographie, combinée à l'évolution technique et économique, instaurait en faveur des jeunes.

Les hommes politiques d'esprit moderniste en prirent rapidement conscience, comme le prouve la renaissance, à partir de 1954, de la notion, remisée depuis près de dix ans, de « politique de la jeunesse ». Après une tentative éphémère sous Pierre Mendès France, elle allait avoir droit en 1955, sous Edgar Faure, à une première ébauche de coordination interministérielle, avant de se retrouver sous de Gaulle confiée à un département autonome (1958) puis indépendant (1963). Ce sera la belle époque des maisons des jeunes et de la culture (un millier vers 1966), l'apogée de l'idéologie de l' « éducation populaire », qui parut avoir enfin surmonté les obstacles liés à la querelle cléricale et à la Guerre froide. Les causes de la crise à venir sont pourtant déjà en place, perceptibles dans le décalage existant entre le projet progressiste de Peuple et Culture ou des MJC et le propos des pouvoirs publics, bien résumé dans le discours d'Edgar Faure annonçant la création de son Haut Comité à la jeunesse, qui mettait sur le même plan trois signes supposés du « désarroi » de la jeunesse : « difficultés familiales de plus en plus fréquentes, faits divers de la délinquance juvénile, engouement de certains pour une philosophie de l'absurde, pour une littérature du désespoir ».

Loin de cet *a priori* moralisateur, de nouveaux médias vont construire leur fortune sur ce nouveau public ou du moins sur son image. Inaugurée le 1er janvier 1955, la nouvelle station Europe 1 accueille à partir d'octobre 1959 l'émission *Salut les copains!* de Daniel Filipacchi et Frank Ténot, deux amoureux du jazz qui ont saisi au vol le changement des mœurs. Les premiers fauteuils cassés à l'Olympia l'avaient été pour un concert de Sidney Bechet mais dès 1954 l'exemple de Gilbert Bécaud montrait la voie de variétés « blanches » associant un rythme « déchaîné » à une thématique sentimentale classique; deux ans plus tard, les premiers disques d'Elvis Presley entraient en France.

Le succès du rock'n roll se construisit évidemment sur le baby-boom, et se trouva « amplifié », juste au moment qu'il fallut, par le nouveau couple technique microsillon (45 tours) – tourne-disque (Teppaz), plus d'ailleurs que par l'effet direct des tournées (Paul Anka à l'Olympia en 1959). Mais sa victoire devint écrasante dès lors qu'elle déboucha, au début des années 60, sur une version francisée et encore plus assagie de l'héritage musical négro-américain, le yé-yé. Communément méprisé par la critique, condamné par les médias de grande diffusion, le style yé-yé (on ne lui concéda jamais à l'époque que d'être une « mode yé-yé ») est plébiscité par un public qui lance Johnny Halliday (1959), Les Chaussettes noires (1960), Sylvie Vartan (1961), Françoise Hardy (1962) et achève de se prouver à soi-même et aux autres sa force et sa cohésion en communiant dans de grandes célébrations vibrantes dont le sommet sera le concert du 22 juin 1963, place de la Nation (Halliday, Vartan, Richard Anthony, Les Chats sauvages : cent mille participants).

Cette dernière manifestation, véritable baptême collectif de toute une classe d'âge, a été organisée par l'équipe de *Salut les copains!* qui vient de se donner une surface supérieure en lançant un mensuel homonyme, lui-même titre pilote de toute une famille. Au-delà de l'opération commerciale (« Vous êtes jeunes, écoutez Johnny Hallyday, vous voulez rester jeunes, écoutez Johnny Halliday » : pochette du deuxième 45 tours), cette création signifie que ledit public ne se reconnaît pas dans la presse (les médias, la culture) qui lui est offerte.

Désormais la jeunesse, malgré ses contours toujours flous et par définition changeants, est aisément repérable comme agent (un peu) et enjeu (beaucoup) des relations interculturelles. Ses goûts ne la portent pas nécessairement vers des formes supposément abâtardies, comme le prouve, pour ne citer que cet exemple, l'exceptionnelle fortune posthume de Boris Vian. Disparu en 1959 sous les apparences d'un dilettante et d'un amuseur, il ressurgit sous celles d'un grand porte-parole de la fantaisie, de l'insolence et de la sentimentalité adolescentes. Le groupe germanopratin soutient ses intérêts à bout de bras, mais il est clair que c'est toute une génération qui, par le bouche à oreille, hors des réseaux de légitimation établis, transforme cette exhumation en apothéose. Si l'on veut bien prendre la peine d'une chronologie fine, le ressurgissement peut être exactement daté de la séquence 1963 (*L'Écume des jours* en collection 10/18)-1965 (reprise du *Goûter des généraux*). Le reste était affaire de qualité personnelle : la morale hédoniste de Vian était celle que désiraient entendre les Enfants de la Croissance, séduits par son usage sans affectation des moyens modernes d'expression (langue ouverte à la parlure, langue chantée, langue cabaretière, langue jazzée...).

Au reste, deux autres piliers du style germanopratin entrent en revanche en crise dans le même temps, et pour les mêmes raisons qui font le succès de Vian : le jazz et la chanson rive gauche. Les boîtes du premier, les cabarets de la seconde ferment leurs portes. Supposément écrasés par la Nouvelle Vague, en réalité ramenés, après quelques années d'un gonflement ambigu de leur public, à leur condition initiale de répertoire élitiste. L'histoire des cultures écrit droit avec des lignes courbes : l'art le plus conformiste n'était pas nécessairement le moins « libérateur ». Façon Johnny ou façon Boris, la culture jeune en était encore à rêver de la jouissance plutôt qu'à proclamer, comme le fera la suivante, « jouissez sans entrave »; du moins avait-elle désormais, par son nombre et la force de l'entraînement, le moyen de faire entendre son désir.

Civilisation des loisirs

Ainsi, alors même que ladite culture maintient, voire exagère, dans ce premier temps, le dimorphisme sexuel – et d'ailleurs *Salut les copains!* suscite son *Mademoiselle Age tendre* –, les nouveaux objets et les nouvelles pratiques culturelles qu'elle suscite mettent en place les conditions du bouleversement à venir des rapports entre les sexes. En témoigne le nouvel avatar de la « femme émancipée » propre à cette génération, qui, cette fois-ci, sera le bon. On a, dès cette époque, mis en lumière l'importance du mythe « B.B. », et l'on n'a pas eu tort, dans la mesure où

158

sa courbe correspond exactement à celle de la période, mais, avec le recul, il apparaît nécessaire de lui associer celui de son équivalent « intellectuel », Jeanne Moreau, qui plaide comme elle pour un désir, principalement amoureux, libéré de ses entraves traditionnelles. Leurs deux carrières présentent d'ailleurs bien des traits communs :

1956 Brigitte Bardot dans *Et Dieu créa la femme,* de Roger Vadim

1959 Jeanne Moreau dans *Les Amants,* de Louis Malle

1960 Jeanne Moreau dans *Les Liaisons dangereuses,* de Roger Vadim

1961 Jeanne Moreau dans *Jules et Jim,* de François Truffaut

1963 Brigitte Bardot dans *Le Mépris,* de Jean-Luc Godard

1964 Jeanne Moreau, grand prix du Disque

1965 Brigitte Bardot et Jeanne Moreau dans *Viva Maria,* de Louis Malle

1er janvier 1968 Émission à scandale de B.B. et Serge Gainsbourg à la télévision.

Ce n'est pas par hasard si la petite bombe sensuelle du film de Vadim explose à Saint-Tropez : la France de la croissance reprend goût à un hédonisme populaire du « congé payé » que les deux ou trois années de l'immédiat avant-guerre, suivies par une décennie de drames et de vaches maigres, n'avaient pu enraciner durablement ailleurs que dans les nostalgies. Elle chante avec Charles Trénet les charmes de la *Nationale 7,* tout en se lamentant du retard de son plan autoroutier ; sa Nouvelle Vague cinématographique peint les nonchalances estivales d'*Adieu Philippine* (Jacques Rozier, 1962), son cinéma commercial fait fête à son *Gendarme à Saint-Tropez* (Jean Girault, 1965). Des entrepreneurs hors normes (Gilbert Trigano, André Essel, Max Théret), issus de traditions de gauche, opèrent sur le terrain (« le Club », la FNAC) la synthèse entre pratique et théorie de ce que l'on commence à appeler *La Civilisation des loisirs* (titre d'un ouvrage de Joffre Dumazedier, 1962).

159

Le tourisme devient un enjeu économique de première grandeur pour la politique d'aménagement planifié des pouvoirs publics (littoral Languedoc-Roussillon) et, par voie de conséquence, le lieu d'une transposition, plus ou moins ludique, des pratiques architecturales et urbanistiques des grands ensembles et des villes nouvelles, comme en témoignent ici La Grande-Motte, là La Plagne des tours et barres de Michel Bezançon.

Dans leurs principes, de telles opérations suscitent peu de contestations, et si des voix commencent à s'élever contre le conformisme du « Club » ou le bétonnage des vacances, elles apparaissent alors comme l'expression d'un individualisme et d'un élitisme dépassés, plutôt que l'annonce d'une contestation de cette même jeunesse au nom de laquelle la France de la Caravelle puis du Concorde se projette dans l'avenir.

Philosophie de la Croissance

La poursuite du mouvement scientifique et technique dans une perspective, cette fois, de « détente » ou « dégel » internationaux détermine ainsi une idéologie latente qui a tous les traits d'un nouveau scientisme. La France, à l'instar des pays industrialisés, se met à communier dans ce qui va demeurer la grande aventure mythologique de la période, la « conquête de l'espace », qui paraît, à partir de Spoutnik (1957) substituer la concurrence pacifique à la rivalité armée. L'heure est plus que jamais à la mathématisation, comme le proclament les colloques d'Amiens et de Caen, comme le met en pratique la réforme des études médicales, comme enfin, à la base, la société scolaire le traduit par le progressif renversement d'hégémonie au profit des sections scientifiques de l'école moyenne. L'époque cristallise son projet ultime en choyant les premiers pas d'une discipline nouvelle, mixte de science et de technique, la cybernétique, vouée à la maîtrise des processus de communication mais dont l'étymologie grecque (« science du gouvernement ») révèle suffisamment les ambitions, tout comme la collaboration de Von Neumann à l'édification d'une théorie économique par Oskar Morgenstern.

La modalité française de ce néoscientisme le fait interférer avec la crise où meurt le parlementarisme de la IVᵉ et naît un régime de renforcement de l'exécutif, dont les appels à l'unité et à la grandeur nationales prennent volontiers la forme d'un discours sur le « déclin des idéologies » et d'une pratique technocratique. A gauche, l'expérience affligée d'un pouvoir fragile (Pierre Mendès France) ou contradictoire (Guy Mollet) puis d'une opposition prolongée donne une audience sans cesse accrue à toute formule remettant en cause les deux idéologies établies (communisme et laïcisme). Les unes partent du léninisme pour s'en éloigner de plus en plus, en direction des sciences sociales, tel le groupe de la revue *Arguments* (Jean Duvignaud, Edgar Morin...); d'autres, issues du mendessisme, servent de référence à la « gauche hebdomadaire » (*L'Express* principalement jusqu'en 1964, *France-Observateur* puis *Le Nouvel Observateur*) et concluent à la nécessité de répudier l'« archaïsme » des discours traditionnels. L'époque est, selon l'expression de Jean Daniel, « après *Combat,* tribune et presque tribunal de Justes désenchantés », aux « pamphlétaires " efficaces " ». Ils ont nom Jean-François Revel ou Serge Mallet, s'interrogent sur *La Nouvelle Classe ouvrière* (Mallet), *Les Nouveaux Intellectuels* (Frédéric Bon, Michel-Antoine Burnier) ou l'utilité des philosophes (Revel, violemment repris sur ce point par Sartre).

Cela ne veut pas dire que tout le mouvement idéologique du temps converge vers un même éloge du pragmatisme et du réformisme. Bien au contraire, si l'on se rappelle que c'est aussi le moment où, à partir d'un terme (« tiers monde ») forgé par le démographe Alfred Sauvy en 1952 dans les colonnes de *France-Observateur,* s'épanouit un « tiers-mondisme » aux accents radicaux (1960 : fondation du mensuel *Jeune Afrique;* 1961 : Frantz Fanon, *Les Damnés de la terre,* préface de Sartre). Rien cependant ne permet de séparer ce phénomène de la tendance générale. Le tiers-mondisme apparaît clairement comme une modernité, la recherche d'une troisième voie révolutionnaire, à côté des troisièmes voies réformistes, et, bien qu'il soit souvent le moyen pour un certain spiritualisme de s'intégrer complètement à la gauche (hebdomadaire *Témoignage chrétien*), il n'est aucunement contradictoire avec une vision technocratique de l'évolution des sociétés en état de « sous-développement ».

L'actualité du débat colonial dans ce pays, jusqu'en 1962, continue cependant à maintenir en marge des modes intellectuelles la pensée proprement libérale d'un Raymond Aron, dont *L'Opium des intellectuels* (1955), s'il est lu, produit moins d'effet que les textes qu'il produit sur cette civilisation industrielle qui, à ses yeux, réunit dans un seul grand ensemble un Occident dilaté du Pacifique à l'Oural (*La Société industrielle et la guerre*, 1959, *Dix-huit leçons sur la société industrielle*, 1962, *Trois essais sur l'âge industriel*, 1966...).

Dans cette atmosphère productiviste où les observateurs les plus indépendants s'avouent cernés par *Les Choses* (Georges Perec, 1965), le vrai penseur français de la Croissance ne peut être ni Aron ni Sartre. Il existe cependant, il est fort productif et fort lu. Il ne lui manque que d'être reconnu comme tel par les autorités de légitimation, ce dont il sera toujours privé. Ce n'est pas une raison pour l'oublier à notre tour, sous le double prétexte que ses synthèses conviennent aux « Que sais-je ? » et que l'essentiel de sa philosophie est constitué avant 1955, entre *Le Grand Espoir du XXᵉ siècle* (1949) et *Machinisme et bien-être* (1951). On aura peut-être reconnu Jean Fourastié. Au reste, l'homme qui encadre la décennie par une *Histoire de demain* (1956) et des *Essais de morale prospective* (1966) ne cesse, très logiquement, de remettre sur le chantier ses textes sur *La Civilisation de 1960* (1947), devenus *de 1975* (1953), avant de passer à *1995* (en 1970), et à *2001* (en 1982). Technicienne, prospective, optimiste, la pensée fourastienne tend à l'homme de 1965 le miroir qui lui convient.

L'un des traits originaux de la période tient dans le fait que c'est au sein de l'Église catholique que l'ébranlement modernisateur a été le plus aisément perceptible. L'onde de choc de Vatican II (octobre 1962-décembre 1965) n'a pas cessé, trente ans après, de faire sentir ses effets mais ce serait céder à un aveuglement très orienté que de supposer que les signes de déclin, incontestables, qui, par-delà les péripéties, dominent les courbes de la sociologie religieuse sont attribuables au concile.

Qu'il s'agisse de la fréquentation religieuse ou des ordinations, les années 60 sont celles d'un effondrement, auquel les années 70 donneront un faux air d'annihilation. Pour se limiter au plus significatif, la pratique dominicale serait ainsi soudain passée de trente-quatre à vingt-quatre pour cent de la population française entre 1961 et 1966 (deux sondages IFOP/*La Vie*), alors qu'elle n'avait décliné que de trois points pendant les treize années précédentes et avant de se stabiliser aux alentours de treize pour cent au milieu des années 70. Mais on voit par là que, de même que la stabilisation ultérieure desdites courbes ne signifie nullement une « remontée », de même il suffit de se reporter à la période immédiatement antérieure, correspondant au pontificat de Pie XII, pour se convaincre que tous les signes d'un repli étaient en place. Vatican II, qui, entre bien d'autres significations, a les traits d'une prise du pouvoir par le corps épiscopal et d'une prise de parole par toute une intelligentsia catholique (clercs et laïcs) jusque-là très contrôlée, fonctionne beaucoup plus comme révélateur du déphasage culturel de l'institution, à un moment où ce qui s'« effondre » réellement, c'est cette France rurale qui continuait de constituer le principal vivier des vocations, sinon des pratiques.

La meilleure image de ce déphasage est donnée par l'importance que se mettent alors à acquérir quelques personnalités déjà disparues mais que l'ambiance nouvelle transforme en « précurseurs ». Parmi beaucoup d'autres, deux noms dominent respectivement la création artistique et la création intellectuelle. Celui du dominicain Marie-Alain Couturier, mort en 1954, celui du jésuite Pierre Teilhard de Chardin, qui présente la particularité d'avoir une œuvre essentiellement posthume, que les éditions du Seuil diffuseront avec succès à partir de 1955 (*Le Phénomène humain*, 1955; *L'Apparition de l'homme*, 1956; *Le Milieu divin*, 1957), donnant d'ailleurs ainsi à sa pensée, par la proximité de ces parutions, une force exceptionnelle, reconnue jusque par les artistes contemporains (André Jolivet, *Le Cœur de la matière*, 1965).

Le père Couturier, fondateur en 1937 de la revue *L'Art sacré*, a connu son chemin de Damas esthétique pendant la guerre, où une fréquentation assidue de l'art et des artistes modernes l'a définitivement convaincu de la nécessité de rompre l'association de fait entre art religieux et conservatisme formel. En 1950, il se sent assez fort pour présenter dans sa revue un manifeste moderniste, illustré par la participation d'une dizaine de grands contemporains (Braque, Chagall, Léger, Matisse...) à la décoration de l'église du plateau d'Assy : « Les génies sans foi sont encore préférables aux croyants dépourvus de talent. » Théologien et paléontologue à parts égales, Teilhard propose de son côté une audacieuse synthèse des données évolutionnistes et des hypothèses de la foi (non plus l'inverse), qui donne à l'homme une place centrale dans un processus de spiritualisation progressive, pour ne pas dire progressiste. Cette tentative pour baptiser la matière, si elle est loin de convaincre, même après Vatican II, la pensée officielle de l'Église, rencontre un écho certain dans une société de plus en plus nettement ralliée, dans sa pratique sinon dans sa théorie, à l'optimisme scientifique.

A ceux qui, venus de divers horizons, n'auraient plus, ou jamais eu, aucun lien avec la foi religieuse établie, d'autres idéologies totalisantes, moins subtiles peut-être mais plus accessibles au grand nombre, vont fleurir à la même époque et, malgré les différences qui les séparent, toutes auront en commun d'être des religions scientistes. C'est l'évidence pour l'idéologie la plus novatrice de la période, cristallisée par la publication, à grand fracas et succès foudroyant, du *Matin des magiciens* (1960), prolongée bientôt, devant le succès obtenu, par celle de la revue *Planète* (premier numéro, en octobre 1961, réimprimé six fois). Comme le disent assez et son nom et ceux de ses promoteurs (Jacques Bergier et Louis Pauwels, un vulgarisateur scientifique et un écrivain marqué par l'enseignement du « sage » Gurdjeff), l'idéologie de *Planète* est une science-fiction, qui propose une réponse simple aux grandes *Énigmes de l'univers,* pour reprendre le titre d'une collection à succès lancée vers la même époque par les éditions Robert Laffont (Francis Mazière, Robert Charroux). Une réponse tout à la fois non conformiste et positiviste, concrète et fantastique, articulée autour du mythe d'extraterrestres fondateurs et de la thèse d'une humanité mutante.

Il n'est pas question, parce qu'il n'est pas nécessaire, d'assimiler complètement l'un à l'autre le plus vieil ésotérisme et, par exemple, *Les Fantastiques recherches parapsychiques en URSS* (ouvrage de la collection Laffont); encore moins de dire que la cosmique pensée Teilhard est sœur de la « planétaire » pensée Bergier. Il suffit, pour ce propos, qu'au regard d'une société engagée dans un vaste et traumatisant processus d'accélération technoscientifique, elles soient, ô combien, contemporaines.

L'argument vaut, *a fortiori,* pour ces discours ambigus qui naissent alors sous les noms de prévision, de prospective (Gaston Berger, revue *Prospective,* 1957) et, un peu plus tard, de futurologie (Bertrand de Jouvenel, association Futuribles, 1960). La première plus près d'une technique, la seconde se posant comme science, la troisième comme science ultime. On reconnaîtra aisément qu'une époque de poursuite exponentielle des courbes matérielles ne pouvait pas ne pas accoucher d'une science du « futur », au point de dater durablement ce dernier terme : les générations suivantes semblent lui avoir préféré celui d'avenir, si ce n'est celui de passé.

165

Dès lors qu'en ces années la croissance régnait sur la production économique et le modernisme sur la production intellectuelle, le moins qu'on pût attendre de la production artistique était de poursuivre, désormais sans entraves, la logique avant-gardiste que l'après-guerre avait comme revigorée : *exit* l'après-guerre, reste l'avant-garde; rien de plus normal.

Sciences humaines, sciences sociales

L'une des particularités de l'époque tient précisément dans le fait qu'il est impossible de parler de sa création artistique sans commencer par un chapitre sur les « sciences sociales ». Ce n'est en effet qu'à partir du milieu du siècle qu'en France l'objet ainsi qualifié en terre anglo-saxonne a acquis la visibilité et la cohérence suffisantes pour qu'on puisse se mettre à parler de lui, puis à raisonner sur lui, en termes de globalité.

L'hégémonie politique et économique des États-Unis y est sans doute pour quelque chose et, pour ne citer que cet exemple, il est clair que toute une génération de sociologues français, qui accède vers 1955 tout à la fois à l'âge de la production intellectuelle (Michel Crozier, Alain Touraine) et au stade de l'autonomie académique (1958 : création d'une licence et d'un doctorat de troisième cycle en sociologie; 1960 : fondation de la *Revue française de sociologie*) restera marquée par les formes d'analyse de la société et aussi d'organisation de la recherche proposées outre-Atlantique.

En science économique, en démographie, en ethnologie, en préhistoire, en histoire, même si c'en est désormais fini du « monde clos », si la lecture et la traduction de classiques anglo-saxons, le séjour de formation, de perfectionnement ou de confrontation à l'étranger cessent d'être l'exception, le rapport de forces est moins déséquilibré. L'ethnologie française apprend à mieux connaître Margaret Mead, mais la société intellectuelle française, au-delà des cercles d'initiés, découvre avec passion Claude Lévi-Strauss, dont ces années voient l'intronisation :

1950 Directeur d'études à l'École pratique des hautes études, 6ᵉ section
1955 *Tristes Tropiques*
1958 *Anthropologie structurale*, tome I
1959 Professeur au Collège de France
1962 *La Pensée sauvage.*

L'itinéraire est d'une clarté d'épure : 1. l'ethnologue connu et reconnu de ses pairs accède brutalement à la célébrité par un ouvrage d'écriture plus facile et de contenu autobiographique ; 2. cette double reconnaissance lui permet de franchir le pas qui distingue un brillant sujet d'un fondateur de discipline. L'intitulé de la chaire des Hautes études restait classique et limitatif (« religions comparées des peuples sans écriture »), celui de la chaire du Collège pose l' « Anthropologie sociale » ; 3. *La Pensée sauvage* annonce une extrapolation du projet à celui d'une mythologie générale : on peut dès lors parler d'une philosophie lévi-straussienne, dont des expressions vulgarisées se mettent à circuler dans la production culturelle : essais, journalisme, voire fiction.

La vraie importance sociale de cette émergence des sciences du même nom ne tient pas en effet dans la qualité de telle ou telle théorie, nécessairement discutée (le terme « structuralisme » commence à faire florès dans le débat intellectuel à la fin de la période) ; elle ne tient même pas dans l' « installation » desdites sciences, qui se fait encore nettement en marge de l'Université (CNRS, 6ᵉ section − « sciences économiques et sociales » − de l'École pratique des Hautes études, Maison des sciences de l'homme). Elle est dans le parti qu'en tirent promptement les agents culturels qui y puisent des concepts, des formes ou simplement des justifications *a posteriori*.

En 1958, Gaston Berger, qu'on retrouve ici comme directeur de l'enseignement supérieur, ajoute les sciences humaines à l'intitulé officiel des facultés de lettres, et cette volonté de mettre en lumière l'usage social immédiat de ces disciplines fait le succès de *Tristes Tropiques* comme, au même moment, des *Mythologies* de Roland Barthes, chroniques de revue ou d'hebdomadaire réunies en volume en 1957. En 1962, Claude Lévi-Strauss publie le premier tome (*Le Cru et le Cuit*) d'une série intitulée *Mythologiques*, d'une autre ampleur et, en apparence du moins, d'un tout autre objet ; au-delà de la convergence de leur titre, ces deux ouvrages témoignent pourtant d'une préoccupation commune, la « lecture » des sociétés à partir d'une synthèse, en parts inégales selon les auteurs, entre l'enquête socio-logique et l'investigation psychologique.

Cause et conséquence tout à la fois d'une telle conjoncture et d'une telle conjonction, l'époque est ainsi la première où se popularisent les œuvres – un peu – et la pensée – beaucoup – des deux maîtres penseurs respectifs, Marx et Freud. Leurs traductions se multiplient et, surtout, désormais s'achètent : L'*Introduction à la psychanalyse* ne s'était vendue qu'à mille exemplaires par an depuis les années 30 ; entre 1962 et 1967, la moyenne annuelle passe à vingt-cinq mille. Alentour fleurissent les vulgarisations et les gloses. Les discours les plus typiques de la période appartiennent à cette démarche. Elle produit des analyses difficilement classables en termes académiques, du *Dieu caché* de Lucien Goldmann (1956) aux *Stars* d'Edgar Morin (1957), mais dont on aura remarqué qu'elles présentent entre elles au moins un autre point commun : la focalisation sur l'art – c'est d'ailleurs ici l'autre sens du court destin de la revue *Arguments*.

Dans ces conditions, on comprend mieux le succès et le rôle stratégique de l'œuvre d'un Roland Barthes : savant et populaire, comme Lévi-Strauss, parti des réponses marxistes pour s'en aller vagabonder dans le questionnement des signes, comme Morin ou Jean Duvignaud (qui lui consacrera un livre), il a choisi, à travers son principal objet d'étude, la littérature, de travailler au plus près du processus de création, comme Goldmann.

Duvignaud et Goldmann joueront un rôle non négligeable dans la formation des jeunes metteurs en scène français, à partir de cette date, et, pour commencer, dans celle de leur métalangage. Barthes, qui fut l'un des piliers de la revue *Théâtre populaire,* va apparaître comme le critique homologique des recherches les plus radicales de la littérature de son temps. Le fait que le même mois d'avril 1953 soient sortis en librairie tout à la fois *Le Degré zéro de l'écriture,* premier livre de Barthes, et *Les Gommes,* premier roman d'Alain Robbe-Grillet, n'est pas sans ambiguïté sur le fond, puisque après tout c'est à partir de l'œuvre romanesque de Sartre ou de Camus que le premier construit sa thèse de l'existence d'une « écriture blanche ». Reste que ce manifeste, involontaire, pour une critique de l'immanence textuelle arrivait à point nommé pour donner une armature théorique à la version littéraire de l'avant-garde 1955 : le formalisme.

Gommes

On définira ici le formalisme comme un choix esthétique privilégiant l'autonomie de la création et la distance à l'objet créé. Le terme convient tout particulièrement à la période, où son apogée a été précédée par le discours d'un Albert Camus, dans *L'Homme révolté,* posant qu'au bout de sa logique « le vrai formalisme », vidé de tout contenu, « est silence ». On n'entrera pas ici dans la discussion d'un tel postulat, qui semble établir comme exclusives l'une de l'autre les notions de « contenu » et de « forme ». On se contentera d'observer que la période a vu en effet les recherches formelles les plus radicales parvenir aux confins de leurs silences respectifs, le silence de la toile comme celui de la scène ou de la page. Mais par des chemins assez différents, qui rendent compte, par leur singularité, de prémisses et de rapports de forces bien différents.

Habituée d'être, depuis plus d'un siècle, le laboratoire de l'expérimentation, la littérature, par les relations qu'elle entretient à proprement parler « textuellement » avec les sciences sociales et avec sa propre critique – on postule que cette proximité de support donne un poids plus lourd à la critique littéraire qu'à toutes les autres : le critique d'art ne critique pas à coup de dessins –, se retrouve ainsi en première ligne de la « recherche », significative dérivation du vocabulaire scientifique.

Une fois de plus, l'intérêt tiendra moins dans le contenu de la révolution proposée – une autonomisation continue de l'écriture par rapport à l'écrit – que dans sa coïncidence avec la conjoncture intellectuelle et dans l'épure de son fonctionnement social. La question n'est pas, en effet, de savoir si des auteurs ont « annoncé » le Nouveau Roman, si d'autres en ont fait avant la date, comme M. Jourdain faisait de la prose : l'œuvre d'une Nathalie Sarraute, parfaitement nouveau-roman dans sa volonté de critiquer les termes convenus du romanesque et d'inclure cette critique, très référentielle, dans le corps même de son texte, est en place dès 1938 (*Tropismes*). Mais la critique littéraire, l'intelligentsia, les médias de prestige, enfin une partie du public n'« inventent » Nathalie Sarraute que du jour où ce que j'appellerai un effet d'école la situe au cœur d'un dispositif, et ce par la double raison qu'elle continue à publier des romans sur le même dess(e)in (*Le Planétarium*, 1959, *Les Fruits d'or*, 1963) et qu'elle contribue à rendre plus explicite ladite école en lui donnant, même involontairement, l'un de ses textes théoriques et, mieux encore, l'une de ses formules à succès (*L'Ère du soupçon*, 1956). La remarque vaut plus encore pour un Maurice Blanchot, dont l'essentiel de l'œuvre romanesque date d'avant 1955, le principal de l'œuvre critique, d'après, et auquel la nouvelle critique rend dès 1966 un hommage quasi posthume (numéro spécial de la revue *Critique*).

L'espace littéraire du Nouveau Roman aura donc mesuré cette décennie assez exactement, entre le premier roman des deux « maîtres » de l'école (*Les Gommes*, 1953, *Passage de Milan*, 1954) et ce qui rétrospectivement a toutes les formes d'un dernier roman (Alain Robbe-Grillet, *La Maison de rendez-vous*, 1965 ; Michel Butor, *6 810 000 litres d'eau par seconde*, 1966).

On y repère sans difficulté les figures de l'accession à un pouvoir culturel. Accession directe sous les auspices d'un prix littéraire reconnu (prix Renaudot 1957 pour *La Modification*, de Michel Butor), d'une étude critique (à commencer par celles qui paraissent dans *Critique,* puis dans *L'Arc*), d'une renommée éditoriale (commande aux auteurs de textes de circonstances pour « beaux livres »); accession indirecte à travers, symétriquement, la création d'un nouveau prix de référence, qui paraît d'emblée destiné à couronner une littérature de « recherche » (prix Médicis, 1958), la naissance d'un nouvel espace critique, d'audience et de projet plus larges que la revue de Georges Bataille (*Tel quel,* 1960), la parution en recueil de textes à caractère de manifeste et aux titres sans équivoque (Robbe-Grillet, *Pour un nouveau roman,* 1963; Butor, *Essais sur les modernes,* 1964).

L'apogée du mouvement se situe ainsi entre cette année 1960, qui voit aussi le groupe pataphysicien, étranger mais pas indifférent à la sensibilité nouvelle, créer en son sein un *Ouvroir de littérature potentielle* (Oulipo) où le jeu sur la langue est très consciemment maintenu hors de toute métaphysique, et les années du passage à la réalisation cinématographique de Robbe-Grillet (1963) ou Marguerite Duras (1967), signe, parmi bien d'autres (les relations étroites entre Butor et le compositeur Henri Pousseur, par exemple), de l'interrelation des avant-gardes.

L'avant-garde des avant-gardes

Mais un tel passage, s'il indique un état de communication avancé entre les formalismes, ne signifie pas nécessairement que les rapports de force aient été du même ordre dans tous les arts. Au fond de la forme, on peut distinguer deux grands cas de figures, selon que l'avant-garde exerce ou non un pouvoir sans partage sur les structures de légitimation.

Ainsi le lieu où à l'époque elle s'ébroue avec le plus d'aisance est-il celui des arts plastiques, où le radicalisme n'a plus rien à prouver à la face de la société. En 1955, fait sans précédent, un film de diffusion commerciale rend compte d'un travail de peintre « en train de se faire », et il s'agit bien entendu de Pablo Picasso (Henri-Georges Clouzot, *Le Mystère Picasso*). Les années qui suivent vont donner libre cours à l'extrapolation des deux grandes voies contenues en puissance dans la radicalité antérieure. D'un côté la logique de l'abstraction conduit à ces deux extrêmes de la peinture picturante que sont l'œuvre d'Yves Klein ou l'art « op »(tique). Le premier expose en 1958, galerie Iris Clert, un grand vide blanc bientôt suivi d'une série d'*Anthropométries,* empreintes de modèles nus féminins enduits de bleu. L'art optique met plus de systématisme à mettre en scène *Le Mouvement* (1955 : Agam, Bury, Calder, Tinguély, Vasarely) ou à créer un Groupe de recherche d'art visuel (1962), dont le nom même sonne comme un projet scientifique.

Le lancement par Nicolas Schöffer de la formule « sculpture cybernétique », aussi bien que de celle du « multiple » par Vasarely, établit clairement le lien entre cette dernière tentative et l'entrée dans un nouvel âge économique et technique, mais ce lien est plus net encore avec l'école du Nouveau Réalisme, lancée par le critique Pierre Restany en 1960, quelques jours avant la première exposition de compressions d'automobiles par César. C'est ici l'aboutissement d'une seconde ligne, celle de la réhabilitation des productions « vulgaires » et, plutôt que de la fusion entre les arts poursuivis par les optiques (Vasarely se veut « plasticien »), celle de la fusion entre les productions, au nom d'un « humanisme technologique », voire économique quand Hains, Villeglé, Rotella s'emparent des affiches lacérées et des palissades attenantes.

Moins dépendante que la critique d'art des étiquettes autoproclamées, l'histoire ne la suivra pas quand elle intègre le dernier Yves Klein à cette école, sous le seul argument que Restany officialise la création du groupe, en octobre de cette même année 1960, au domicile du peintre. A l'inverse, elle est conduite à rapprocher cette exaltation artistique de l'objet de série de la démarche anglo-saxonne du pop art, cristallisée à Londres en 1956, introduite en France par la galerie Sonnabend et transmuée, une fois acclimatée par la « figuration narrative » (Arroyo, Rancillac, Monory,...), en art de critique sociale.

La situation est assez proche en matière de musique,

puisque continuent à s'y manifester là aussi deux avant-gardismes distincts quoique ponctuellement associés. La différence, et elle n'est pas négligeable, réside dans la proximité de la victoire décisive. Après dix ans d'existence publique, la musique concrète peut sans trop de difficulté se muer en « musiques électro-acoustiques » et constituer au sein de la Radiodiffusion nationale son « orchestre » autonome, le Groupe de recherches musicales (GRM), et des artistes plasticiens (Nicolas Schöffer) ou des chorégraphes (Maurice Béjart) n'ont pas tardé à l'intégrer à leur œuvre. L'autre branche radicale, héritière des Viennois, s'est heurtée à plus forte partie, car au lieu de se développer sur les marges, elle a directement affronté les institutions établies. En même temps, il est clair que cette situation lui a été, à terme, bénéfique. Irrigué par la classe prestigieuse d'Olivier Messiaen, soutenu sur un réseau international où les Français sont très présents (Institut de Darmstadt, festival de Donaueschingen), le Domaine musical (1954) installe dans ses murs une famille atonale qui a le grand avantage social de se donner pour longtemps un « maître », Pierre Boulez, révélé en 1950 par *Soleil des eaux* et imposé cinq ans plus tard par *Le Marteau sans maître*. Dès 1959 Boulez fait ses débuts de chef d'orchestre classique au festival d'Aix-en-Provence, dès 1963 il dirige à l'Opéra de Paris la création d'un *Wozzeck* mis en scène par Jean-Louis Barrault, dans une scénographie d'André Masson.

La force de Boulez et de son Domaine sera de savoir s'ouvrir à la contestation esthétique, pour peu qu'elle vienne du sein même de la famille (Iannis Xenakis, *Crise de la musique sérielle*, 1955). Le résultat en sera la seule formule qui permît de conserver l'essentiel de l'acquis viennois, savoir le contrôle des paramètres, tout en concédant des espaces de variabilité, contre les risques de l'organisation généralisée : le génie des musiques « aléatoire » et « ouverte » sera de faire la part du feu (un feu nommé John Cage ou Earle Brown, au gré de ses avatars) pour conserver l'essentiel d'une démarche, et d'un pouvoir. A côté du maître lui-même (*Troisième Sonate pour piano*, 1957), deux fortes personnalités comme Xenakis et

André Boucourechliev associent précisément l'indétermination à la plus sévère rigueur, explicitement mathématique dans le cas du premier, qui présente en 1962 ses premières œuvres composées sur ordinateur.

Ici, plus encore que dans les arts plastiques où ce soin est classiquement laissé à la critique, l'influence des sciences sociales se fait désormais sentir avec force dans l'efflorescence d'un métalangage ambitieux, qui double le discours des sons d'un discours des concepts, souvent sensible dès le titre de l'œuvre, chargé de références philosophiques ou scientifiques : la ligne Varèse, en quelque sorte, qui fait du musicien contemporain une sorte de réincarnation de l'alchimiste, si ce n'est de l'apprenti sorcier, avec plus d'hermétisme que d'érémitisme.

Mais toutes les avant-gardes ne sont pas égales devant la demande sociale. L'une des premières œuvres remarquées de Iannis Xenakis date de 1958, mais ce n'est pas une composition musicale. Il s'agit du Pavillon de la société Philips, à l'Exposition universelle de 1958, pour lequel un *Poème électronique* avait été commandé à Varèse et où il était l'assistant-architecte de Le Corbusier. Ainsi les avant-gardes illustraient-elles avec une ampleur certaine (le pavillon en question fut l'un des clous de l'Exposition) leur solidarité. Le caractère de simple démonstration éphémère de l'édifice montre cependant l'ambiguïté de la reconnaissance tardive de l'architecture moderne. Quand Le Corbusier meurt, en 1965, André Malraux lui octroie des funérailles nationales dans la cour Carrée du Louvre : jusqu'à la fin cependant, la France sera restée le terrain ingrat, souvent stérile, qu'elle est devenue pour lui depuis la crise de 1929. Les deux principales réalisations qu'elle lui aura concédées depuis cette époque remontent au début des années 50 (Notre-Dame de Ronchamp, 1950-1954, couvent de La Tourette, 1952-1960) et, bien qu'admirées, frappent par leur solitude et leur non-cohérence par rapport au propos affiché par l'architecte urbaniste. Ce dernier a en fait quitté la scène française en 1952, sur deux initiatives sans lendemain, deux

174

« unités d'habitation à grandeur conforme » (Marseille, 1945-1952, Rezé-lès-Nantes, 1952-1955), par définition sans grande signification dès lors que les pouvoirs publics se refusaient les moyens de les extrapoler aux dimensions d'un quartier, sinon d'une ville. La ville rêvée, le maître la recevra pourtant, mais elle sera située au Pendjab, dont il devient en 1951 le conseiller architectural pour la ville de Chandigarh.

Sans doute la France de la Croissance est-elle obligée de se rallier, après trente années de tergiversations, aux solutions des modernes de 1930, mais ce sont celles du Bauhaus simplifiées et industrialisées par les agences américaines, où Mies et Gropius sont devenus des sortes de superprojecteurs de prestige, inspirant les travaux de vastes équipes et les exercices d'application de maints artisans plus ou moins talentueux.

Le style « international », « rationaliste » ou « fonctionnaliste », qui serait plus exactement appelé style universaliste, s'impose sur le vieux continent sous l'aiguillon de la nécessité. Deux de ses premières réalisations françaises de grande ampleur, la Maison de la radio d'Henry Bernard (1952-1963) et le Palais du CNIT de Zehrfuss, Camelet et de Mailly (1957-1959) sont d'ailleurs des bâtiments installés en deux lieux symboliques où l'architecture et l'urbanisme des générations antérieures avaient achoppé, le quartier de La Défense commençant à jouer dans l'espace national le rôle de plate-forme des exercices de style qu'il a conservé depuis lors. L'avis général selon lequel l'imagination, avec l'argent, est décidément passée outre-Atlantique rend en tous les cas la société aveugle à ce qui peut distinguer les tours et les barres communes (Sarcelles, cabinet Boileau-Labourdette) des grands ensembles onduleux et polychromes, parsemés de décors fantastiques, d'Émile Aillaud (HLM de l'Abreuvoir, à Bobigny, 1956-1958). Bref, il n'y a plus d'architecture d'avant-garde dans la France de 1960 car il n'y a plus de choix public : rien qu'une gigantesque nécessité. C'est ici l'une des limites de l'avant-garde.

En face de tous ces arts où, au fond, l'esprit de « recherche » anime périodiquement le travail des artistes et la glose des critiques, la situation des arts spectaculaires est encore, au mitan du siècle, celle d'un univers stable, ayant de longue date assimilé les deux modernités suscitées par les deux chocs extérieurs qu'avaient été pour le théâtre la popularisation du cinéma (le Vieux-Colombier, puis le Cartel) et pour le cinéma l'irruption du parlant (l'école dite du « réalisme poétique »). Du coup, l'affirmation d'un « nouveau théâtre » ou d'une « nouvelle vague » sera réellement traumatisante.

Le lien avec la société découle avec une grande force d'évidence de l'usage de ce dernier vocable, appliqué d'abord, on l'a vu, par Françoise Giroud à l'ensemble de l'adolescence du moment. Quelques mois plus tard, c'est encore la jeunesse du temps qu'interrogeait l'ouvrage de Georges Hourdin intitulé *La Nouvelle Vague croit-elle en Dieu ?* On ne saurait mieux dire que la nouvelle école cinématographique qui s'affirme à partir de cette date est harmonique non seulement d'un changement technique (équipements de tournage légers) et économique (baisse de la fréquentation), comme on l'a vu dans les premiers chapitres, mais d'un glissement intellectuel.

La Nouvelle Vague cinématographique apparaît ainsi comme le fruit d'un double processus formaliste, celui qu'a généré une nouvelle critique – mais cette fois-ci celle des *Cahiers du cinéma,* non pas celle de *Critique* –, constituée à partir de l'article fondateur de François Truffaut, « Une certaine tendance du cinéma français » (janvier 1954), et celui qu'expose sur les écrans l'œuvre d'auteurs étrangers réunis, à tort ou à raison, sous le vocable de l'incommunicabilité : à deux années d'intervalle (1958, 1960) Ingmar Bergman et Michelangelo Antonioni s'imposent définitivement, dans le cadre du festival de Cannes.

Cette ambiguïté a conduit certains analystes à rattacher à la Nouvelle Vague l'œuvre d'un Alain Resnais, alors qu'au départ les deux univers sont fort éloignés l'un de l'autre : pour simplifier, celui d'un Chabrol ou d'un Godard appartient plutôt à la logique « bourgeoise » et « désengagée » des Hussards – d'où les accusations d' « anarchisme de droite », voire de « fascisme » portées à l'extrême gauche contre *Le Petit Soldat,* du second –, quand Resnais se rattache à la gauche nouveau-roman spécifiée plus haut. C'est toute la différence entre, d'un côté, *Hiroshima mon amour* (Resnais/Duras, 1959) ou *L'Année dernière à Marienbad* (Resnais/Robbe-Grillet, 1961) et, de l'autre, *Les Cousins* (Chabrol, 1959) ou *A bout de souffle* (Godard, 1960).

Pour le reste, la Nouvelle Vague reproduit l'ensemble des traits jusque-là réservés aux polémiques des arts « majeurs » : la violence de l'échange critique (presse populaire contre revues, *Cahiers* contre *Positif*), l'organisation de « batailles » symboliques (exemple : celle de *L'Avventura,* au festival de Cannes de 1960), la promotion rapide des modernes, bientôt primés, corrolaire du déclin des aînés (Yves Allégret, Autant-Lara, Clément) et des anciens (Carné, Clair, Duvivier), peu à peu conduits au silence.

Il existe enfin un dernier cas de figure pour la modernité triomphante, celui où, sur des bases récentes, comme pour le cinéma, deux recherches « de pointe », comme pour les arts plastiques ou la musique, se développent à la même vitesse, suivant à peu près la même courbe, mais en parallèle, sur deux routes si différentes que tous ceux, critiques, publics voire artistes, qui cherchent à les concilier n'y parviennent qu'au prix d'équivoques dont la période ultérieure aura raison. On veut ici parler du théâtre, qui connaît une période faste dans la mesure où, pour la dernière fois jusqu'à ce jour, il offre en même temps une fourmillante expérimentation scénique, sans cependant se priver d'une promotion, controversée donc passionnée, d'auteurs nouveaux.

Ceux-ci sont apparus sur le devant de la scène entre 1950 (Eugène Ionesco, *La Cantatrice chauve*) et 1953 (Samuel Beckett, *En attendant Godot*). Bien qu'on l'ait rarement suggéré, c'est se priver d'un élément important de leur compréhension que de les isoler totalement de

177

leur contexte historique, et d'abord politique, même si les commentateurs sont obligés de concéder, d'assez mauvaise grâce, en le minorant, que le troisième grand nom de la nouvelle génération théâtrale, Arthur Adamov, révélé en 1953 par *Tous contre tous,* a cherché la conciliation entre déconstruction formelle et engagement idéologique explicite. Mais on comprend aussi que cette valorisation formaliste est la conséquence de l'hégémonie de la « Nouvelle Critique », et c'est donc bien ce regard qui compte.

Le déclin critique d'Ionesco s'y trouve d'ailleurs inscrit, dès lors que l'auteur, disposant d'une tribune écoutée, entendra à son tour faire du « théâtre engagé » sans le dire ou, plutôt, en disant exactement l'inverse. *L'Impromptu de l'Alma,* dès 1956, annonce cette intention, qui donnera son dernier grand succès (*Rhinocéros,* 1960) et son premier grand échec (*La Soif et la faim,* 1966). La Nouvelle Critique saura gré en revanche à Beckett d'avoir poursuivi son chemin épurateur jusqu'aux confins du mutisme et de l'immobilité ou, pour être précis, de l'aphasie et de la paralysie (*La Dernière Bande,* 1960, *Oh les beaux jours,* 1963, *Comédie,* 1964).

L'œuvre de Beckett est démonstrative, à sa manière, mais en disloquant les structures établies de la représentation scénique, elle opère une synthèse rare entre la ligne de déconstruction et la ligne de démonstration. Cette dernière, au même moment, connaît elle aussi ses beaux jours, mais à la condition d'apparaître comme remettant en cause lesdites structures. Le théâtre d'Albert Camus avait rencontré en son temps des réticences croissantes et, à partir de 1950, c'était à des adaptations que l'ancien chef de troupe de 1936 s'était consacré. Sartre, lui, continuera de produire pour la scène jusqu'à la fin de la décennie (*Les Séquestrés d'Altona,* 1959) mais son esthétique paraîtra obsolète à la jeune société théâtrale, celle des petits théâtres privés parisiens, laboratoires du nouveau théâtre, aussi bien que celle des Centres dramatiques nationaux, attachés à un projet civique dont le TNP leur expose le modèle.

Sans qu'il soit question de forcer les traits, on doit en

effet établir un lien entre l'expérimentation radicale, autour du trio Ionesco-Beckett-Adamov, qui est aussi, pour l'essentiel, un duo Roger Blin-Jean-Marie Serreau, et l'existence à Paris de petites salles, contemporaines et cousines des cabarets rive-gauche (théâtres de la Huchette, de Babylone, des Noctambules, de Poche, de Lutèce...), comme, symétriquement, entre le réseau du théâtre populaire, subventionné et décentralisé, et la pénétration du brechtisme, à partir de la venue en France du Berliner Ensemble (1954) et autour d'une forte personnalité comme Roger Planchon (*Grand Peur et misère du IIIe reich*, 1956, *Tartuffe*, 1962). La respectabilisation du nouveau théâtre se mesurera d'ailleurs à la rapidité avec laquelle il passera du côté des « subventionnés ». Ionesco et Beckett sont joués chez Jean-Louis Barrault dès 1960, *La Soif et la faim* est créée à la Comédie-Française.

Ce sera la tâche de la période suivante que de fondre en un seul type de spectacle, « libéré » des cadres traditionnels et « libérateur » des masses, ces deux aspirations. Au reste, la remarque ne vaut pas seulement pour le théâtre, comme on va le voir.

7

L'âge de Mai

La mise en ballottage du général de Gaulle aux élections présidentielles de 1965 ne marquait pas la fin d'un grand dessein, qui se poursuivit sans faillir jusqu'au mois de mai 1968, où un mécontentement national contraignit l'homme de la Grandeur à rapatrier ses ambitions de la Roumanie vers le Quartier latin. Mais c'était le signe avant-coureur d'un changement d'époque, la première d'une série de circonstances imprévues qui commencèrent à troubler la belle ordonnance d'une société d'« ordre et progrès » qu'allaient profondément ébranler deux imprévus suprêmes : une révolution et une crise économique. A ceci près que la révolution fut mimée et la crise économique concrétisée.

En disant cela, on ne cherche pas à minimiser Mai 68 : cette troisième génération restera bien, à jamais, celle de Mai, non parce que ce fut une révolution politique mais précisément parce que ce n'en fut pas une. La preuve en est dans l'antériorité de la crise des valeurs sur la crise économique, phénomène à rebours des schémas économistes mais dont l'histoire offre maints exemples. Ajoutons que les signes avant-coureurs ne manquèrent pas qui, au sein de la société des créateurs et des médiateurs, ouvrirent les fractures avant même qu'ait été chahuté le premier ministre de la Jeunesse, occupé le premier Odéon. Au reste, on comprend aisément qu'un événement cristallisateur qui choisit comme lieux d'expression des facultés, un Boul'Mich', un théâtre, voire un stade, n'a peut-être pas un grand avenir politique mais une prévisible fécondité culturelle.

LA GRANDE EXTRAPOLATION

Événement cristallisateur, oui, mais de quoi ? D'une fragile synthèse entre deux radicalismes, celui de la révolution formelle et celui de la révolution politique, qu'on peut traduire comme aspiration simultanée au maximum de liberté dans un maximum d'identité. Nulle peine à découvrir derrière ces deux désirs les figures tutélaires des pères Marx et Freud, intronisés par la génération précédente, nulle peine à y voir en germe une énorme contradiction. De la dialectique de cette contradiction le mouvement de cette génération tirera une bonne part de son énergie, avant de s'y épuiser.

Confins du monde habité

Phase finale de la Croissance, l'âge de Mai est aussi (faut-il dire : par là même ?) le sommet de la courbe formaliste. En tout cas, d'une acception moderniste de la recherche formelle, fondée sur la sophistication incessante de l'esprit d'expérimentation, comme si tout le principe d'intelligibilité ne pouvait résider que dans le devenir, dans le processus.

Nulle part sans doute l'extrémisation du mouvement n'est plus sensible que dans les arts plastiques. Elle conduisit les deux lignes définies dans le chapitre précédent jusqu'aux confins du monde habité. D'un côté le radicalisme interne atteignit son point ultime : la stricte production mentale, quasi impalpable, de l'autre on assista à une sorte d'absorption boulimique des arts environnants. Dans le premier cas des « peintres » et des « sculpteurs » comme ceux des « groupes » – autant de noms récusés et récusables – BMPT (Buren, Mosset, Parmentier, Toroni, à partir de 1967) et Support-Surface (Marc Devade, Daniel Dezeuze, Claude Viallat... à partir de 1970) affirmaient les droits de la répétition minimale et de la déconstruction des supports, dans une logique « matérialiste » qui permit certains jeux de mots politiques, Support-Surface se payant même le luxe d'une scission marxiste-léniniste, autour de la revue *Peinture, cahiers théoriques*. Peu après, l'*arte povera* italien, l' « art conceptuel » américain, le land art achevaient de pulvériser les deux qualités de la plastique depuis le début de la notion d'art (le body art ou les happenings retrouvaient, sur des bases différentes, des comportements préhistoriques, il est vrai non « artistiques ») : la permanence et, plus au fond encore, la matérialité. Le temps fut aux « installations » et aux « performances », aux emballages de Christo et à la provocation douce de Ben, qui provoque beaucoup plus l'artiste que le public, à travers un balancement ambigu entre *peintre* et *pitre*.

Dans le second cas la volonté d'intégrer moins la contemporanéité que la modernité conduisait à jouer sur le détournement de la bande dessinée, de la photographie, du cinéma, de la vidéo. Christian Boltanski ou Jean Le Gac circulaient entre l'exposition et le tournage. Autour de Fred Forest s'ébaucha un « art sociologique », intégrant dada à l'enquête socioculturelle. Avec armes et bagages, certains « plasticiens » commencèrent d'aller coloniser les terres vierges de l' « art vidéo ».

Le succès même de l'avant-garde n'alla pas sans ambiguïté. Quand les pouvoirs publics eurent à faire des choix, les tendances abstraite-lyrique et optique, éminemment décoratives et vues comme idéologiquement anodines, eurent leur préférence. Les commandes officielles plurent sur Georges Mathieu, élu à l'Académie des beaux-arts en 1975, ou Yaacov Agam, qui décorera sous Georges Pompidou aussi bien l'esplanade de La défense que les salons de l'Élysée. Mais le fiasco, d'ailleurs strictement politique, de la rétrospective officielle, *Deux ans d'art contemporain en France* (1972), était là pour montrer les limites d'une telle récupération.

Ce qui pouvait sauver les créateurs plastiques et musicaux de l'isolement et de l'incompréhension était leur commune préoccupation du matériau. Mais cet apparent retour à la simplicité des questions originelles s'accompagnait en fait d'une grande sophistication technique. La période s'était ouverte sur la création, pour Pierre Schaeffer, de la première chaire d'électro-acoustique du Conservatoire. L'heure fut plus que jamais à la lutherie électronique, au magnétophone, à l'ordinateur, les pratiques d'un François Bayle, d'un Luc Ferrari, d'un Bernard Parmegiani se croisant avec les théories d'un Pierre Barbaud, d'un Jean-Claude Risset. Plus que ce GRM, plus que le Domaine musical, dont en 1967 Boulez quittait la direction pour la confier à Gilbert Amy, la cellule de création musicale de l'époque aurait plutôt l'aspect du GMEB (Groupement de musique expérimentale de Bourges) créé en 1970 à l'ombre d'une Maison de la culture en crise après avoir été, jusqu'en 1968, un modèle du genre ; quelque chose d'une métaphore : une cellule électro-acoustique mais collective, réputée dans le métier mais très isolée de tout son environnement.

Alors même que naissaient la seule revue (*Musique en jeu*, 1970) et, à La Rochelle, à Royan ou à Bourges, les premiers festivals, l'une et les autres voués à la recherche musicale, les limites de l'expérimentation étaient données par la faible audience à laquelle se heurtait le free jazz, passé l'explosion de 68 (création du Cohelmec Ensemble), et par l'échec d'un genre musical nouveau, apparu à la même date (Claude Prey, *On veut la lumière ? Allons-y !*), promu par le festival d'Avignon (Girolamo Arrigo, *Orden*, 1969) : le théâtre musical, dont les partisans ne réussissaient pas à imposer la spécificité.

Messes pour le temps présent

Cet esprit d'innovation systématique toucha désormais des genres *a priori* méprisés de l'avant-garde elle-même, comme la bande dessinée (Philippe Druillet, Moebius,...) ou l'illustration destinée au jeune public (éditeurs François Ruy-Vidal et Harlin Quist), et des arts jusque-là encore régis par des traditions solides, sans doute en raison de la part écrasante qu'y occupait la formation, donc la maîtrise. Ainsi l'ampleur de la rénovation chorégraphique fut-elle proportionnelle au traditionalisme de l'école de danse française, encouragé par la rigidité du fonctionnement de l'Opéra de Paris. Le dépoussiérage entrepris par Maurice Béjart depuis la fin des années 50 satisfaisait au besoin de renouvellement d'une part croissante du public. A partir de 1965 (*La Neuvième Symphonie*), sa victoire fut totale. Premier invité du festival d'Avignon, l'enfant prodigue vit quelques-unes de ses chorégraphies adoptées par le Palais Garnier, les pouvoirs publics lui proposèrent d'ouvrir une école Mudra à Paris, etc. Mais ce n'était rien. Après le triomphe ambigu de *Messe pour le temps présent* (1966), sur une musique de Pierre Henry dont beaucoup d'auditeurs et spectateurs retinrent surtout le *jerk*, l'œuvre de Béjart commença d'être jugée par la critique et une partie des jeunes chorégraphes comme « établie ». Entre-temps, on l'a vu, un mouvement plus radical s'était mis en branle. Comme il arrive souvent quand une influence étrangère devient une mode, la France allait découvrir dans le désordre deux ou trois générations américaines. Là aussi 68 fut une date pertinente, avec la venue en France de Carolyn Carlson, au Festival de la danse de Paris. Cette pénétration en force encouragera les jeunes créateurs français à secouer les derniers cocotiers.

Le panorama du théâtre n'a pas cette simplicité d'épure. Peut-être parce que la situation initiale était moins désespérée. La période avait commencé sur un haut registre avec la tonitruante traversée du festival d'Avignon de 1968, tout bruissant encore des échos des journées parisiennes, par le Living Theatre (Julian Beck, Judith Malina). Mais ladite expérience s'était aussi achevée par une violente rupture avec Vilar. Trois ans plus tard, Vilar était mort, mais le Living (en fait, sinon en droit) aussi. A la crise d'une conception humaniste du théâtre populaire répondait la crise, de peu postérieure, du radicalisme new-yorkais, solution utopienne aux mêmes questions conjointes de l'expression nouvelle et de la communauté populaire.

L'expérimentation théâtrale continua pourtant à loucher dans ces deux directions, en accommodant sur d'autres objets. A l'Est, Jerzy Grotowski, vedette parisienne de l'automne 1973, proposait un travail exigeant sur le corps de l'interprète. Poussant jusqu'au bout la logique de sa démarche, son laboratoire se présentait comme rattaché non à une structure théâtrale mais à l'Académie des sciences polonaises. A l'Ouest, la grande découverte passa par le Festival du jeune théâtre de Nancy, issu en 1971, grâce à Jack Lang, d'une confrontation estudiantine peu à peu montée en graine. Elle s'appelait Bob Wilson et se traduisit alors par un autre type de spectacle limite, pour le peu de cas qui y était fait des conventions du texte (à vrai dire, le spectacle était muet) et de l'espace-temps (à vrai dire l'ensemble durait sept heures) : *Le Regard du sourd*. Cinq ans plus tard *Einstein on the beach* confirmera la rigueur de la voie wilsonienne, mais l'accueil public/critique sera plus réservé.

Les rapports de force culturels (autrement dits socio-esthétiques) du monde théâtral s'étaient, en fait, sensiblement modifiés entre-temps, avec le passage au secrétariat d'État à la Culture, en 1974, de Michel Guy, fondateur, lui, d'un Festival d'automne (1972) très *in*. Une nouvelle génération de metteurs en scène privilégiant la déconstruction textuelle et corporelle se voyait soudain reconnue, ses plus illustres représentants chargés de la responsabilité de centres dramatiques rodés. Ce fut l'échec. Immédiat pour un Jean-Pierre Bisson, progressif pour un Daniel Mesguich, accusé de cérébralité pour avoir cherché à pulvériser les classiques en jouant tout à la fois l'œuvre et son histoire (*Le Prince travesti*, 1974). Dans le cas le plus favorablement accueilli, la ligne aboutissait à un baroquisme fortement influencé par le cinéma (Georges Lavaudant).

Sur le moyen terme, il apparaîtra que le *Travail théâtral* (titre de la revue de référence de ce secteur à partir de 1970) le plus destructeur-constructeur aura été le fait de deux « chercheurs » qui ont tenu le plus clairement à lier leur expérimentation à une pédagogie de l'acteur, marquant par là même d'une empreinte décisive toute une génération : Peter Brook, installé en France à partir de 1969, et Antoine Vitez, auquel ne sera durablement confié, jusqu'en 1981, aucun lieu théâtral de grande envergure, mais qui devint en 1974 titulaire de la classe vedette d'un Conservatoire national supérieur d'art dramatique rénové par son nouveau directeur, nommé par Michel Guy et Valéry Giscard d'Estaing, Jacques Rosner.

Image noire, écran blanc

Encore le débat s'était-il trouvé porté, bon gré mal gré, sur les lieux centraux du pouvoir théâtral. Rien de tel au cinéma, moins structuré. Ici le choix ne fut plus guère qu'entre l'échec en vase clos et la réussite en vase clos. A cette dernière catégorie appartiennent sans doute les œuvres inclassables – c'est-à-dire inclassés, malgré diverses tentatives – et hermétiques au plus grand nombre, mais cohérents et techniquement argumentés, du Godard « audiovisuel », de Jacques Rivette et de Marguerite Duras. Ainsi l'abondante filmographie durassienne à partir de 1969 (*Détruire dit-elle*) tendra-t-elle, dans la ligne d'une expérience où le textuel prédomine, vers une autonomie complète de la bande-son par rapport au film-de-l'image. Comme chez Beckett ou Yves Klein ce questionnement radical conduisait au silence et à l'image noire sur écran blanc.

Même comptabilité à double entrée pour tous ces essais : excitant pour le public des happy few qui les soutenait, inégalement fécond pour les créateurs eux-mêmes (réalisateurs, acteurs) qui s'y jetaient à corps perdu. *L'Amour fou*, de Jacques Rivette (1969), lente circulation entre le théâtre, le cinéma, la télévision et la musique (celle d'un autre novateur, Jean-Claude Éloy), avait fait naître l'espoir d'un spectacle filmique révolutionnaire, fondé sur le plan-séquence et le mélange des arts. La suite de l'œuvre (*Céline et Julie vont en bateau*, 1974, *Duelle*, 1976...) fut interprétée plus comme une répétition, dans tous les sens, que comme un approfondissement. Quand la cohérence parut manquer entre le discours de l'auteur sur son œuvre et l'œuvre elle-même, le risque fut grand de n'avoir plus affaire qu'à un cinéma de papier (Marcel Hanoun, Luc Moullet...).

Toutes choses égales d'ailleurs, l'équivalent littéraire de celui-ci est sans doute l' « écriture textuelle », dernier avatar des déconstructions de l'époque précédente, débarrassé de ce qui pouvait en rester d'une certaine naïveté radicale : Hélène Cixous, Jean Ricardou, Denis Roche, Philippe Sollers deuxième époque... A l'instar d'une partie du cinéma formaliste et comme les origines du Nouveau Roman le laissaient supposer, ladite écriture demeura à jamais marquée par ses origines universitaires, que renforçait le renouvellement des techniques d'analyse des langages : grammatologie (Jacques Derrida), rhétorique (Gérard Genette), stylistique (Michaël Riffaterre), métrique (Jacques Roubaud).

Le paradoxe apparent de la période tenait en effet à ce que si le formalisme ne réussissait pas à imposer son regard au-delà d'une petite élite d'amateurs, l'Université et la Recherche scientifique consentaient dans le même temps à faire une place non négligeable à la lecture formaliste de la société, rattachée de manière plus ou moins justifiée à la démarche structuraliste. S'il servit de référence explicite à quantité de pratiques artistiques séduites par sa critique de la signification, débouchant souvent sur un refus, plus ou moins polémique, du sujet humaniste, ce décryptage rigoureux des systèmes formels permet en effet de rendre compte du prestige accordé à l'œuvre solitaire et percutante d'un Michel Foucault, dont le projet d'*Archéologie du savoir* (1969) se confond exactement avec l'époque, sise exactement entre *Les Mots et les choses* (1966) et *Surveiller et punir* (1975).

Directement revendiqué par la recherche ethnologique, le structuralisme fut cité à propos de Jacques Lacan, auquel en effet il arriva de dire que l'inconscient était *structuré comme un langage* ou, avec plus de sûreté, à propos de Louis Althusser. Deux « maîtres » : dans l'immédiat, l'important était moins dans ce qui était écrit (Lacan, *Écrits*, 1966) que dans ce qui était, par leur entremise, relu (Althusser, *Lire « Le Capital »*, 1966-1968), prêché (Althusser, *Pour Marx*, 1965), proféré, semé : l'âge de

Mai fut le grand âge des séminaires. La publication du premier tome de celui de Lacan, en 1973, annonçait, paradoxalement, la fin d'une époque.

Élevés dans l'indifférence aux académismes mais séduits par les nouvelles académies, de multiples journalistes et essayistes contribuèrent activement à cette prise des leviers de commande (dans tous les sens de ce dernier mot). A défaut de conquérir tous les hauts lieux des hiérarchies officielles, les principaux formalistes purent accéder aux secteurs, définis dans le chapitre précédent, caractérisés par l'association du marginal et du prestigieux, grâce à une efficace stratégie de présence en terre profane : Rue d'Ulm, École des hautes études, Collège de France... Typiques à cet égard furent les carrières d'un Althusser, d'un Barthes, d'un Foucault, homologues de celles d'un Vitez ou d'un Mesguich au sein de leur propre réseau.

Participe présent

La particularité de la période tient à ce que, de Support-Surface à Michel Foucault, l'on peut retrouver la plupart des noms précédents aux avant-postes de la critique politique « révolutionnaire », et là aussi on peut se demander si le bilan d'un art engagé redevenu, pour quelques années, un art militant n'est pas plus exigu que celui de la production intellectuelle qui, selon les cas, l'aura inspiré ou suivi.

Sans doute l'échec politique des États généraux du cinéma (3 000 participants en mai 1968, 150 en septembre) était-il prévisible, à partir du moment où le système économique restait en place, aggravant même, par la concentration, certains de ses traits les plus violemment dénoncés. L'initiative donna cependant naissance, par une série de réajustements successifs sur le profil bas, à la Société des réalisateurs français (SRF), vivante preuve de l'installation durable d'une génération politique, entre engagement et corporatisme, et dans l'immédiat donna un coup de fouet à la production ciné-vidéo militante.

Une récapitulation de celle-ci à la date de 1975 (Guy

Hennebelle, *Cinéma militant*, numéro spécial de la revue *Cinéma d'aujourd'hui*) pouvait recenser plus de cinq cents courts métrages et vidéogrammes disponibles, en majorité français, couvrant le vaste éventail allant des luttes anti-impérialistes aux luttes féminines en passant par armée/police/répression. Cependant, malgré tous les efforts conduits par les collectifs de production et/ou distribution d'extrême gauche (Slon, 1967, Dziga Vertov, 1969, MK2, 1973...), l'essentiel de cette agit'prop' filmée n'agita guère que des cercles de convaincus. Sur le tard, réduite en nombre et quelque peu édulcorée dans son contenu, cette *Cinémaction*, pour reprendre le titre de la revue d'Hennebelle qui en témoigna à partir de 1978, se fit du moins ouvrir les portes des institutions socioculturelles locales, de la MJC au foyer de jeunes travailleurs.

Difficile aussi de conserver à cette production le caractère collectif qu'elle affichait couramment, quand derrière des raisons sociales comme Slon ou Dziga Vertov pointaient sans peine d'aussi fortes personnalités que celles d'un Chris Marker ou d'un Jean-Luc Godard, ce dernier restant bel et bien l'auteur à part entière de sept « films d'intervention » entre 1968 et 1972, du *Gai Savoir* à *Vladimir et Rosa*.

Dans l'urgence, unir la rigueur politique à la force visuelle n'allait pas de soi, les nécessités du montage et de sa sophistication contrecarrant souvent l'efficacité (on cite communément comme autant d'exceptions *La Reprise du travail chez Wonder*, de Pierre Bonneau, ou *Oser luttter, oser vaincre*, de Jean-Pierre Thorn). Sur la longue durée, la réussite la moins contestable du mouvement fut sans doute de prouver aux producteurs, distributeurs, spectateurs et critiques que les longs métrages de fiction clairement engagés dans les luttes présentes pouvaient non seulement voir le jour mais encore réunir un nombre d'entrées analogue aux autres. Communiste (Jean-Daniel Simon), gauchiste (Marin Karmitz), anti-impérialiste (René Vautier), chaque sensibilité put enfin s'offrir le luxe de cette démonstration, *Coup pour coup* (Karmitz, 1971).

Peu nombreuses furent cependant, à cette époque,

les œuvres cinématographiques de longue haleine construites à partir de ce type de choix. Celle de Vautier s'interrompit rapidement et le communiste Bernard Paul n'a pu réaliser que trois longs métrages (dont *Beau Masque*, 1972). Il y a sans doute plus d'un symbole à ce que les deux réussites commerciales (d'ampleur inégale) sur ce terrain soient complètement étrangères à ces filières-là. Celle de Costa-Gavras s'est édifiée à partir du succès imprévu de *Z* (1969), prolongé par ceux de *L'Aveu* (1970) et d'*État de siège* (1973). Chaque film confirmera tout à la fois l'audience de son auteur et la double contradiction apparue d'emblée entre ses intentions critiques et son choix de la « politique des acteurs », entre le progressisme du propos et son abstention sur le terrain français contemporain. L'œuvre, rigoureusement libertaire sous ses apparences désinvoltes, d'un Claude Faraldo se développa, à partir de *Bof* (1971), en marge de toutes les écoles, avec une constance moyennement récompensée. Mais elle non plus n'établissait aucune relation entre le radicalisme du fond et celui de la forme.

Le fond de l'air

A voir ainsi succomber aux charmes de la politisation une forme d'art aussi étroitement dépendante des « facteurs économiques », on devine combien des arts moins industriels ont pu témoigner, chacun à sa façon, de cette météorologie culturelle dont Chris Marker dira un peu plus tard (1977) que *Le Fond de l'air* était *rouge*. Les zones les plus périphériques de la politisation ordinaire parurent touchées. L'œuvre graphique d'un Cabu aussi bien que l'œuvre scénique d'un Guy Bedos en sortirent nettement réorientées. Les carrières commençantes d'un Jean-Pierre Manchette dans le polar, d'un Jean-Pierre Andrevon dans la SF en furent durablement estampillées. Mais, de tous, le plus ébranlé fut sans doute le théâtre. L'esprit de Mai en lui-même, par ses postulats spontanéiste, collectif et festif, investissait d'un même mouvement la politique d'une dimension théâtrale évidente et le théâtre d'un rôle politique majeur. Les rares revues françaises de réflexion sur le théâtre contemporain l'intégraient toutes à une perspective clairement politique, qu'il s'agît de l'ancêtre, *Théâtre populaire*, ou des deux cadettes, *Travail théâtral* et, à partir de 1974, *Théâtre public*.

Bien que des auteurs comme Armand Gatti ou Rezvani aient fait d'emblée de leurs pièces des machines de guerre anti-impérialistes (Gatti, *V comme Vietnam*, 1968, Rezvani, *Capitaine Schelle capitaine Eçço*, 1971), on ne s'étonnera pas outre mesure de ce que l'effort en vue d'un théâtre de critique sociale ait été pour l'essentiel mené par des metteurs en scène et des troupes. Jamais Brecht n'aura été autant joué, et c'est *La Noce chez les petits bourgeois* qui révélera à la critique, en 1968, l'homme de théâtre le plus important de sa génération, tout à la fois metteur en scène, chef de troupe, directeur d'école : Jean-Pierre Vincent, longtemps associé à Jean Jourdheuil. Mais le matériau théâtral de l'ère politique était sans exclusive. C'est la destruction-reconstruction d'une pièce de Labiche, *La Cagnotte*, qui, en 1971, assit définitivement la réputation des deux hommes, pendant que des troupes comme le Théâtre populaire de Lorraine (*Minette la bonne Lorraine*, 1968), l'Aquarium ou le Campagnol préféraient travailler sur des textes d'élaboration collective, souvent issus d'une enquête préalable auprès des exclus traditionnels de la parole (ouvriers, paysans, femmes, minorités ethniques...).

L'œuvre collective qu'est à peu près tout spectacle rendait cependant cette démarche moins risquée que partout ailleurs. Passés l'explosion graphique de l'Atelier des beaux-arts en mai-juin 68 et son cortège d'affiches aujourd'hui chèrement collectionnées, le « plasticien » eut par exemple beaucoup de mal à maintenir le contact entre son ambition de servir le peuple, le parti ou la révolution, et la commande sociale. Dans le meilleur des cas, qui n'est pas celui de la branche léniniste de Support-Surface, il remit tout naturellement ses pas dans ceux de la tradition muraliste, nourrie des Mexicains et de Fernand Léger. Ainsi prit corps l'aventure des Malassis, seule expérience ouvrière et picturale prolongée que la France ait connue jusqu'à présent, à qui l'on doit en effet, à côté de deux ou trois manifestes (*L'Affaire Russier, L'Apprentissage...*), la décoration de plusieurs lieux publics. Mais souvent l'élément politique se trouva réduit à l'état d'ingrédient, la limite étant atteinte en ce sens par la musique savante, de tous les arts celui qui avait le moins de précédents à méditer à cet égard. Genre d'époque, comme on l'a vu, le « théâtre musical » remplit cet office. On peut dès lors se demander s'il ne faut pas du verbal pour que s'affirme un art militant, faute de quoi les intentions risquent de n'apparaître que sous les espèces d'une glose plaquée sur une œuvre ambivalente.

Mais, de ce fait, il fallait, *a contrario*, vouloir tout ignorer de la langue anglaise, ou bien encore jouer le jeu d'une relation toute quiétiste – le siècle dira « planante » – à la musique pop pour occulter la dimension explicitement dénonciatrice d'œuvres comme celles de Jefferson Airplane, Velvet Underground ou Frank Zappa, l'évolution politique des Beatles, l'engagement de John Lennon. En langue française, les lendemains qui chantent furent plutôt d'abord chantés par des ACI, de toute génération (Léo Ferré, Jean Ferrat, Colette Magny...), qui y consacrèrent quelques années durant l'essentiel de leur énergie, soumettant au besoin, à cette occasion, leur esthétique à un vigoureux coup de jeune (Ferré et le groupe Zoo, Colette Magny et la musique contemporaine). Puis, vers 1972, le temps fut mûr pour qu'un jeune chanteur pût cristalliser les aspirations d'un public nourri de Joan Baez et de Bob Dylan. Une présence physique folk, de nouveaux lieux de communion populaire (le Palais des Sports, des chapiteaux...), un engagement affiché mais peu dogmatique : ce fut Maxime Le Forestier, principale vedette chantante et chantée des années rouge-et-noir.

Et ce n'est qu'après cette percée que purent s'imposer les premiers rockeurs français à la parole politique, une demi-douzaine d'années après les premiers textes gauchistes compréhensifs à l'égard d'un phénomène (1970 : manifeste du Front de libération et d'intervention pop) et les premiers échecs commerciaux des groupes Komintern ou Majun. Ils auront nom François Béranger ou Bernard Lavilliers, chanteront une révolte plus viscérale, plus individuelle, et la méfiance des illusions lyriques : déjà ils appartiendront à une autre époque.

Partisans

Dans la mesure où l'essai était plus que jamais littérature pilote, au lieu et place de la poésie de 1910 ou du roman de 1930, le terrain d'élection du tout-politique ne pouvait manquer d'être l'intelligentsia à la française et l'héritage idéologique de Mai, vécu contradictoirement : d'un côté son discours appelait à la dissolution, voire à l'humiliation, de l'activité philosophique ou scientifique au sein du mouvement des masses, de l'autre, la pratique quotidienne conduisait à une surenchère sur les marques distinctives de l'excellence intellectuelle. Beau temps pour les manifestes « collectifs » (*Change, Les Cahiers du cinéma, Tel quel* et derechef *Tel quel*...). Des œuvres nouvelles s'y épanouirent à leur aise, comme celle de Nicos Poulantzas, dont l'austère *Pouvoir politique et classes sociales* de 1968 se vendit à quarante mille exemplaires, des œuvres déjà engagées s'en trouvèrent regauchies, comme celle de Louis Althusser. Sa relecture de Marx avait toutes les qualités requises pour servir, vers 1970, de plus grand commun multiple : fréquentation assidue des textes originels, rapport de sympathie critique avec le PCF, « parti de la théorie », position institutionnelle privilégiée, au cœur de la rue d'Ulm.

Aucun lieu ne témoigne mieux du foisonnement de ces initiatives que le catalogue de celui qui fut le grand médiateur de Karl, Louis, Nicos et les autres, l'éditeur François Maspero : revues *Partisans*, *Tricontinental* ou *Hérodote*, collections Cahiers libres, Textes à l'appui, Voix, Économie et socialisme... Aucune individualité n'en témoigne mieux que celle du Grand Ancien, Jean-Paul Sartre, dans son dernier coup de jeune (1973 : *Élections piège à cons*, 1974 : *On a raison de se révolter*) et son dernier combat symbolique, significativement illustré par une série de patronages (*La Cause du peuple*, agence Libération, journal *Libération*...).

L'intérêt théorique de la séquence semble être considéré aujourd'hui comme des plus faibles, centré surtout, dans la ligne d'Herbert Marcuse mais sur de tout autres bases, autour d'une possible conciliation de Marx et de Freud (*Capitalisme et schizophrénie :* surtitre de *L'Anti-Œdipe* de Gilles Deleuze et Félix Guattari, 1970). En revanche, l'activisme des intellectuels d'extrême gauche, l'ébrouade de tant d'artistes dans les eaux de la mer Rouge ont laissé quelques traces en termes de société culturelle.

Déjà dans la mesure où, pendant que les idéologues militants occupaient l'attention (une œuvre très datée, à cet égard, demeure celle de Maria Antonietta Macciocchi : *De la Chine*, 1971, *De la France*, 1977...), des occupations de terrain plus discrètes avaient lieu, plus difficilement délogeables. Au sein de la recherche universitaire classique, par exemple, et jusque dans des contrées aussi traditionalistes que l'histoire littéraire (Pierre Barberis) ou la géographie, grâce au travail d'Yves Lacoste et de la revue *Hérodote*, proclamant d'entrée : « La géographie, ça sert d'abord à faire la guerre. »

Sans doute la sociologie, première interpellante mais de ce fait première interpellée, ne se releva-t-elle jamais tout à fait du coup de Mai. Chacune des principales écoles qui s'en partageait le champ chercha à surmonter la contradiction par ses propres moyens. A gauche, celle d'Alain Touraine par un discours sans cesse renouvelé sur la crise (*Le Mouvement de Mai ou le communisme utopique*, 1968, *Lettre à une étudiante*, 1974); à droite, celle de Michel Crozier par une glose à l'anglo-saxonne sur le consensus (*La Société bloquée*, 1970). En revanche c'est sur ce commun désastre qu'allait se construire le succès de l'école de Pierre Bourdieu, passée insensiblement de la monographie culturelle (*Un art moyen*, 1965, *L'Amour de l'art*, 1966) à la synthèse théorique (*La Reproduction*, 1970). Initialement récupérée par l'extrême gauche, elle commençait en fait un travail d'exploration des systèmes symboliques appelé à ébranler toutes les idéologies établies (1975 : fondation de la revue *Actes de la recherche en sciences sociales*).

Bourdieu faisait en quelque sorte la théorie d'une pratique. Désormais et sans exception, les sciences sociales furent obligées de faire une place aux mauvais esprits de la militance. L'espace conquis était peu étendu, certains espoirs firent long feu, comme ceux du Forum-histoire (Jean Chesneaux, *Du passé faisons table rase ?* 1976) ou de la revue *Le Peuple français* (1971-1981); l'essentiel n'était pas là. Il était dans le discrédit porté sur les discours « positivistes » des scientificités antérieures. Les philosophes, sociologues, historiens adversaires du marxisme, tout en protestant contre une politisation qui leur déplaisait, firent comme les autres (Jean-Marie Benoist, François Bourricaud, Pierre Chaunu...). Qu'on s'en afflige ou qu'on s'en félicite, cette fièvre décennale de politisation compromit durablement l'asepsie intellectuelle.

LE TOUT POUR LE TOUT

La force de la période n'est pourtant pas dans son extrémisme. Elle est dans l'accompagnement que celui-ci a donné à un mouvement en profondeur, un grand mouvement de libération culturelle sans précédent, sur beaucoup de points, dans l'histoire de ce pays. La nature exacte de ce rapport (hasard ou nécessité, effet ou cause) reste discutée, tout comme il est évident qu'il n'est pas proprement français : il n'importe. Il y a bel et bien eu une modalité française de ce grand saut dans la relativité sociale, dont aucune des périodes suivantes n'est complètement « revenue ».

L'âge de dérision

C'est par exemple un trait frappant de francité que l'antériorité du discours situationniste sur ce qui peut être aujourd'hui résumé de l'évolution de l'extrême gauche

195

française entre 1968 et 1975 : le passage d'un gauchisme généralisé à un gauchisme spécialisé. *La Société du spectacle* de Guy Debord date de 1967, tout comme le *Traité de savoir-vivre à l'usage des jeunes générations*, de Raoul Vaneigem, et l'évolution de ces dissidents de l'« avantgarde » esthétique, irrésistiblement conduits à globaliser leur refus de la société dite moderne, en annonce bien d'autres, mais si Hegel ou le jeune Marx entrent dans leur bibliothèque, l'importance de leur contribution tient dans leur fidélité au principe qu'ils avaient affiché avant tous les autres : « Il ne s'agit pas de mettre la poésie au service de la révolution, mais bien la révolution au service de la poésie. » D'où la volonté obstinée de ces totalisateurs de ne pas se fondre dans (être confondu avec) le gauchisme en quelque sorte officiel et, sur le moyen terme de la décennie, une victoire évidente de ce culturalisme radical sur le radicalisme du tout-politique.

Le Mouvement du 22 mars, fortement imprégné d'esprit anarchiste, avait déjà parlé de « lutter pour la jouissance dans la liberté ». Moins de deux ans plus tard, à l'heure où le dernier numéro, isolé, de l'*IS (Internationale situationniste)* proclamait « les nouveaux droits de l'homme » (citons : « droit de vivre en nomade, droit d'aimer sans réserve, droit de créativité »...), la lutte « de la vie contre la mort » commençait à trouver voix au chapitre, aux côtés, voire à la place, de la lutte des classes : c'est le ton spécifique du mouvement Vive la révolution! et de son journal *Tout!* (1970-1971), qui voyait dans Mai « une fantastique lame de fond sur le plan culturel » et, le premier de tous les organes de presse révolutionnaires, consacrait un numéro à la question homosexuelle ou au féminisme. En l'espace de quelques mois l'énergie révolutionnaire faisait la connaissance de textes qui équilibraient en ce sens le *Petit Livre rouge* ou les écrits du général Giap : *Do it* (Jerry Rubin, introduction d'Eldridge Cleaver, traduction française 1971), *Sur la route* (Jack Kerouac, traduction française 1971), en attendant les rééditions de Charles Fourier.

Ainsi le public de Costa-Gavras applaudissait-il à l'iconoclastie du vieux Buñuel, ainsi les contemporains de

Support-Surface faisaient-ils une place au mouvement Panique (Arrabal, Jodorowski, Jérôme Savary, Roland Topor, Christian Zemmer), ainsi en un mot l'ère du marxisme-léninisme fut-elle simultanément celle de l'humour bête-et-méchant. Celui-ci entra dans l'histoire après Mai, quand la création, aux côtés du mensuel *Hara-Kiri*, d'un hebdomadaire (*Hara-Kiri Hebdo*, devenu en 1970 *Charlie Hebdo*) fut tout à la fois cause et conséquence d'une implication plus directe dans le mouvement politique et social contemporain. Une aventure était née, encouragée par un public de convaincus (*Charlie Hebdo*: autour de 100 000 exemplaires, vers 1973). Les querelles internes, suivies de départs, qui l'ébranlèrent périodiquement l'affaiblirent d'abord moins qu'elles ne contribuèrent à en diffuser la bonne parole et le mauvais esprit. Le ton écrit-parlé de Delfeil de Ton et, surtout, celui de Cavanna déteignirent sur une partie des jeunes journalistes de *Libération* ou de la presse « parallèle ». Le destin météorique de Pierre Fournier (fondateur de *La Gueule ouverte*, premier organe écologiste, édité par *Hara-Kiri*), les textes-dessins de Cabu, Gébé, Reiser, Wolinski marquèrent la pensée politique de leur temps plus profondément que la plupart des manifestes de partis ou groupuscules.

Les mots pour le dire

C'est que si la liberté demeure une notion aux contours flous, la libération qui, elle, est un mouvement vers ce point oméga, n'a pas besoin d'autant de certitudes pour prouver son existence en marchant. On n'en veut pour témoignage que l'évidence des changements (dans le discours, la pratique quotidienne et, sommant le tout, la loi) recensés pendant cette époque sous ce vocable.

Ainsi le renversement des systèmes de valeurs des Français à l'égard des relations sexuelles et du statut des sexes a-t-il été d'autant plus violent que vers 1968 la situation représentative, telle que codifiée par la législation, les usages et leur transcription artistique, n'avait pas sensiblement bougé depuis environ un siècle. Il n'y fallut rien de

197

moins, mais rien de plus, qu'une mise en scène collective. Celle-ci se construisit sur trois lignes de force. On passera rapidement sur la première, ensemble de minorités agissantes qui fleurirent à partir de 1970 sur la crise du gauchisme généraliste (1970 : MLF, 1971 : Front homosexuel d'action révolutionnaire, 1972 : mouvement « Choisir »). La seconde mérite plus d'attention ici, car elle consista en une série d'opérations symboliques destinées à mettre en branle les médias et à accélérer les prises de conscience. Les unes participaient de la tradition du manifeste : pétition (des « 343 » femmes, en 1971, puis des « 330 » médecins, en 1973), manifestation (du MLF sur la tombe du soldat inconnu, 1970), agit' prop' (diffusion clandestine du film *Histoire d'A*, 1973-74), « journées » (*Crimes contre la femme*, 1972, révolte des prostituées de Lyon, 1975...); les autres, plus propres à toucher un vaste public, s'apparentaient à une mise en scène de l'actualité, de l'affaire Gabrielle Russier (1968) à l'affaire d'Hendaye (1975), de la liberté amoureuse du mineur à la pénalisation du viol.

La troisième ligne de force tient dans une nébuleuse d'objets représentatifs, plus ou moins fondés sur la fiction et poursuivant la politique par d'autres moyens. Une minorité seulement, parmi les créateurs, œuvra en relation explicite avec le mouvement revendicatif, autour du thème de la prise de parole. Le terrain fut en général déblayé par une proclamation écrite, comme l'illustrent les titres de l'époque (*Lettre ouverte aux hommes, Les Mots pour le dire, Parole de femme, Ainsi soit-elle...*). Ladite parole passa peu à peu à l'image (Yannick Bellon, *La Femme de Jean*, 1974), mais avec un retard significatif qui situe seulement à la fin des années 70 les films les plus remarqués, signés Varda, Bellon, Coline Serreau. Dans les marges de ce travail conscient et organisé, plus grand fut en général le nombre de ceux qui s'avancèrent en francs-tireurs, avec une dose de sincérité variable, de Nelly Kaplan (*La Fiancée du pirate*, film, 1969) à Jean-François Davy (*Exhibition*, 1975), de *Hair* (théâtre, 1969) à *O Calcutta* (1970). On ne s'étonne pas de voir que le film ayant à la fin de la période accumulé le plus grand nombre d'entrées en exclusivité était *Emmanuelle*, que dans l'édition des livres comme ceux d'Annie Leclerc, de Benoîte Groult et de Marie Cardinal figuraient parmi les best-sellers (154 000, 340 000, 380 000 exemplaires vendus), que des émissions de radio-confession du type de celles de Ménie Grégoire (RTL, à partir de 1967) étaient parmi les plus écoutées : du militant au mercanti, tous les efforts, et les effets, convergeaient.

Les résultats sont connus, en termes d'institutions ou de statut culturel; mais le plus important se situa, bien entendu, au stade des pratiques sociales et ici, toutes les statistiques convergent pour dater de ces années-là le grand renversement des comportements conjugaux : chute des taux de fécondité (1964) et de nuptialité (1972), montée en flèche du nombre des divorces (1972), des unions libres (1975), des naissances hors mariage (1975)... Il est évident que l'apparition en France de la « seconde révolution contraceptive » (pilule puis stérilet, à partir de 1962) a été le facteur technologique déclenchant; il n'en reste pas moins que la diffusion et la reconnaissance sociale puis officielle des nouvelles pratiques sexuelles sont strictement dues à un volontarisme culturel, comme le prouve leur contemporanéité avec la dépénalisation progressive de l'avortement ou de l'homosexualité.

Corps sociaux

La libération des corps personnels fut plus brutale, mais plus durable, que celle des corps sociaux ou, pour être plus précis, des corps affectés à la gestion de la population, de l'éducateur au gardien de prison, en passant par (dans l'ordre) l'animateur, le travailleur social, le psychiatre, le magistrat. Du centre d'hygiène sociale au commissariat, autant d'institutions de la fermeture dont Michel Foucault et ceux qui s'inspiraient de lui entreprirent dans le même temps de refaire l'histoire, pour en changer l'avenir.

L'institution scolaire et universitaire, en avant-scène de l'actualité depuis 1968 jusqu'aux grands mouvements étudiants-lycéens du printemps 1973, voyait dénoncés son injustice sociale (Bourdieu/Passeron, Baudelot/Establet) au même titre que son danger psychologique (Alexander Sutherland Neill, Gérard Mandel). Deux ou trois années scolaires durant, un petit genre eut sa chance : les mémoires de profs (Pascal Laîné, François George, Claude Duneton...). A la même époque, et du même mouvement, proliféraient des associations, des médias propageant une critique radicale, qui du système sanitaire et psychiatrique (Roger Gentis, Maud Mannoni, *Tankonalasanté*, *Garde-fous*), qui du système judiciaire et pénitentiaire (Groupe d'information sur les prisons, Comité d'action des prisonniers, revue *Actes*...).

Par-delà bien des équivoques, bien des lenteurs, il allait à l'avenir être exclu que ces territoires fussent le lieu d'affrontements symboliques – j'entends par là au niveau du symbole, mais fort réels – aussi acharnés que ceux des années 70. Vers 1965 un éditeur connu, Éric Losfeld, pouvait encore faire scandale avec des textes érotiques, vers 1974 les auteurs de bande dessinée pouvaient encore se « libérer » en étalant leurs phantasmes et leurs révoltes dans *L'Écho des savanes* ou *Fluide glacial*. Quelques années plus tard, ce type de pratique et de curiosité ne soulevaient plus de vagues.

Peu importe si, au-delà de quelques grandes décisions légales, les résultats concrets, au niveau de la vie quotidienne, aient parfois été modestes ou ambigus. Le foyer parental, par exemple, si menacé en apparence à l'époque de la vogue communautaire et des gloses sur la révolte contre le Père (Georges Lapassade, Gérard Mandel), tint assez bien le coup : mais c'est qu'il ne s'agissait plus de la même famille. Le travail intellectuel des pédiatres, abondamment vulgarisé (traductions de Bruno Bettelheim, émissions radiophoniques de Françoise Dolto), était, quoi qu'on en pense, passé par là. Au fond de la forme, ce qui importait surtout était la présence culturelle, si éphémère fût-elle parfois, de tous ces opérateurs radicaux. Même là où le reflux allait être continu dès le début des années 70, dans l'Université par exemple, marquée par l'extinction des espérances nées chez les révolutionnaires aussi bien que chez les réformistes de la loi Faure, le trouble allait persister ; rien, décidément, ne pouvait être plus tout à fait comme avant : c'est là une définition parmi d'autres de la « révolution culturelle ».

On peut d'ailleurs symboliser cette fécondité et ses limites dans le destin contrasté de deux périodiques qui furent chacun comme autant de réussites d'un certain message libertaire. L'un, issu en droite ligne des expériences gauchistes de « presse parallèle », explosa à répétition jusqu'à l'atomisation finale, sans préjudice des métamorphoses futures. L'autre, né peu avant que le premier ne s'effaçât, entreprit de progresser à pas comptés dans l'arpentage des terres nouvellement conquises. Les deux titres en disent beaucoup à eux seuls : *Actuel, Autrement*.

Actuel avait connu des débuts bouillonnants mais marqués par l'amateurisme. Repris en 1971 par une équipe qui n'eut bientôt plus rien à apprendre des « pros » (Jean-François Bizot, ancien de *L'Express*, Michel-Antoine Burnier, Bernard Kouchner, Patrick Rambaud...), il ritualisa la « contre-culture ». Dans *Actuel* les thèmes de la « Route » (ce fut d'ailleurs le titre d'un film de Bizot, réalisé en 1972), qu'elle allât vers l'Orient ou vers la drogue, et du « pied » hédonique trouvèrent leur transcription journalistique : surimpressions colorées, typographie déchaînée, petites annonces gratuites, guide de la marginalité... Un tirage plus qu'honorable pour une telle publication (90 000 exemplaires vers la fin, dont 60 000 vendus) assurait mieux que la survie du titre, qui préféra pourtant se saborder en pleine gloire, craignant de se scléroser. Bizot résuma cette aventure typique dans des romans d'époque, *Les Déclassés* (1976), *Scènes de la vie de bohème 1970*.

D'un abord plus sage mais de contenu tout aussi non conformiste, *Autrement*, animé par Henri Dougier, s'attacha beaucoup plus à l'expérimentation concrète et à l'éventuelle systématisation de ces passages à l'acte. Son utopisme se voulait les pieds sur terre, et si l'alignement de ses sujets demeure une véritable anthologie des aspirations libératrices contemporaines, le contenu exact de ses enquêtes constituera pour l'historien une exceptionnelle récapitulation de leur pratique (en 1975 : *Jeunesse en rupture; L'Église : l'épreuve du vide; Finie la famille ? Guérir pour normaliser*, etc.).

Toute cette évolution vérifiait certaines intuitions situationnistes : dans la mesure où ses lendemains ne chantèrent pas, l'espérance se cristallisa sur le présent. Passée la courte période sectaire, la fête devint un topos sur lequel purent s'exercer les talents les plus variés. « La fête, cette hantise », titrera *Autrement* en 1976, l'année où précisément paraissait *La Fête révolutionnaire* de Mona Ozouf et une demi-douzaine d'autres ouvrages sur le sujet. Vers l'espace festif convergeaient en effet les deux grands désirs flottant dans l'air du temps : libération et communauté. Lieu imaginaire, lieu où les images prenaient corps et âme, la fête aspirait les discours, quand elle n'était pas aspirée elle-même vers l'utopie proprement dite.

Longtemps discrédité, ce dernier nom acquit, l'espace d'un lustre, une aura magique. L'Internationale situationniste avait exalté en son temps l'*utopie concrète* ; le père de l'écologisme français, René Dumont, intitula *L'Utopie ou la mort* sa déclaration de principes, la même année 1973 où l'équipe d'*Actuel* publiait sous le titre « C'est demain la veille » une enquête à laquelle répondirent, comme il se devait, Deleuze et Guattari, Michel Foucault, Herbert Marcuse – et Charles Fourier.

Un auteur cristallise bien cette aspiration autour d'une formule et d'un *credo* : l'écrivain et dessinateur Gébé, philosophe de l'An 01, ce moment où *On arrête tout. On réfléchit. Et c'est pas triste.* Des organes typiquement soixante-huitards accueillirent cette œuvre, d'une remarquable cohérence : *Politique Hebdo, Charlie Mensuel, Charlie Hebdo*... Un film en sortit même, en 1973, *L'An 01*, au succès discret mais au générique duquel figurèrent plusieurs des noms les plus représentatifs de la nouvelle culture : Jacques Doillon, Jacques Higelin, Romain Bouteille et toute l'équipe du plus célèbre des cafés-théâtres, le Café de la Gare.

C'est portée par la même vague, mais dans un style assez différent, que s'édifia l'œuvre d'Ivan Illich, sans doute moins lue que la précédente par ceux auxquels elle s'adressait en priorité, mais plus remarquée de l'intelligentsia. Totalement cosmopolite, à l'écoute de tous les signes avant-coureurs des grands séismes culturels, ce spiritualiste des nouveaux temps développa une critique générale aussi bien que particulière de la société industrielle. *Libérer l'avenir* (1970) posait les prémisses; l'école (*Une société sans école*, 1971), la communication sociale (*La Convivialité*, 1973), la communication économique (*Énergie et équité*, 1975) firent ensuite l'objet de cette interpellation passionnée. Les limites de l'œuvre gisaient aussi là : Illich stigmatisait l'écart qui pouvait exister entre le savoir et la pratique. En s'éloignant petit à petit de l'expérimentation qui avait nourri ses premières réflexions, il parut tomber dans les mêmes travers.

C'est qu'il y a entre l'utopie et la fête quelque chose de la différence entre la théorie et la pratique. Autant la première pouvait se contenter d'être cette sorte d'objet verbal non identifié, autant la fête se devait d'être, par définition, au coin de la rue. Conscient de constituer, par sa corporalité immédiate, la plus juste approximation de l'enthousiasme collectif, le spectacle parut plus que jamais fasciné par son propre Grand Soir : l'Art total. Le principal obstacle qu'il trouva sur son chemin, et qu'il ne surmonta pas de toute la période, tint à ce que cette quête se fit à partir de deux points de départ fort éloignés l'un de l'autre, et en fait séparés par un abîme d'incompréhension.

Le premier se situait au cœur de la musique populaire, provisoirement la « pop ». Contre les affadissements de toutes sortes qui d'après ses tenants avaient abouti en France à la mode yé-yé, dès lors en déclin (1976 : fin de la première formule de *Salut les copains!*), la pop exaltait les valeurs du son puissant, du rythme accentué, de l'extase corporelle, dans un langage vigoureux et collectif : affirmation du groupe par rapport au chanteur individuel, libération accélérée à l'égard des codes formels communément admis (durée standardisée des morceaux, non-combinaison avec la culture savante, non-engagement politique...). Depuis 1966, un album pouvait n'être qu'une seule et même longue pièce instrumentale-vocale; à partir de 1968, on vit les Doors ou les Who s'intégrer à un spectacle théâtral, bientôt Deep Purple ou Soft Machine s'associer à un orchestre symphonique. Apparut peu après le synthétiseur, qui élargit encore les moyens offerts aux groupes pour manipuler tout à la fois le son et les cordes sensibles du public.

Auditeurs-spectateurs : guère possible de distinguer les deux termes, à considérer la vie des grandes tournées. Si vers 1968 le monde occidental approcha de quelque chose qui aurait pu être la grande Fête des temps nouveaux, ce fut certainement sous la forme expérimentée en Californie à partir de 1966 et dont l'acmé se situa en 1969 : Big Sur, Woodstock, Wight, Amougies... On le voit : le territoire français se rapprochait à grande vitesse. Il fut atteint l'année suivante, avec les grandes démonstrations d'Aix-en-Provence et de Biot. Deux semi-échecs, en fait, mais l'essentiel était dans le contexte général :

— succès des tournées (40 000 amateurs au Pavillon de Paris pour les Rolling Stones);
— succès discographique (plus d'un million de disques vendus en France d'*Ummagumma* des Pink Floyd, 1969);
— succès théâtral (*Hair*);
— succès cinématographique (de *Monterey* à *Gimme shelter*);
— succès critique, enfin, interne (revue *Rock and folk*) mais aussi externe, puisqu'en 1971 un numéro de la revue *Musique en jeu* s'ouvrait au pop.

Notons cependant que l'utopie pop resta un lieu d'autant plus imaginaire qu'elle a été vécue massivement hors concert : par le disque et la radio. Dans le sondage SER de 1974 sur les pratiques culturelles des Français, 92 p. cent des personnes interrogées n'avaient jamais assisté à un concert de jazz ou de pop, soit l'une des activités culturelles les moins populaires qui soient, à peu près au niveau de l'opéra.

L'autre marche vers l'Art total partait de l'univers traditionnel du théâtre, de l'art lyrique et du ballet, bien que (ou parce que ?) lourdement marqué, *a priori*, par le poids des répertoires et des académies. Deux grandes tendances l'animèrent, parfois unies chez un même créateur ou à l'occasion d'un même spectacle, plus souvent étrangères l'une à l'autre. La première tentait d'affranchir la représentation de ses conditions spatiales traditionnelles; la seconde de concentrer les formes d'expression les plus diverses en un seul objet spectaculaire.

Une conjoncture sans doute pas si innocente voulut que l'année de l'occupation de l'Odéon par le mouvement étudiant radical fût aussi celle de la découverte du Living Theatre au festival d'Avignon et du Bread and puppet (Peter Schumann) à celui de Nancy. Les conditions étaient remplies pour qu'apparût une génération d'hommes de théâtre décidée à ébranler le conformisme spatial, en petite comme en grande largeurs. Au stade de la petite unité, le café-théâtre, inventé isolément en 1966 par Bernard Da Costa, s'épanouit à partir de 1969 : beaucoup plus, au départ, qu'une version rénovée de l'ancien cabaret rive gauche, ce fut bien ici, outre un important pôle d'affranchissement de la sensibilité féminine, la vraie école dramatique de la nouvelle génération, dans une exceptionnelle promiscuité de l'artiste avec un public exceptionnellement concentré. Mais l'essentiel se passa côté grands ensembles, où l'on vit les nouvelles jeunes compagnies réanimer des espaces à l'abandon pour leur insuffler une âme nouvelle, comme d'un violon.

Sans l'avoir voulu, Mai 68 fut directement à l'origine du mouvement, en contraignant la Compagnie Renaud-Barrault chassée de l'Odéon ex-occupé à installer son *Rabelais* à l'Élysée-Montmartre, temple du catch. Nécessité devint loi : un lieu aussi fameux dans l'histoire du théâtre français que la Cartoucherie du bois de Vincennes aura d'abord été une salle de répétition pour une troupe sans toit; l'idée d'en faire aussi le lieu de la représentation ne vint que petit à petit, en vertu de la force théâtrale qui se mit à habiter des espaces aussi variés qu'un entrepôt, une gare ou une cave, et conduisit symétriquement Peter Brook à « saccager » artistement la salle conventionnelle des Bouffes du Nord.

Le rêve d'un lieu où tout fût possible devint d'autant plus plausible que des spectacles naquirent dans le même temps, vers quoi convergèrent toutes les représentations possibles. Une même méfiance à l'égard du psychologisme, une même référence au baroque firent de l'univers signé Patrice Chéreau (*La Dispute*, d'après Marivaux, 1973), Jorge Lavelli ou Georges Lavaudant la forme théâtrale traditionnelle la plus proche de l'esprit de fête, si l'on entend celle-ci principalement dans son acception royale, versaillaise. Traitement du texte comme d'une partition, gigantisme, machinerie : l'opéra n'était pas loin, comme on l'a vu.

Dans l'immédiat, le fait marquant fut dans la convergence de cette démarche avec celles de créateurs préoccupés d'intégration comme un Iannis Xenakis ou un Maurice Béjart. Le premier entrait en 1967 dans sa période topique. Ses poly- et dia-topes (à Paris à partir de 1972) tentaient la synthèse de la lumière et du son, jouant sur des espaces détournés (thermes de Cluny, station Auber du RER) ou spécifiques (chapiteau). Les publics qu'il réussit à toucher (plus de 100 000 audio-visiteurs à Cluny) étaient sans commune mesure avec ceux de la musique savante contemporaine. Le second, parti de plus loin, parvenait à la même date dans les mêmes parages (1968 : deuxième partie d'*A la recherche de*, sur un texte de Saint-Jean de la Croix; 1971 : *Nijinski, clown de Dieu*).

Il manquait sans doute à ces grands du théâtre-opéra une dimension supplémentaire pour que leurs spectacles pussent franchir le fossé qui sépare la fête donnée par le surintendant Fouquet à Louis XIV du carnaval interdit dans le même temps par les édits du roi. De ce côté-ci s'engouffrèrent les essais de music-hall à l'américaine de Michel Fugain et son Big Bazar, les farces lyriques de Marcel Maréchal, amateur de baroque méditerrannéen et de guignol lyonnais, ou l'inclassable Grand Magic Circus de Jérôme Savary. Littérature populaire et parade de cirque, mais aussi agit'prop' dans la ligne du groupe Octobre (le GMC participa à des manifestations gauchistes puis écologistes) : ce fut *Zartan, fils aîné de Tarzan* (1971), et la suite.

Quand enfin une mise en scène – et en compagnie – d'un certain souffle rencontrait le génie d'un lieu, la critique et le public pouvaient saluer un événement communautaire qui, pulvérisant les classifications admises, faisait du théâtre la plus réussie des fêtes, et de la fête le plus complet des théâtres. Qualités conjointes : préparation (relativement) collective, atténuation de la séparation public-comédiens (sinon son abolition, comme l'avaient d'abord rêvé certains), scènes atomisées et dilatées, techniques spatiales imbriquées. Sommets reconnus, tous deux en 1970 : l'*Orlando furioso* de Luca Ronconi, donné sous les pavillons des Halles de Baltard en instance de démolition, les débuts du *1789* du Théâtre du Soleil (direction : Ariane Mnouchkine; 284 370 spectateurs au total).

Il n'était pas dit que de tels sommets fussent souvent atteints; il est en revanche évident que la pratique de la fête, et non plus sa seule glose, « entrait dans les mœurs ». A défaut d'être soulevé au-dessus de lui-même par une si exceptionnelle concentration d'efforts, le public français prit l'habitude de descendre vers la fête. Les unes restaient liées à une expérience longuement partagée : fêtes ethnocentristes, du style des *festou noz* bretons, ou fêtes politiques, comme il en fleurit un grand nombre, entre ripaille provocatrice et kermesse de parti. Un modèle du genre furent les Trois jours du Larzac, en août 1973, le plus grand rassemblement depuis mai 68 à réunir à la fois fête et contestation. Les autres jouaient au contraire la carte du déracinement par rapport à leur propre expérience quotidienne et, du coup, se trouvaient quelques jours durant transportés vers l'utopie : en d'autres termes, le festival. Avignon, prototype français, en demeura, malgré la crise d'identité ouverte en 1968 aux cris gauchistes de « Vilar, Salazar », le modèle d'autant plus imité qu'il s'était à partir de 1967 ouvert à la danse, au cinéma, aux arts plastiques, au théâtre *off*, au théâtre en gestation

(Théâtre ouvert de Lucien Attoun)... Victoire posthume, à la Pyrrhus, pour l'homme du TNP, figure typique de la première génération : chemin faisant, lui comme ses cadets avaient perdu quelques illusions supplémentaires, mais quand il était question d'une action artistique collective, populaire et décentralisée, c'était encore vers son exemple qu'on se tournait.

8

L'âge post-moderne

L'épithète « post-moderne » est entrée dans le vocabulaire français par le biais de l'architecture et le canal des
États-Unis (*via* le critique anglais Charles Jencks, *Le Langage de l'architecture post-moderne,* 1975, traduction française 1979) et cette double origine n'est pas le fait du hasard.
L'époque dont il va être question maintenant a été, à l'heure
des reportages idéologiques façon Guy Sorman ou façon
Jean Baudrillard, la plus américanophile de l'histoire culturelle française ; quant à l'art de bâtir il était bien, en raison de
l'importance de ses enjeux sociaux, le lieu, depuis quarante
ans (exposition Johnson-Hitchcock de 1938), du plus
évident exercice du pouvoir, symbolique et financier, qui
ait été dévolu aux tenants du « mouvement moderne ».

Il n'est d'ailleurs pas nécessaire de partager les théories
esthétiques de Robert Venturi pour saluer la pertinence
de la formule, devenue bientôt d'usage assez répandu
pour qu'un idéologue aussi représentatif de la génération
soixante-huitarde que pouvait l'être Jean-François Lyo-
tard la reprît immédiatement à son compte et la générali-
sât à toute l'époque (*La Condition post-moderne,* 1979).

Années de démolition

Post-moderne, le nouveau temps allait l'être, en effet,
par le renversement des valeurs intellectuelles et esthé-

tiques qui l'a caractérisé. Ce renversement a frappé en priorité le discours le plus explicite, le plus structuré, le plus socialisé, en d'autres termes le discours politique, mais il a, du même mouvement, touché l'univers de la création artistique, savante ou vernaculaire : on trouvera dans cette contemporanéité une raison supplémentaire de postuler l'existence d'une relation constante entre « art » et « idéologie », conclusion bien paradoxale puisque la première victime de cette révision généralisée a été la vulgate marxiste.

L'effet Goulag

L'époque a d'abord parlé de « crise » de l'idéologie léniniste (dite communément « communiste »), mais par la suite c'est le terme d' « effondrement » qui s'est, le plus clairement, substitué à lui. Cet effondrement ne fait pas de doute sur le plan politique, et il ne date en effet que des dernières années 70, qui ont vu le PCF amorcer une chute vertigineuse sur le terrain électoral, après une période de redressement qui, sur ce plan comme sur celui des effectifs (520 000 adhérents environ vers 1978, dernier sommet reconnu), avait paru annuler la plupart des effets du gaullisme. Mais quelle est la part de l'idéologie dans cet infléchissement des courbes ? A ne considérer qu'elles, on pourrait en effet s'interroger sur le lien qui existerait entre culturel et politique, puisque rien n'y prouve que, dans l'immédiat, le premier recul sensible du communisme français depuis la guerre, perceptible aux élections législatives de 1958, ait été dû au double coup du XXᵉ Congrès et de Budapest. C'est que le quantitatif n'est pas tout, et qu'il faut de surcroît relire les dites courbes sur la longue durée. A cette lumière, la crise de 1956 apparaît en revanche bel et bien comme à l'origine de l'hémorragie constante qui, trente ans plus tard, aura fini par réduire à sa plus simple expression la notion, naguère considérable, d' « intelligentsia communiste ».

Dans une telle perspective, les révélations d'Alexandre Soljenitsyne n'auraient pas dû troubler outre mesure une société déjà détachée de toute fascination pour le modèle soviétique. La nouveauté de la période vint donc moins de ce que disait l'auteur de *L'Archipel du Goulag* (le texte français parut en janvier 1974) que de la soudaine audience qui était donnée à des « révélations » qui ne faisaient que développer, même si c'était sur un ton autrement tragique, les témoignages d'un Victor Serge, d'un Victor Kravchenko, d'un David Rousset, un tiers de siècle plus tôt.

Les qualités littéraires d'un successeur de Dostoïevski avaient sans doute pu séduire les successeurs de Melchior de Vogüe, mais ce ne fut pas l'essentiel. Un éditeur dynamique (Claude Durand), des exégètes éloquents (Pierre Daix, *Ce que je sais de Soljenitsyne*, mais 1973, Jean Daniel, André Glucksmann, dans *le Nouvel Observateur* de janvier et mars 1974) amplifièrent le phénomène, mais ce ne pouvait être suffisant. Le cri de Soljenitsyne devenait audible, son témoignage devenait lisible parce que la révolution léniniste était entrée dans l'âge du monde fini. Or ladite entrée ne pouvait se mesurer seulement au refus du Parti français d'évoluer « à l'italienne » (Daix), ni même à l'échec, *in situ*, du gauchisme généralisé (Glucksmann). L'entrée supposait surtout une clôture, celle de toute une ère, l'ère des grands mouvements de libération, et c'est là qu'une pensée camusienne comme celle d'un Jean Daniel trouvait à se déployer.

Tous les témoignages n'avaient, en effet, pas le même enjeu. La Tchécoslovaquie de 1968 ou la Pologne de 1981 ne faisaient que confirmer la Hongrie de 1956. Mais jusqu'ici la démystification du paradis soviétique s'accompagnait, chez les prophètes de la Révolution, de l'exaltation d'un nouveau modèle : on vit qu'on était sorti du *trend* révolutionnaire à ce que, soudain, un tel mouvement de transfert ait pris fin. L'alignement progressif de Fidel Castro sur Moscou et la crise de succession en Chine « normalisèrent » l'image de la révolution tiers-mondiste mais, plus profondément encore, la victoire communiste au Viêt-nam (1975), corrélée à la dictature khmère rouge, acheva de faire basculer la figure du révolutionnaire de celle de David à celle de Goliath. Ce changement de champ entraîna pour les intellectuels un changement de camp.

Exactement à la même date (juin 1975), une polémique se déclenchait autour du thème d'une supposée dérive gauchiste du journal *Le Monde*, à propos de textes ambigus sur le Cambodge et le Portugal. Peu importe, là aussi, la pertinence de l'accusation; l'important est dans la vigueur, l'audience et l'efficacité, à cette occasion, d'une parole libérale. De même la démaoïsation intellectuelle de la France passait-elle non par tel texte antitotalitaire isolé, inaperçu en son temps (Simon Leys, 1971), face à la solidité et à la solidarité de l'axe Alain Peyrefitte-Maria Antonietta Macciocchi, mais par la publicité soudain donnée, un jour de septembre 1976, à la thématique révisionniste par l'organe même de la génération politique, *Libération*.

Une idéologie ne faisant jamais qu'en chasser une autre, un groupe de philosophes issus des combats de Mai, mais trop jeunes pour en avoir été autre chose que des compagnons de route, occupa le terrain abandonné par Althusser ou Poulantzas. Malgré leur technicité ou leur ésotérisme, les premiers livres d'un Glucksmann (*La Cuisinière et le mangeur d'hommes*, 1975) ou d'un Christian Jambet-Guy Lardreau (*L'Ange*, 1976) allaient être des succès de librairie. Une fois de plus, on a pris l'effet pour la cause en ne voyant dans la vogue des « Nouveaux Philosophes » (*Les Nouvelles littéraires*, mai 1976) qu'une opération médiatique, voire commerciale. Qu'un jeune normalien agrégé de philosophie (Bernard-Henri Lévy) ait révélé à cette occasion des talents d'organisateur de tendance et de journaliste prouve simplement que les créateurs ne laissent pas toujours aux médiateurs le soin du « massage »; cela ne signifie nullement que la « pensée » en général puisse se passer d'une « pneumatique ». L'esprit souffle où il veut; encore faut-il qu'il déplace de l'air. L'éphémérité de l'école en question prouva son hétérogénéité idéologique mais aussi les limites de toute description de la société culturelle comme piste de cirque ou champ de bataille, et elle n'enlève rien à la pertinence historique des interrogations posées par le groupe en question, expression organisée de *La Nouvelle Génération perdue* diagnostiquée dans la foulée par Jacques Paugam et Pierre Viansson-Ponté.

Quoi qu'il en fût, avant la dispersion, l'essentiel du travail avait été abattu. Un ancien membre du Mouvement du 22 mars, Françoise Lévy, avait osé attaquer de front la figure du Père (*Karl Marx, bourgeois allemand*, 1976), bientôt *Les Maîtres penseurs* (Glucksmann, 1977), *La Barbarie à visage humain* (B.-H. Lévy, 1977), *Le Testament de Dieu* (B.-H. Lévy, 1979) remonteraient l'arbre généalogique de la famille totalitaire jusqu'à Platon, *via* Hegel. A ce stade, il n'était plus question d'une mode, mais d'un profond mouvement d'émancipation, dont *a contrario* témoignèrent bien, pour se limiter au secteur classique de l'imprimé, les difficultés croissantes de la presse et de la littérature politiques. *Politique Hebdo* disparaissait en 1978, les éditions Maspero frôlaient la mort. Un seul genre politique connut là ses beaux jours : le *mea culpa* laïque, généralement communiste (Pierre Daix...), parfois gauchiste (Claudie et Jacques Broyelle...).

A chaque nouvelle parution, ce fut dès lors comme si un nouveau héros de gauche était exclu du panthéon, une nouvelle valeur de même couleur démonétisée. On soupçonna le socialisme de complaisance à l'égard du communisme (Christian Jelen), la gauche de complicité dans la naissance de l'antisémitisme moderne ou du fascisme (B.-H. Lévy), on rappela la prégnance d'un conservatisme, d'un autoritarisme et d'une xénophobie populaires (Pierre Birnbaum). A partir du moment où le bouc émissaire n'était plus l'impérialisme ou le capitalisme mais le totalitarisme ou le racisme, une convergence inédite, libérale-libertaire, entendit mettre l'accent sur les responsabilités du démocratisme dans la mise en place d'une dictature au nom des « masses » ou du « peuple », en alimentant sa critique aux sources d'une lecture radicale de la société issue des Lumières, signée suivant les cas Claude Lefort ou Michel Foucault.

L'autre grand Père de la Diade ne pouvait pas bien longtemps échapper à la mise en question, qui tournait alors à la remise en cause. *L'Anti-Œdipe*, bientôt abandonné par ses auteurs eux-mêmes, avait du moins amorcé

213

la critique d'une répression psychanalytique. A tous ceux qui dénonçaient le philistinisme et l'autoritarisme de la pensée de Marx firent écho ceux et celles qui relevaient le phallocratisme de l'Autre Maître (Luce Irigaray). L'image du plus magistral des psycrates vivants finissait elle-même par se ternir, un peu à la lumière de quelques jeunes insolences (François George), beaucoup à celle, plus crue, donnée par une succession de départs et de dissidences, couronnée par l'autodissolution, en 1980, de l'école freudienne. Et Jacques Lacan de diagnostiquer : « Je n'ai plus d'école ; j'ai un tas. »

Jusque dans l'ambiguïté des sentiments qui accompagnaient ce type de constat, le vieux docteur continuait, il est vrai, à donner le ton. Celui-ci fut en effet au désenchantement, conformément à la distance qui séparait le Marcuse de *Vers la libération* (trad. fr. 1969) de celui d'*Actuels Échecs de la nouvelle gauche* (trad. fr. 1976) ou, en version française, le Jean Daniel du *Temps qui reste* (1973) de celui de *L'Ère des ruptures* (1979). Qu'André Gorz, *alias* Michel Bosquet, grand sismographe des interrogations de la gauche intellectuelle française depuis la guerre d'Algérie, en arrivât à écrire, dix ans après son radical *Réforme et révolution* : « A la différence des précédentes, la crise présente n'annonce rien » en dit beaucoup sur le scepticisme de ce milieu à la veille de la victoire électorale de la gauche politique.

On sait au reste que ladite victoire accentua encore le malaise. La société culturelle dont les vainqueurs de 1981 étaient harmoniques se situait, à tout point de vue, aux antipodes de celle qui évoluait au rythme des révisions déchirantes de l'après-Mai. Plus artistique qu'intellectuelle et, pour cette part même, plus médiatrice que créatrice, elle était au total plus présente sur le terrain (enseignement, animation culturelle, fonction publique...) que l'autre. On comprend d'ailleurs qu'ayant choisi une forme, plus ou moins poussée, de militantisme socialiste, cette société-ci avait aussi moins souvent que l'autre à régler ses comptes avec un passé gauchiste et/ou communiste. Reste que cette supériorité politique ne tint pas devant la révision, cette fois pratique, des objectifs gouvernementaux, à partir de 1983, ni devant l'hostilité qu'opposa à *La Gauche divine* (Jean Baudrillard, 1985) l'intelligentsia dominante, placée dans la désagréable situation (*A l'ombre des majorités silencieuses*, Baudrillard, 1982) d'une prise du pouvoir qui s'était faite contre sa prise de parole.

La vérification expérimentale de ce rapport de forces fut le débat ouvert par un texte de Max Gallo dans *Le Monde* du 26 juillet 1983 sur « Les intellectuels, la politique et la modernité » et que, significativement, ses contradicteurs – bien plus nombreux que ses partisans – transformèrent en l'interrogation inquiète d'un « porte-parole du gouvernement » sur « le silence des intellectuels » (deux formules considérées sans doute comme exactement inverses l'une de l'autre). Par le bruit qu'il fit, ledit silence confirma qu'on pouvait envisager un intellectuel dans toutes les postures, de la bouderie au refus, mais jamais aphone.

Tout, il est vrai, avait été dit de l'étendue du détachement politique des intellectuels dominants lors des élections présidentielles de 1981, où l'on avait vu, un instant, plusieurs des plus réputés d'entre eux choisir de soutenir la candidature Coluche, « candidature du désespoir ». Quatre ans plus tard, Bertrand Poirot-Delpech, résumant le *Dernier Chic intellectuel*, titrait : « Tout se vaut » et, à partir des derniers ouvrages parus de Philippe Sollers et Alain Robbe-Grillet, commentait : « Tous défroqués de quelque chose. »

Nouvelles droites ?

Puisque ce repli généralisé sur le scepticisme ne touchait que la gauche, la mode intellectuelle ne fit que changer de « maîtres penseurs ». D'une part, il conduisait les désenchantés de la révolution et de la démocratie à « revisiter » les maîtres du libéralisme, passés et présents. On relut, c'est-à-dire qu'on lut, François Guizot (Pierre Rosanvallon) et, *in extremis*, on éleva Raymond Aron (*Le Spectateur engagé*, 1981, *Mémoires*, 1983) au niveau de maîtrise de Jean-Paul Sartre. Ici aussi l'important est moins dans la réhabilitation que dans le processus : que les réhabiliteurs aient simultanément conservé leur admiration à Sartre, prince de leur jeunesse.

Un second cercle de la production intellectuelle dominante fut en revanche représenté par les modernes théoriciens libéralistes, tous situés dans une stricte dépendance à l'égard de la pensée du néoconservatisme américain (Friedrich von Hayeck, Milton Friedman). Qu'il se soit bien agi là de l'une des expressions les plus topiques de la période est illustré par l'agrégation au groupe des Nouveaux Philosophes, sous l'argument de la génération, de penseurs strictement étrangers à toute filiation hégélo-marxiste, comme Jean-Marie Benoist ou Philippe Nemo. Sans doute peut-on, en revanche, considérer comme un amalgame totalement instable la tentative de récupération, vers 1980, des derniers textes de Michel Foucault et d'André Glucksmann par un organe de la droite libérale classique, comme *Valeurs actuelles*, mais conditions de possibilité de l'amalgame il y eut bien.

L'ambiguïté n'était pas moins grande, mais d'un autre ordre et tout aussi significative, quand on voyait certains tenants du libéralisme réhabiliter l'innéisme, soutenir la sociobiologie et dénoncer toute une famille d'esprit s'étendant en ligne droite « de Jean-Jacques Rousseau à Lissenko » (Professeur Grasset). A ce stade, il apparaissait clairement qu'il y avait moins confusion que glissement logique d'une conception révoquant désormais en doute les fondements même du raisonnement démocratique, à commencer par l'égalité, rebaptisée « égalitarisme ». D'où le statut équivoque de la Nouvelle Droite, réalité intellectuelle beaucoup plus prégnante et organisée que la Nouvelle Philosophie.

Définitivement constituée à partir de la parution du *Vu de droite* d'Alain de Benoist (1978) qui, en soit, contribua par ailleurs, et de manière décisive, à la réhabilitation du concept même de droite, elle fut, comme cela arrive souvent mais contrairement à la Nouvelle Philosophie de 1976, « lancée », en 1979, par ses adversaires. La durée, là aussi, allait prouver l'hétérogénéité fondamentale de cette *Nouvelle École*, entre la pensée, logiquement antichrétienne et antilibérale, d'Alain de Benoist, confirmé chemin faisant comme principal théoricien du groupe mais aussi de plus en plus isolé, et divers accompagnateurs de rencontre, à tout prendre plus soucieux d'ordre et de tradition (Louis Pauwels) que de culture et d'identité. La nouveauté de la période tient à l'efficacité de la reconquête d'un certain pouvoir intellectuel par une droite spécifiée comme telle (éditions Copernic, 1976, présence au *Figaro Magazine*, fondé en 1977); traduisons : la reconnaissance sociale, à part entière, d'une intelligentsia antiprogressiste.

Qu'il était cependant aventureux d'interpréter ces remises en cause comme un pur et simple droitissement, c'est ce que suggéraient les analyses de « styles de vie » telles qu'elles furent pratiquées par le Centre de communication avancée et de prospective sociale (CCA) du groupe Havas : en dix ans (1972-1982) la France aurait été parcourue par un double mouvement de « recentrage » et de « décalage », au détriment de la démarche utilitariste et, surtout, de l'attitude entreprenante de la « France de l'aventure ». Typologie contestable et amplement contestée, mais dont on doit constater qu'elle est assez bien vérifiée par l'examen de la création artistique : retour à, sans doute, mais le plus souvent, d'abord, repli sur.

Jeux du je

Les effets d'une telle conjoncture sur les pratiques culturelles étaient prévisibles. La tendance à l'individualisme et au nihilisme, qui constitue deux constantes de l'ethos des artistes modernes (fissent-ils profession de post-modernisme), y trouva un aliment nouveau. Les arts et les genres les plus en prise sur l'air du temps, de la chanson à la bande dessinée, du policier au comique, surenchérirent dans le renvoi dos à dos des idéologies politiques, l'impossibilité de se sauver autrement que seul. Figure représentative du « nouveau polar », Frédéric

Fajardie pouvait postuler : « Ce n'est plus le discours politique qui traduit la réalité sociale, c'est le fait divers. »

Sans doute chaque sensibilité pouvait-elle tirer de telles prémisses une dérision cynique, façon Splendid, ou une sérieuse exaltation d'un moi conquérant, façon Michel Sardou, sans doute aussi y a-t-il un écart sensible entre l'œuvre d'un Jacques Tardi et celle d'un Georges Lauzier. L'arrière-plan général restait le même.

Façade

De ce changement à vue témoignent excellemment les deux collections successives d'*Actuel*. Le vilain petit canard baba cool, fumeur d'herbe, auditeur de musique planante, routard écologiste reparut en novembre 1979 sous la forme d'un magazine de papier glacé, avec une nouvelle pronostication : les années 80 seraient « actives, vigoureuses, technologiques et gaies ». Le succès de ce mensuel sans référence, qui proclamait, mi-figue mi-raisin (mais plutôt figue) : « Foncez dans le business et prenez des risques » ou « Les jeunes gens modernes aiment leur maman », fut immédiat. L'un de ses rédacteurs, André Bercoff, était parti en 1969 en pèlerinage à travers *L'Autre France*, qui était alors « parallèle », « alternative » ou « underground ». Dix ans plus tard, il récidivait avec *Vivre plus*, mais la société qu'il découvrait était celle du « futurisme primitif », traduisons de la technologie de pointe mise au service de l'autonomie. Dans les premières années du gouvernement de la gauche, Bercoff allait jeter le trouble dans la classe politique en y diffusant, sous le masque de Caton, un bréviaire de cynisme ambigu, qui serait pris par ses lecteurs au premier degré.

On voit qu'il faut ici distinguer deux démarches, proches dans leurs résultats, mais opposées dans leur philosophie, l'une plus « réactionnaire », l'autre simplement « rétrograde ». La première poursuivait en fait la logique de la provocation. Les jeunes gens chics de la période (cf. Alain Pacadis, *Un jeune homme chic*, 1978) prirent leur pied dans le contre-pied. Toute position, posture ou pratique discréditée par le soixante-huitisme entrait dès lors en procédure de réhabilitation. Au style naturel-exotique, parsemé de fleurettes Liberty, succédait l'ambiance *high tech* et la presse faisait fête à des couturiers (Claude Montana, Thierry Mugler...) qualifiés par elle de « couturiers de la Troisième Guerre mondiale ».

Version dandy, la tendance donna des revues, inspirées de l'*Interview* d'Andy Warhol, aux titres-programmes, *Façade* (1976), *Égoïste de luxe* (1977), où l'on déclarait préférer « le nucléaire au rousseauisme » (choix confirmé, au reste, par tous les sondages d'opinion) et mettre Philippe Sollers et Yvette Horner sur le même plan (restait à savoir lequel). Version populaire, elle s'exprima dans la sensibilité punk, entre le rock dur d'Asphalt Jungle et la subversion radicale des derniers tabous (l'appel au meurtre et l'antisémitisme, par exemple) par le groupe plastique Bazooka, promu par *Libération*.

Dans un premier temps la réhabilitation (non la réapparition, car ils n'avaient jamais disparu) de peintres figuratifs ou d'architectes décoratifs avaient pu, de même, passer pour une dernière provocation à l'*establishment* le plus récent. Le temps passant, il paraît clair que le mouvement est plus durable et plus profond, qu'il a souvent tourné au Grand Retour. Le cas extrême est sans doute celui de la peinture, moins cependant dans la création contemporaine proprement dite, où le néoclassicisme, entre Garouste et Denis Laget, devient simplement une école parmi d'autres sur le marché où (provisoirement ?) ne règne plus aucune hégémonie, stylistique ou nationale, que dans l'évolution du goût des amateurs.

Celui-ci fut en effet, à partir du milieu des années 70, soumis à forte pression sous l'action conjuguée d'un groupe de conservateurs de musée, d'historiens, de critiques et de marchands de tableaux résolus à réhabiliter le « métier », jugé perdu depuis un siècle. D'où une série d'expositions et d'ouvrages, abondamment discutés, à l'honneur des académiques et autres pompiers. Sans l'avoir explicitement recherché, l'objet (chronologique) et le projet (muséologique) du musée d'Orsay allaient apporter de l'eau au moulin de la réexhumation de ces « maudits » d'un genre nouveau, c'est-à-dire ancien.

Même glissement de l'ironie au sérieux, puis du sérieux au rigide avant une stabilisation, sans doute provisoire, autour d'une série de solutions de compromis relativiste dans le cas de l'architecture et du désign. A partir d'un commun renversement des principes fonctionnalistes, les sensibilités de chaque créateur en arrivèrent à privilégier ici l'humour, là le vrai *(sic)* pastiche, la recherche de racines naturelles (dans les matériaux) et culturelles (dans les procédés de fabrication ou les répertoires décoratifs). A ceux qui, tels Riccardo Boffil ou Philippe Stark, se refuseront désormais nettement à sacrifier le décor à la fonction, répondront ceux qui chercheront simplement à réintroduire un certain jeu ludique dans un cadre demeuré fidèle aux intuitions du mouvement moderne (Christian de Portzamparc, Jean-Michel Wilmotte...), et auxquels la commande publique, sous François Mitterrand, fera largement appel. Reste que le mobilier contemporain de création, tous styles confondus, continua de ne représenter que 0,3 p. cent du chiffre d'affaires de l'ameublement français, contre 20 p. cent pour les copies et pastiches d'esprit « régional » et que, lorsque le magnat de la construction, Francis Bouygues, entreprendra de rééditier le siège social de sa société (« Challenger »), il en sortira, par les soins de Kevin Roche, un palais plus proche de Versailles que du Bauhaus, orné de répliques des Chevaux de Marly.

L'ambiguïté est du même ordre au cinéma, où coexistent sans se fondre mais aussi sans vraiment s'opposer, dans une indifférence très éloignée des polémiques précédentes entre « Nouvelle Vague » et « qualité française », deux variantes, au fond, de ces deux familles, mais qui présentent la particularité de ne s'en nullement réclamer. Les premiers succès de Bertrand Tavernier habilitèrent l'image d'un jeune réalisateur formé par la cinéphilie, comme tout néo-vaguiste, mais qui en tirait des conclusions théoriques et pratiques radicalement opposés, puisqu'il demandait pour *L'Horloger de Saint-Paul* (1974) la collaboration de Jean Aurenche et Pierre Bost, bêtes noires des *Cahiers du cinéma* vingt ans plus tôt. Il est vrai que ces derniers, sortis de leur phase maoïste, troublaient vers le même temps une partie de leur public en prenant solennellement la défense de Sacha Guitry. Et si dans la génération de Tavernier un Maurice Pialat réussissait à se faire reconnaître et un Godard à se faire, de nouveau, respecter, dans les jeunes générations, un Jacques Doillon ou même un Leos Carax se voyaient préférer par le public l'esthétique, selon les goûts baroque ou rococo, d'un Jean-Jacques Beneix (dont *Diva* s'imposa, en 1981, contre la quasi-totalité de la critique) ou d'un Luc Besson. Il y avait, là aussi, des années-lumière entre la simplicité romanesque et dialoguée de Tavernier et les effets spéciaux mis en musique de Beneix, mais en commun une même réhabilitation de l' « artifice », à commencer par le tournage en studio, qui signe l'époque.

Désormais, et jusque dans les arts les plus nettement dominés par le mouvement moderne, une place put (dut) être faite à des esthétiques de Retour : au théâtre, aux jeux sur le langage d'un Jean Andureau ou d'un Gildas Bourdet et, plus humbles, aux représentants d'une confrérie naguère en voie d'extinction : les conteurs professionnels (Bruno de La Salle, le Théâtre à bretelles...); dans la danse, à la synthèse classique-contemporaine d'une Maguy Marin, etc. La musique contemporaine seule resta hors du mouvement, du moins dans son expression française, apparemment réfractaire aux premiers accents de « néoromantisme » ou de « néomédiévalisme » venus de l'étranger.

Plaisir du texte

Suivant les traditions françaises, un tel retournement ne pouvait acquérir tout son sens que justifié par la littérature et, compte tenu des rapports de forces de la période précédente, que légitimé par les sciences sociales. La critique parla donc de « nouvelle fable », puis cessa de donner des étiquettes et se contenta de saluer sans restriction mentale des fictions qui se donnaient comme telles. De grands narrateurs touchèrent enfin un public au-delà des *happy few*. Certains à titre posthume, comme Alexandre Vialatte, mort en 1971, et auquel il arriva le même type de fortune posthume immédiate qu'à Boris Vian. D'autres, plus heureux, à la veille de leur disparition physique, comme Albert Cohen, ou en pleine possession de leurs moyens, comme Daniel Boulanger. En 1982, la parution d'une revue d'écrivains simplement nommée *Roman* et réunissant à son comité de rédaction des personnalités de la jeune génération comme Catherine Rihoit, Erik Orsenna ou Raphaël Pividal manifesta la volonté d'indépendance d'auteurs « passés par la linguistique, la psychanalyse et la sociologie, qui ne sont plus innocents, mais qui persistent à faire de la fiction » (Tony Cartano). Il ne fut plus désormais contradictoire d'être couronné par le prix Goncourt et reconnu par la critique, du baroque à la Patrick Grainville à la prolixité à la Pierre-Jean Rémy. Bref, l'époque retrouvait sans honte *Le Plaisir du texte*.

Évolution symbolique que celle de Roland Barthes, qui publiait, dès 1973, le texte, en effet, ainsi intitulé. Reconsidérée à cette lumière de la fin, la « lecture plurielle » revendiquée dans *S/Z* (1970) annonçait la suite; mais, sur le coup, nul n'en avait rien su, à commencer par l'auteur. Celui-ci, consacré par le Collège de France l'année même où il franchissait les portes de la confidence murmurée (*Fragments d'un discours amoureux*, 1977), allait disparaître prématurément sous les apparences d'un sage sceptique et indépendant, entre Gide et Montaigne, plus aimable et moins systématique que Cioran, dont par ailleurs l'étoile noire montait au firmament. Il s'effaçait aussi au moment précis où, face à ce qui pouvait être analysé comme résistance du référent, la critique et l'histoire littéraires marquaient un net retour à une analyse « génétique », où le biographique retrouvait ses droits.

Il est vrai qu'en osant écrire un *Roland Barthes par luimême* (1975) le même auteur qui avait proclamé, en 1968, « la mort de l'auteur » avait aussi donné le branle au libre jeu du je. Ce n'est pas que cette époque, comme on le dit souvent, ait été plus féconde qu'une autre en autobiographies et en biographies (pour ne s'arrêter qu'à cet exemple, le phénomène est déjà dénoncé par Barbey d'Aurevilly). L'important, une fois de plus, est dans le regard porté par la société sur le genre, et là, il est clair qu'il a été on ne peut plus favorable. Ce tropisme nouveau se mesure donc moins à la publication des *Archives du Nord* (1974) d'une grande dame de la littérature au soir de sa vie, ou à celle des premiers bilans d'hommes mûrs, comme Michel Tournier (*Le Vent Paraclet*, 1977), toutes démarches classiques, qu'à la rapidité avec laquelle se sont livrés à cet exercice des trentenaires déjà impatients de prendre date (Jean-François Bizot, Régis Debray, Michel Le Bris...), certains non sans raison (Pierre Goldman). De même, le plus remarquable dans la vogue, publique et surtout critique, de la biographie historique depuis le succès, imprévu, du *Louis XI* de l'Anglais Murray Kendall (1974) est moins encore dans cette réhabilitation d'un genre méprisé par l'école des Annales que dans le traditionalisme de la plupart des productions offertes à la gourmandise du public : héroïsation et anecdotisme, isolement du contexte et absence de toute psycho-analyse, comme devant.

On peut avancer l'hypothèse que, sur le long terme, les œuvres, ressortissant aux sciences sociales, qui représenteront l'apport le plus original de la période, seront celles qui auront illustré une curiosité exempte de système, mais pas d'ambition conceptuelle, à l'égard des manifestations les plus spécifiques de leur temps : celle d'un Gilles Lipovetsky, qui préfère diagnostiquer une *Ère du vide* (1983) que dénoncer dans le débat intellectuel français *Le Comble du vide* (revue *Critique*, 1979), ce qui n'est pas du tout la même chose ; celle d'un Paul Yonnet, qui consacre une série d'études à des objets aussi peu négligeables que le jogging ou le tiercé (*Jeux, modes et masses*, 1985) ; celle, enfin, d'un Marc Augé, qui tire implicitement les leçons du reflux d'un certain rousseauisme pour, tout en faisant l'éloge du *Génie du paganisme* (1982), ne pas hésiter à appliquer ses outils d'ethnologue au paysage le plus contemporain et à extraire de cette confrontation des « ethno-romans » qui concilient science et vagabondage (*La Traversée du Luxembourg*, 1985, *Un ethnologue dans le métro*, 1986).

Cette description d'une série de phénomènes convergents ne prête sans doute pas à grande discussion, même si elle peut être jugée trop rapide. En revanche, l'interprétation demeure délicate. On se doit, bien entendu, de faire d'abord entrer en ligne de compte la crise économique, donc sociale, ouverte en 1973. Et il ne fait pas de doute que la noirceur du *No future* aussi bien que son symétrique inverse, la morale reaganienne, sont à rapprocher de l'angoisse de l'Occidental sur ses capacités à surmonter la Récession et le Chômage, pourvus pour l'occasion d'une majuscule fort inquiétante. Mais la différence avec la crise de 1929 a tenu dans le choix idéologique dominant : dans les années 30, fascisme ou communisme, New Deal ou Front populaire, toutes les solutions en vogue ont du moins en commun un appel aux valeurs du collectif et du public, alors que cette fois la mode va en sens opposé. La solution de l'énigme se devine aisément : l'*establishment* (intellectuel) de 1970 était progressiste, dans ses valeurs d'avant-garde, et socialisé dans ses valeurs de gouvernement (keynésianisme, État-providence). Son incapacité apparente à surmonter la Crise frappait de discrédit le modèle de société, donc de culture, qu'il avait promu et produit. Le spectacle qui, en Avignon, pendant l'été 1968, mit le feu aux cendres mal refroidies de Mai s'appelait *Paradise now*. Onze ans plus tard le film de référence s'intitulait *Apocalypse now*.

Une société rétrospective

Mais c'est déjà, à ce stade, assez dire que la réponse ressortit moins à une relation mécanique de l'économique sur le mental qu'à un jeu du culturel sur lui-même. Si l'on pousse un peu plus loin l'analyse, on est amené à faire intervenir des facteurs indépendants de la conjoncture courte de la crise économique.

Nul doute, par exemple, que l'effet de génération ait déjà joué son rôle. Si l'on partage notre hypothèse décennale, on est conduit à interpréter comme accession au pouvoir culturel le passage des cadets de la génération sortante au rang d'aînés de la génération nouvelle. Ainsi les années 75-85 voient-elles s'installer en divers lieux de légitimation culturelle des anciens soixante-huitards, nécessairement conduits à tempérer le radicalisme de leur période cadette. A cet égard, celui qui voudra faire l'étude détaillée de la culture française de cette fin de siècle aura tout intérêt à regarder à la loupe l'évolution, à la fois interne (mutation) et externe (essaimage), d'un groupe évidemment central comme celui du journal *Libération*. Mais dans la mesure où il s'agit en effet d'un phénomène périodiquement vérifié, on n'aurait pas là l'explication sinon ultime du moins principale.

C'est à ce stade qu'interviennent deux autres tendances, l'une d'ordre temporel, l'autre d'ordre spatial. La première, particulièrement poussée dans cette nation mais aisément repérable à travers tout l'Occident, a ouvert la période 75-85 sous les auspices de la « mode rétro », mais cet épisode daté, essentiellement dû aux particularités de l'histoire politique française depuis 1940 [1], n'a été que l'expression la plus théâtralisée, la plus explicitement formalisée d'un grand mouvement de rétrospection qui n'a cessé de s'accélérer depuis le XVIe siècle. La seconde fera de même participer de façon originale la culture française à un mouvement qui la dépasse, mais d'une manière ô combien paradoxale, puisqu'il ne s'agirait de rien de moins que de l'atténuation, sinon de la fin, trop tôt pronostiquée, de la spécificité idéologique française.

Le premier phénomène a fait l'objet de moins de gloses que le second. Il est pourtant d'une ampleur et d'un enjeu autrement plus importants. Il se caractérise par ce comportement collectif *a priori* étrange, qui accélère et accumule la rétrospection culturelle amorcée à la « Renaissance » – terminologie paradoxale pour la période fondatrice de la modernité –, au point qu'on peut dire, à rebours de certains discours alarmistes, que cette fin de XXe siècle aura été la plus archéophilique qu'on ait

---

1. Pour une étude détaillée du phénomène, on renvoie au chapitre *Rétro Satanas* de *L'Entre-Deux-Mai* (Le Seuil, 1983).

encore jamais connue, et que, si un vertige l'a saisie, ce n'est certes pas celui du vandalisme, mais celui de la muséification universelle. Au succès quantitatif, particulièrement bien repéré dans ce pays, de toutes les entreprises patrimonialistes s'est en effet peu à peu ajoutée une dimension qualitative, suivant laquelle la « réhabilitation » d'une culture passée ne s'accompagne plus de l'exclusion symétrique d'une autre, plus récente. On arrive donc à une stratification de références sans précédent à aucune époque de notre histoire, doublée d'un rapatriement massif de toutes les « sagesses » étrangères, principalement orientales.

Sans doute y a-t-il ici rapport dialectique entre la proclamation de la modernité et la nécessité d'un retour aux sources, compliqué en cours de route par cette « accélération de l'histoire » qui est, en fait, une accélération de la vitesse des communications. Par définition, il n'y a rien de plus rétrospectif qu'un progressiste, esthétique ou politique (la gauche est historienne, la droite traditionaliste, ce qui est, à peu près, le contraire), mais, d'autre part, dans un univers caractérisé par un emballement de l'information, beaucoup plus rapide que l'allongement de l'espérance de vie humaine, la valeur refuge la moins menacée devient la mémoire collective.

La particularité de la période tient dans le fait qu'elle aura été la première à parvenir aux confins du mouvement dialectique : après le stade de l'art conceptuel et celui, harmoniquement lié, de l'exhumation des académiques, il paraît difficile d'aller plus loin dans la même direction. Non que la logique avant-gardiste, esthétique ou politique, ait dit son dernier mot. L'éphémérité de cas antérieurs de « retour à l'ordre » conduit à la prudence. En revanche, la saturation patrimoniale ne fait aucun doute, à l'heure où s'ouvrent, très logiquement, les premiers magasins voués à la commercialisation d'objets des années 60, en attendant la muséification prochaine d'objets des années 70, etc. On voit combien un tel *nec plus ultra* peut faciliter le « recentrage », et ce d'autant plus qu'il apporte à une époque un peu trop rapidement ramenée au seul individualisme sa dose de solidarité communautaire : s'il y a substitution du culturel au religieux traditionnel, c'est bien là.

Face à un tel mouvement, la fin supposée de ce que des observateurs anglo-saxons ont parfois appelé l'« exceptionnalisme français » paraît presque secondaire. Dans cette perspective, la décennie 75-85 serait celle du « déclin des passions politiques » (Jacques Donzelot). On manque évidemment de recul pour juger de l'irréversibilité de la tendance. Mais il suffirait, pour aujourd'hui, qu'elle fût en effet applicable au court terme. Et c'est là qu'il faut faire intervenir au moins deux correctifs : d'une part, mais on ne le rappellera ici que pour mémoire, déclin des passions politiques n'est nullement synonyme de « fin des idéologies » : il n'y aura de fin des idéologies qu'avec la fin de l'humanité; de l'autre, si déclin il y a eu, il ne devient clairement perceptible qu'à l'issue de la période considérée : la radicalisation des idéologies de droite au début des années 80, amplifiée par l'accession de la gauche aux affaires, la réhabilitation de discours élitistes abandonnés par tous les camps idéologiques établis depuis la Seconde Guerre mondiale ne sont pas des indices de dépassionnement, bien au contraire.

État du religieux

On peut se demander si on n'approchera pas l'exacte mesure de l'évolution culturelle post-moderne, et d'abord de son sens, en prenant pour dernier objet d'examen le religieux, sous ses formes traditionnelles. Conformément à l'image répandue du « retour à », les voix n'ont pas manqué de s'élever pour pronostiquer un « retour du religieux ». Du ou à ? Distinguons donc les degrés et les échelles.

A l'échelle mondiale, qui n'est pas la nôtre mais qui interfère inévitablement avec les échelles européenne et française, ledit retour reste des plus douteux. On peut en effet se demander s'il s'agit d'un recul des valeurs de laïcité et de tolérance, ou plus fondamentalement de la preuve de la « résistance » auxdites valeurs de cultures demeurées jusqu'à ce jour, en dépit des apparences et des désirs assimilationnistes européens, des cultures dont l'identité est, en dernière instance, religieuse. Pour ne citer que deux univers culturels plutôt différents mais parcourus à l'heure actuelle de mouvements fondamentalistes analogues, c'est évidemment le cas des deux cultures chiite-persane et WASP-américaine. Mais, en ce qui concerne l'évolution française, l'interprétation est tout autre, et c'est là que l'on retrouve l'« exceptionnalisme », celui d'un pays ayant franchi, au long d'un siècle sans doute moins « révolutionnaire » que laïque, ouvert en 1789 et clos avec la séparation de l'Église et de l'État, l'étape essentielle de la laïcisation à marche forcée, avec un retard certain sur les pays scandinaves mais une avance évidente sur toutes les cultures de l'Ouest et, *a fortiori*, du Sud européen.

Replacée dans cette perspective, la période 75-85 est incontestablement celle d'un coup d'arrêt à l'effritement continu de l'identité chrétienne française, tous les indices chiffrés le confirment : selon les domaines, on assiste à un ralentissement de la chute (vocations sacerdotales), à une stabilisation (ventes de l'édition religieuse), voire à un redressement (vocations religieuses), à des niveaux il est vrai fort bas (10 p. cent de pratique dominicale chez les adolescents, 2 p. cent des ventes pour l'édition). Mais ce qui ne s'est pas arrêté, ce qui s'est même nettement accéléré, c'est le détachement de l'identité culturelle nationale de ce qu'elle conservait encore de traits proprement chrétiens, c'est-à-dire, dans ce pays, catholiques, de ces traits qui s'imposaient à tous, non-catholiques compris, en vertu du phénomène universel de conformisation au modèle fondateur (un Américain d'origine juive ou sicilienne n'est « intégré » à la culture américaine qu'à travers le modèle WASP). La nouveauté des périodes les plus récentes est dans la disparition ou, ce qui revient au même, la folklorisation de la culture catholique, non pas, bien entendu, dans tel ou tel milieu restreint et fervent, charismatique ou autre, mais dans l'ensemble de la production culturelle moyenne.

En ce qui concerne le rapport au religieux, l'évolution amorcée dans les années 70 n'est donc pas dans une revanche de la tradition, mais dans un éclatement de la recherche du sens entre d'innombrables religions de substitution, outsiders des grands ensembles théologiques établis dans ce pays au lendemain de la guerre (catholicisme, laïcisme, léninisme...). Fondamentalismes catholique, islamique ou juif, succès des sectes et des sagesses orientales et/ou « psy », voire militantisme écologique : autant de manifestations d'un même désir d'identité que le déracinement moderne a fait naître et que désormais l'utopie moderniste ne remplit plus, sans doute parce qu'elle avait besoin pour s'aguerrir de s'affronter à un conservatisme opiniâtre. Or l'époque n'était pas opiniâtre et, contrairement aux apparences, elle ne fut pas conservatrice. Disons qu'elle était inquiète, sans repos, versant douloureux de l'« esprit d'entreprise » exalté par le nouvel âge.

Pour le reste, les fonctions religieuses continuent à être exercées par la société contemporaine, dans un éclatement croissant : le prêtre n'est plus qu'un « déontologue » parmi plusieurs autres, et ses attributs anciens ont été distribués en fait et parfois en droit entre le médecin, le psychologue, le sociologue, le sexologue, l'historien, etc. Cet éclatement perturbe les habitudes, tout comme un esprit traditionaliste sera troublé devant le contenu exact du rayon « Religion, spiritualité » des librairies, où la voix catholique tend à devenir minoritaire; il ne signifie pas nécessairement une moins grande efficacité pratique.

C'est bien ici l'étroitesse d'un raisonnement en termes de renvoi de balancier : l'époque reste, par nécessité, l'enfant, ingrat, de l'âge de Mai. Autonomie est peut-être le mot qui ferait le lien entre les deux dernières époques, comme si au triptyque bien connu des temps passés – et pas seulement de Vichy – « Travail, famille, patrie » se substituait insensiblement son exacte inversion : « Plaisir, personne, univers. »

Fin de siècle

On arrêtera là cette visite organisée de notre histoire culturelle récente, au seuil d'une cinquième période dont les traits sont encore un peu flous, nécessairement. Emporté par le mouvement, le lecteur peut d'ailleurs se livrer au jeu de société – c'est le mot – consistant en la recherche des premiers signes distinctifs de ladite période. Annoncé par la naissance de SOS racisme, animé par le printemps étudiant de l'automne 1986, dominé par la référence européenne, ce cinquième âge est apparemment plus politique et moins idéologique que le quatrième. Celui-ci avait fait de l'individualisme libéral le centre d'un univers conquérant, le nouvel âge retrouve certaines des aspirations communautaires de la génération de 68, mais privées de tout ressort révolutionnaire, ce qui fait toute la différence. « Génération morale », si l'on veut, et si l'on met derrière ladite morale (toute génération est morale ; mais les mœurs changent) les valeurs humanistes, libérales et démocratiques discréditées précédemment par l'avant-gardisme, politique aussi bien qu'esthétique. Un temps qui retrouve les vertus du Droit et de la Science comme catégories de la pensée.

Mais, bien entendu, l'histoire ne se répète ni ne bégaie. Ce qui distingue la période ouverte aux alentours de 1985 de celle de la Petite Crise – au livre des records, la Grande reste celle de 1929 – est évident : Bernard Tapie n'est plus l'horizon indépassable de la philosophie. Mais ce qui la sépare de l'époque soixante-huitarde a toutes les

230

apparences d'un abîme. C'est que, vers 1975, ce n'est pas une décennie culturelle de plus qui a passé le relais à la suivante, c'est tout un cycle, long celui-là de la trentaine d'années qu'Héraclite accordait à sa propre notion de génération, entre ensemencé et ensemencement, c'est tout un cycle moderniste qui a basculé. L'état présent de la culture ne fait que confirmer cette périodisation fondamentale : en esthétique comme en éthique, nous sommes sortis du post-moderne, réactif et rétro à la fois, nous ne sommes pas pour autant retournés à l'avant-garde. La rupture ne hante plus les esprits, la nouveauté reste obsolète.

Peut-on prendre encore un peu plus de hauteur, et juger dudit état de ladite culture dans une perspective plus longue ? C'est ici qu'on retrouve notre vieil ami l'essayiste, auquel on voudrait croire – sans trop oser l'espérer – que cette histoire a rappelé quelques évidences relativistes et quelques certitudes modérées.

En un mot : il est faux de dire que la culture française (ou européenne, ou occidentale ; arrêtons-nous là pour le moment) est en déclin, en décadence, en instance de barbarie. Un tel procès idéalise le passé et méconnaît le présent. Au reste son vice rédhibitoire est d'être un procès, or l'on ne comprend rien en jugeant tout. Et c'est de surcroît le plus absurde de tous : un procès contre son époque. Sans remonter plus haut, on peut penser qu'il s'est bien trouvé quelque intellectuel sumérien pour tonner contre l'invention de l'écriture, cette dramatique médiatisation du langage oral, cet instrument de mercantis et de bureaucrates, tout juste bon à comptabiliser les têtes de bétail et à faire entrer plus facilement les impôts au temple d'Uruk. Après quoi, l'écriture donna un peu de tout, y compris Mallarmé.

En histoire culturelle, comme sans doute dans les autres histoires, tout est pareil mais rien n'est semblable. Pour l'essentiel tout est pareil en ce qui concerne le fonctionnement de la société culturelle. Ainsi en est-il de la distinction classique entre culture savante et culture populaire, qu'il faudrait sans doute mieux traduire en une distinction entre un domaine de la création et un domaine de la consommation, le second d'évolution plus lente que le premier, avec lequel il entretient cependant des relations permanentes. Ainsi en est-il du statut de la médiation par rapport à la création. L'omniprésence de la première est sans doute trop rapidement traduite en termes de domination, d'hégémonie, de dictature, mais la vraie question n'est de toutes les façons pas là : il est de la fonction des activités de médiation d'être omniprésentes, elles l'ont toujours été, elles le seront toujours. Passons.

Mais si ce qui reste pèse, ce qui change compte. Et sur une aussi courte période que les cinquante dernières années, deux évolutions fondamentales se sont poursuivies, et peut-être accélérées. La première a été illustrée à toutes les étapes de ce livre ; elle porte sur le statut de la culture dans la société, et ce statut est, jusqu'à présent, en constante ascension ; la seconde n'était pas au centre de cette étude, mais elle en domine la périphérie : elle porte sur le poids culturel de la France dans le monde, et ce poids n'a cessé de diminuer.

La promotion sociale de la culture en est aujourd'hui arrivée à un point tel qu'il n'est plus excessif de voir dans la culture le principal substitut de la religion. Il fut un temps, le XVIIᵉ siècle, où quand Jean Racine parlait du Créateur, il lui mettait une majuscule et voulait parler de Dieu ; il en est un autre, le XXᵉ finissant, où quand un journaliste parle de créateur, c'est avec un petit « c », et il s'agira d'Yves Saint-Laurent. Certains s'en affligeront, bien en vain. A chaque époque ses grands-messes, ses martyrs, ses pèlerinages. La nôtre a ses concerts rock, ses Van Gogh (vrais et faux, originaux et épigones), ses festivals, et l'on fait la queue au Grand Palais pour regarder les reliques. C'est ainsi.

Il faut dire que le phénomène est allé particulièrement loin en terrain français, et c'est ce qui permet de répondre à une autre objection : le rien-de-national n'est pas une conclusion plus pertinente que le rien-de-neuf. Mais pour mesurer exactement la part de francité dans tout ce qui précède, il faudrait disposer d'études parallèles à celle-ci pour d'autres pays. En attendant, il y a au moins un trait mesurable touchant à l'identité nationale : la diminution de la présence française dans les cultures étrangères. Non bien entendu en termes quantitatifs, nombre de locuteurs ou de traductions : les chiffres, à cet égard, n'ont rien d'alarmant ni même de très clair ; mais en termes d'influence, de référence, et l'on a vu que le malaise des intellectuels français tenait en partie au déclin de leur audience hors-les-murs, tout à fait indépendante de la qualité (difficilement mesurable, au reste) de leur message : après tout, il est assez difficile de présenter le haut niveau d'insulte atteint par la polémique intellectuelle française vers 1950 comme un modèle à imiter scrupuleusement.

Mais encore, qu'en conclure ? Pour ne se limiter qu'à la création artistique, rien ne permet de dire que depuis la guerre la France n'aurait cessé de reculer. Comme puissance exportatrice du livre, la France a régressé en moins de trente ans (1960-1978) de la troisième à la cinquième place, mais dans le même temps ce pays qui représente à peine plus d'un pour cent de la population de cette planète peut affirmer, sans être taxé de chauvinisme, qu'il occupe toujours l'une des toutes premières places, si ce n'est souvent la première, dans des domaines de la création aussi divers que la musique contemporaine ou la danse, le cinéma ou la bande dessinée, la presse photographique ou la radiophonique, l'histoire ou l'anthropologie. Il ne s'agit pas ici d'aligner les médailles : simplement de rappeler quelques faits bruts, incontestables. Et d'abord que le seul domaine où le rayonnement français soit, peut-être provisoirement, en recul est celui de la transmission écrite classique, ce qui expliquerait certains émois, plus audibles que d'autres car plus aisément dicibles.

Reste que là aussi il faut savoir ce que l'on compare. Même si derrière le reflux de l'influence culturelle française on diagnostiquait, ce qui n'est nullement prouvé, au chapitre de l'économie, les progrès d'une autre hégémonie, américaine celle-là, on n'aurait au fond rien dit, simplement répété deux évidences touchant aux hégémonies culturelles : 1. qu'elles existent, contrairement à ce que certains observateurs ont pu affirmer ; 2. qu'elles changent, ce que l'on savait pour le moins depuis le jour un peu lointain où à travers la Mésopotamie la culture d'Akkad se substitua à celle de Sumer comme culture de référence.

On dit quelque chose, en revanche, si on y voit le signe avant-coureur d'une perte d'identité. Mais c'est là aussi que tout est affaire de point de vue, en amont comme en aval. Vers l'amont, on se doit de rappeler que de tout temps la culture d'un peuple a été incluse dans des courants dépassant son espace strict. Tout ce par quoi une culture dépend des conditions techniques, économiques et idéologiques d'un temps – tout ce sur quoi s'ouvre ce livre – la fait participer à un mouvement qui limite sa radicale originalité. Rien à voir avec la « soumission » à des « influences » étrangères : celles-ci existent, mais elles restent ponctuelles, finissent par être versées au pot commun, et l'on ne voit pas que les fortes vagues d'immigration qu'a connues ce pays depuis deux siècles (à commencer par l'immigration « interne » de l'Occitan ou du Breton vers Paris) se soient traduites par d'autres résultats que l'assimilation. La France est un pays – faut-il vraiment rappeler cette particularité ? – dont on n'émigre pas, la culture française est une culture dans laquelle on entre plus facilement qu'on n'en sort et *Narodowiec*, le quotidien de langue polonaise édité depuis le début du siècle à Lens, vient de déposer son bilan, faute de lecteurs, tout comme il y a deux ans *Long Pao*, le principal organe de la florissante communauté chinoise, a commencé de publier des articles en français, destinés à la « deuxième génération ». Bien loin d'être dissolutive de l'identité culturelle, cette capacité d'absorption renforce donc l'identité française, en faisant par exemple de ce pays, contrairement aux apparences et à certains discours, de toute l'Europe le plus ouvert aux cultures arabes et négro-africaines.

Vers l'aval, c'est plus simple encore : ce qui est né mourra. Il est possible que la nation burkinabé soit en train de naître (ou comme on dit, avec un vocabulaire toujours un peu inquiétant, de se forger) sous nos yeux. Il est plus que vraisemblable qu'une nation algérienne a

234

désormais sa place au soleil, avec déjà derrière elle quatre ou cinq décennies d'existence consciente et organisée, sur les bases posées, bien involontairement, par son colonisateur. La nation française, elle, chiffrera son histoire par siècles, mais elle aura beau faire : précisément parce qu'elle a été, comme la plupart des autres nations d'Europe occidentale, plus tôt engagée dans le processus qui a présidé à leur naissance, elle est comme elles plus avancée sur la voie de l'affaiblissement des spécificités nationales. Dans un terme mesurable à l'aune d'un ou deux siècles, la culture française disparaîtra. Ceci posé, il en reste encore assez pour que nos contemporains puissent jouer jusqu'à leur mort (notre mort) au jeu des « histoires françaises » ; on peut même avancer que, de toutes les cultures nationales de cette région, la française est sans doute la plus « résistante », pour des raisons historiques faciles à deviner, et dont on vous fera donc grâce.

Quant à la mort des cultures, là aussi il faut s'entendre. Sauf quelques cas, assez rares, d'assassinat caractérisé (la culture yiddish, par exemple) ou d'effondrement autarcique (la culture maya, sous réserve d'inventaire), une culture ne se perd ni ne se crée mais se transforme. Reste à savoir en quoi, me dira-t-on. En culture étatsunienne ? A perspective séculaire, certainement pas. Outre que les signes d'européanisation de la culture américaine ne manquent pas, on demeure plutôt frappé par l'écart considérable qui, sur le terrain des valeurs admises, sépare ces deux mondes et, au contraire, rapproche, et de plus en plus, les sociétés européennes.

C'est là que se pose la dernière vraie question. Pas la fausse, qui consiste à se demander si les Européens de l'Ouest, parce qu'ils participeraient d'une même culture, réussiront à créer un seul État. Car il est possible, en effet, qu'il y ait un jour un État européen, mais il y a une chose qui est déjà certaine, c'est qu'il n'y a encore jamais eu de culture européenne. Il y a eu, par exemple, une culture grecque, une culture antique, au Moyen Age une culture chrétienne, sans doute aussi une culture « moderne », quelque part entre Érasme et Mozart, peut-être une culture « contemporaine », quelque part entre Beethoven et Yves Klein, certainement un bon lot de cultures nationales, brochant sur ces dernières ; mais de culture européenne, point. Qu'on ne voie pas dans ce rappel à l'ordre un motif de découragement. Voilà justement qui rend l'avenir culturel de tous ces pays non pas sombre, non pas angoissant, simplement passionnant. A l'économie de la CEE, à la politique de l'Union européenne de nous dire si elles sont capables, en nous faisant une « bonne économie » et une « bonne politique », de poser les bases d'une « bonne culture ».

Bref, il est injuste de calomnier son temps, il est inutile d'en médire : deux insultes contre l'espérance. A usage de l'histoire culturelle, la métaphore héraclitéenne se modifierait ainsi : la vie d'une culture n'est pas tout à fait un long fleuve tranquille, mais un grand livre, dont les pages tournent. Il n'y a aucune raison de regretter le chapitre qui précède – au reste, on peut toujours le relire. Il y en a, bien au contraire, de s'exciter à la curiosité de celui qui va suivre. Ce petit livre n'est qu'une grande page qui tourne, sous vos yeux.

Non-bibliographie.

Une bibliographie de l'histoire culturelle de ce pays est évidemment impossible. La preuve :

Primo.

Bien entendu, vous aurez commencé par dépouiller les trois épais et austères volumes du rapport, dirigé par Jean-Pierre Rioux, sur *L'Histoire culturelle de la France contemporaine, bilans et perspectives de la recherche* (Paris, ministère de la Culture et de la Communication, 1987).

Puis, comme pour parler sérieusement du qualitatif il est indispensable de commencer par la quantité, vous chercherez à atteindre celle-ci par les multiples publications du Département des études et de la prospective de ce même ministère, au premier rang desquelles son bulletin, *Développement culturel* (depuis 1969), et les moutures variées de ses enquêtes (*Pratiques culturelles des Français*, éditions 1978, Documentation française, et 1982, Dalloz) ou de ses données chiffrées (*Annuaire statistique de la culture, Des chiffres pour la culture...*).

Mais il faudra les compléter avec les publications statistiques de :

l'INED (Institut national des études démographiques),
l'INSEE (Institut national de la statistique et des études économiques),

la SOFRES (série *L'Opinion publique en...*, Paris, Presses de la Fondation nationale des sciences politiques), sans oublier ce qui serait accessible au commun des mortels des travaux du CESP (Centre d'études des supports de publicité), du CEO (Centre d'étude de l'opinion), du CCA (Centre de communication avancée), etc., tous objets hautement d'époque. Si cette perspective vous accable, commencez par *Francoscopie*, de Gérard Mermet (Paris, Larousse, 1988), qui vous mettra en appétit.

Mais votre panoplie d'explorateur ne s'arrêtera pas à ces outils élémentaires. Il vous en faudra de plus sophistiqués, vous proposant déjà une première lecture, documentée, du pays de la culture. Rien de tel, alors, que de bonnes monographies sociologiques. Citons, pour la création artistique :
Vessilier-Ressi (Michèle), *Le Métier d'auteur*, Paris, Dunod, 1982.
Moulin (Raymonde), et coll. *Les Artistes*, Paris, Documentation française, 1985.
Menger (Pierre-Michel), *Le Paradoxe du musicien*, Paris, Flammarion, 1983.
En revanche, vous ne disposerez que bien rarement de la synthèse idéale, qui tienne la balance à peu près égale entre l'analyse de contenant et l'analyse de contenu, ainsi que l'a très bien réussie, pour l'entre-deux-guerres et la création scientifique, Dominique Pestre (Physique et physiciens en France : 1918-1940; Paris, Archives contemporaines, 1984). Il vous faudra donc la concocter vous-même.

Secundo.
Devant l'ampleur de la tâche, vous aurez tout intérêt à choisir un domaine restreint de la société culturelle (création, médiation), des pratiques représentatives (physiques, discursives), ou encore une époque.
Dans ce dernier cas, vous ne serez pas encombré par les synthèses antérieures, la plupart des ouvrages prétendant faire l'histoire culturelle d'une période en en faisant, en réalité, l'histoire intellectuelle, ou artistique, ou simple-

ment anecdotique. On annonce une *Histoire culturelle* aux éditions du Seuil. En attendant ce jour, on devra se contenter de deux approches déjà anciennes de Pascal Ory, l'une générale (les chapitres consacrés à l'histoire culturelle de la période 1870-1980 dans le tome III de *l'Histoire des Français, XIXᵉ-XXe siècle,* dirigée par Yves Lequin (Paris, Armand Colin, 1984), l'autre limitée à la période 1968-1981 (*L'Entre-Deux-Mai*, Paris, Le Seuil, 1983).

Si l'on choisit d'étudier de plus près un secteur de la création ou de la médiation, on accordera sa préférence, pour un premier débroussaillage, à un essai d'histoire globale, non élitiste. Plutôt que de vous accabler de références, toujours trop peu nombreuses, prenons un exemple : le cinéma. La lecture initiale sera celle de l'ouvrage de Jean-Pierre Jeancolas, *Le Cinéma des Français* (Paris, Stock, 1979), qui ne couvre que la période 1958-1978, en attendant mieux, mais l'envisage successivement sous les angles technique, économique, politique, sociologique et enfin, rassurez-vous, esthétique. On pourra la compléter par l'excellente thèse d'économie de René Bonnell, *Le Cinéma exploité* (Le Seuil, 1978). Après quoi, il vous sera toujours loisible de lire tel panorama critique (exemple : Marcel Martin, *Le Cinéma français depuis la guerre*, Paris, Edilig, 1984), telle monographie sur une époque (exemple : Raymond Chirat, *La Quatrième République et ses films*, Paris, Hatier, 1985), telle monographie de groupe (exemple : Olivier Barrot, *L'Écran français, 1943-1953*, Paris, Editeurs français réunis, 1979), telle monographie d'auteur enfin, puisque auteur il y a, pour couronner le tout (exemple : Michel Chion, *Jacques Tati*, Paris, Cahiers du cinéma, 1987).

Et ainsi de suite.

Ad libitum.

Quand vous croirez avoir tout compris de l'histoire culturelle du cinéma, du sport ou de la gastronomie, mettez vos conclusions provisoires à l'épreuve de l'intelligence la plus aiguë de la période (forcément trop aiguë, dure et tranchante, mais l'histoire culturelle n'est pas un

jeu d'enfant), celle de Pierre Bourdieu (voir son catalogue, aux éditions de Minuit) et de ses disciples (ou assimilés) de la revue *Actes de la recherche en sciences sociales*.

Puis retrouvez un peu de souplesse avec ces gens de
bonne compagnie que sont les promeneurs intellectuels :
le Roland Barthes des *Mythologies* (réédition Le Seuil,
collection Points), les Marc Augé, Gilles Lipovetski ou
Paul Yonnet cités au chapitre VIII.

Enfin, rangez les livres, sortez de la bibliothèque de
Babel et promenez-vous à votre tour : une culture
contemporaine (et même une culture abolie) se voit,
s'écoute, se respire, autant qu'elle se lit. La culture, il y a
des maisons pour ça, qui s'appellent les cinémas, les
musées, les discothèques, mais aussi les journaux, les res-
taurants, les rues, les maisons des rues et le corps des
êtres.

Puis vous rentrerez chez vous et, comme on n'a encore
rien trouvé depuis Sumer de plus subtil que l'écriture,
vous écrirez un livre. C'est tout le bien que je vous sou-
haite.

Table

Cet ouvrage a été réalisé sur
Système Caméron
par la SOCIÉTÉ NOUVELLE FIRMIN-DIDOT
Mesnil-sur-l'Estrée
pour le compte des Éditions Flammarion
en septembre 1989

Dépôt légal : octobre 1989
Nº d'éditeur : 12299
Nº d'imprimeur : 12787